Christoph von Tresckow
In der Welt zu Hause

Christoph von Tresckow

# In der Welt zu Hause

## Betrachtungen eines engagierten Zeitzeugen

Haag + Herchen

Das Umschlagfoto zeigt den Autor.

**Bibliografische Information Der Deutschen Bibliothek**
Die Deutsche Bibliothek verzeichnet diese Publikation in der Deutschen Nationalbibliografie; detaillierte bibliografische Angaben sind im Internet über http://dnd.ddb.de abrufbar.

ISBN 978-3-89846-456-7

Fuchshohl 19a, 60431 Frankfurt am Main

Produktion: Herchen + Herchen & Co. Medien KG,
Frankfurt am Main
Satz: KW
Herstellung: dp
Printed in Germany

Verlagsnummer 3456

## Inhalt

# Einleitung

Der Zweite Weltkrieg hat für viele Menschen grundlegende Veränderungen gebracht. Kriegsgefangenschaft, Verlust der Heimat, Auswanderung, Neubeginn. Zwischen Aufbruch und Neubeginn liegen oft Jahre. Von solchen Aufbrüchen und Jahren erzählt Christoph von Tresckow, Sohn einer alten Adelsfamilie aus der Neumark (heute Polen). Das elterliche Gut geht mit Besetzung und Enteignung verloren, nachdem Mutter und Bruder durch sowjetische Soldaten erschossen worden sind. Der in friedlichen Zeiten vorgezeichnete Lebensweg als Landwirt erfährt einen Bruch. Mit dem Aufbau und einer Verwaltung einer Farm im Urwald von Paraguay wagt er 1950 den Aufbruch ins Unbekannte, damals ein Abenteuer. Die Tätigkeit bei einem weltweit beachteten Bewässerungsprojekt schließt sich an. Danach werden ihm Aufgaben als Entwicklungshelfer in Indien, Afghanistan und Afrika übertragen. Nie zögert er, zusammen mit seiner Familie, den Schritt ins Ungewisse zu wagen.

# Das Neue Südafrika

»Willst du die Steppe kennen lernen, musst du einen Tag darin verbringen.«

Afrikanisches Sprichwort

Gelegentlich wurden wir von Freunden oder Bekannten auf Südafrika etwa so angesprochen:

»Was treibt Sie eigentlich so oft zurück nach Afrika? Wir wissen, dass Sie früher dort gearbeitet haben. Nur selten haben Sie davon erzählt. Aber sind Sie nicht seit längerer Zeit im Ruhestand? Und dann fliegen Sie immer wieder in diesen unruhigen Kontinent. Die Erfahrung lehrt natürlich, dass man den Zeitungsleuten nicht alles glauben kann, aber es wiederholt sich doch immer wieder, dass sich die Dinge für die Menschen in Afrika ständig verschlechtert haben. Da sind die Berichte von immer wieder aufflackernden Kämpfen zwischen den schwarzen Volksgruppen, und noch vor wenigen Jahren hörten wir kaum etwas anderes, als dass in Ruanda Hunderttausende in blutigen Massakern dahingeschlachtet wurden. Die Gräueltaten Idi Armins in Uganda noch ein paar Jahre zuvor waren gerade verhallt, da sorgten Kindersoldaten in Nigeria einige Zeit für Aufregung. Jetzt ist wieder einmal der Sudan ins Blickfeld der UNO und ihrer Hilfsorganisationen gerückt, aber Hand aufs Herz, am liebsten möchte man die Augen vor all dem Elend verschließen. Die Welt nimmt wenig Notiz von diesen Exzessen und Schandtaten, und es gibt auch niemand, der zu Demonstrationen oder Lichterketten auffordert. Afrika gehört nicht in unsere reale, greifbare Welt; manchmal scheint der Kontinent abgeschrieben zu sein.

Und dann die Aidskrankheit! Millionen von Toten verursacht sie jährlich, und das vor allem in Afrika. Die Symptome und Behandlungsmethoden sind weltweit erkannt, und dennoch gibt es Staatsmänner, die sie ignorieren oder nicht energisch genug bekämpfen wollen. Es kann doch nicht wahr sein, dass es noch Politiker gibt, die nicht mit allen Mitteln gegen diese Geißel angehen. Was gibt es denn da für Gründe?

Über die permanente Hungersnot in vielen afrikanischen Ländern hören wir seit langem, und an die Bilder von verhärmten Frauen und Kindern mit Wasserbäuchen haben wir uns schon gewöhnt. Aber was man da aus Simbabwe gehört hat, erscheint wie ein Stück aus dem Tollhaus. Schon seit mehreren Jahren wird berichtet, dass blühendes Farmland gewaltsam enteignet und aus politischen und rassischen Gründen an Leute verteilt wird, die sich im Bürgerkrieg durch Brutalität gegen andere Volksgruppen im Land besonders hervorgetan haben. Viele von ihnen

sind zum Farmen weder veranlagt noch imstande. Die Nahrungsmittelproduktion in Simbabwe – dem ehemaligen Musterland Rhodesien – ist rapide zurückgegangen, und eines der fruchtbarsten Länder Afrikas musste Mais einführen. Bezahlen kann die Regierung den auch nicht mehr, denn sie ist pleite, da auch der frühere bedeutende Devisenbringer – der Tabakanbau – völlig daniederliegt. Simbabwe hängt am Tropf und ist auf finanzielle Zuwendungen und Nahrungsmittelhilfe angewiesen. Oder soll man sie Almosen nennen? Das Land erhält sie von westlichen Gebernationen, die dennoch bei jeder sich bietenden Gelegenheit wegen früherer kolonialer Missstände herabgewürdigt werden. Das sind doch bedrückende Nachrichten, und diese ganze Misere spielt sich in Afrika ab, das über Jahrzehnte hin den Löwenanteil der internationalen Entwicklungshilfe erhielt.

Es ist noch gar nicht lange her, dass die deutsche Ministerin für das Entwicklungsressort eine verstärkte Hilfe für Afrika anmahnte. Und nicht nur sie. Auch Präsident Bush und Tony Blair haben im vergangenen Jahr die Hilfe für Afrika zur Chefsache erklärt, und kürzlich hat sich auch Bundespräsident Köhler in ähnlicher Weise geäußert. Wie kann man das verstehen? Kann mehr Geld da helfen?

Natürlich sind uns auch die positiven Berichte vieler Südafrikafahrer nicht unbekannt. Wir kennen die bunten Journale aus den Reisebüros, in denen mit weißen Stränden, ewig blauem Himmel und den weitläufigen Tierreservaten um Touristen geworben wird. Und wir haben auch noch keinen Reisenden getroffen, der nach seiner Rückkehr nicht voller Begeisterung über seine Afrikasafari geschwärmt hätte. Von Schreckensmeldungen und permanentem Notstand war da nichts zu hören. Verstehen Sie, wir können uns kein klares Bild machen. Wie sieht es wirklich in Afrika aus, wo Sie ja öfter sind? Sicher können Sie dazu etwas sagen.«

Gelegentlich hatte ich ähnliche Betrachtungen gehört, nicht gerade sehr oft, denn das Interesse an Afrika ist in Deutschland nicht sehr stark entwickelt, und die Medien fördern es auch nur wenig. Für viele Menschen, die es zu wissen meinen, ist Afrika einfach ein zurückgebliebener Kontinent. Sie bringen es auf den einfachsten Nenner und meinen, dass dort Hopfen und Malz verloren sind. Basta.

Auf die widersprüchlichen Äußerungen und Fragen musste ich eingehen. Viele Jahre hatten wir im ostafrikanischen Kenia und in Lesotho gearbeitet, und in den letzten Jahren waren wir mehrfach in Südafrika gewesen, vor allem da sich das Land nach der Regierungsübernahme der schwarzen

Bevölkerungsmehrheit gern als das ›Neue Südafrika‹ bezeichnet. Den mühsamen Weg aus der Apartheid in einen unitären Staat, in dem alle Bevölkerungsgruppen friedlich miteinander leben und auskommen sollen, haben wir jahrelang mitverfolgt, und es war wahrlich aufregend, das Neue Südafrika zu erleben. Erst im April 2006 waren wir von unserem letzten längeren Afrikaurlaub zurückgekehrt. So wird sich meine kurze Betrachtung vorrangig mit Südafrika und seinem Umfeld befassen, und der Leser wird erfahren, wie ich diese Region sehe, erlebe und darüber immer wieder Neues erfahre. Dass ich dabei etwas aushole, kann nur zum besseren Verständnis beitragen.

Die Republik Südafrika war in den sechziger Jahren stark in Misskredit geraten. Die meisten Staaten der Erde – und verständlicherweise darunter alle afrikanischen – konnten eine Politik nicht billigen, die der Mehrheit der Bevölkerung – den Schwarzen – das allgemeine Bürgerrecht verweigerte. Mit der Einführung der Apartheidpolitik – die südafrikanische Regierung nannte diese gesetzliche Maßnahme verharmlosend ›Getrennte Entwicklung‹ – konnte und wollte sich die internationale Völkergemeinschaft nicht abfinden. Viele Staaten brachen daher ihre politischen und wirtschaftlichen Beziehungen zu Südafrika ab, und ständig zunehmend geriet das Land am Kap in die Isolierung. Zu den wenigen Staaten, die noch diplomatische Verbindungen unterhielten, gehörte die Bundesrepublik Deutschland.

Wir lebten in den sechziger Jahren in Kenia. Die deutsche Regierung hatte in Verbindung mit der Weltbank das erst kürzlich unabhängig gewordene Land für verschiedene größere Entwicklungshilfeprojekte ausgemacht. Präsident Kenyatta hatte deutsche Hilfe erbeten, um Kleinfarmer in seinem Land von der reinen Selbstversorgung zum Anbau von Marktfrüchten zu bewegen.

Mit einem deutschen Beraterteam wurde ich in das hügelige und dicht besiedelte Gebiet des Kisii-Stammes entsandt, der sich vor einigen hundert Jahren in der Nähe des Viktoriasees sesshaft gemacht hatte. Tee- und Kaffeeanbau auf kleinen Parzellen sollte mit moderner Technik und Kreditmitteln gefördert werden. Über die siebenjährige Arbeit in Ostafrika habe ich in meinem Buch »Pflanzer, Regenmacher und Berater« berichtet.

Der Umgang mit afrikanischen, sprich schwarzen Mitarbeitern, Vorgesetzten und Politikern war von Beginn an fast problemlos verlaufen, und die Zusammenarbeit mit ihnen hatte gut funktioniert. Bald hatte ich erkannt, dass Afrikaner auch unter Anspannung herzlich lachen können

und damit manche kritische Situation beherrschen. Mit ihrem Sinn für Humor sind sie uns zweifellos überlegen. Wir arbeiteten als Entwicklungshelfer, und da wir Gäste im Land waren, ging es nicht darum, eine eigene berufliche Karriere aufzubauen, sondern unseren Mitarbeitern und lokalen Partnern so viel Können und Selbstbewusstsein zu vermitteln, dass wir uns über kurz oder lang überflüssig machen konnten.

Das postkoloniale Ostafrika entwickelte sich trotz mancher politischer Turbulenzen wirtschaftlich recht positiv. Die vorausschauende Politik des kenianischen Präsidenten Kenyatta hatte bewirkt, dass sich die drei Länder – Kenia, Tansania und Uganda – zu einer Staatenunion zusammengeschlossen hatten, die Zollschranken aufhob und administrative Erleichterungen brachte. Das war der richtige Weg und hätte anderswo Schule machen sollen. Leider hielt der begrüßenswerte Zustand aber nicht lange vor. Die zumeist vom Neid diktierte Diskriminierung der seit Generationen im Lande lebenden und die Wirtschaft tragenden Asiaten – oft verbunden mit Enteignung und Verbannung – führte vor allem in Uganda und Tansania zu chaotischen Zuständen und wirtschaftlichem Niedergang.

Kenia hielt sich klugerweise zurück, und zu Pogromen gegen Inder und Pakistaner ist es meines Wissens nach nicht gekommen. Diese einst als Kulis von der Kolonialmacht Großbritannien nach Ostafrika gebrachten Asiaten hatten sich durch handwerkliche Geschicklichkeit, Sparwillen und Ausdauer ausgezeichnet und an der Entwicklung der drei Länder großen Anteil gehabt. Jetzt war für sie das Aus gekommen.

Die Rivalität zwischen den beiden größten Volksstämmen Kenias, den Kikuyus und den Luos, beherrschten aber permanent und keineswegs immer gewaltfrei die Innenpolitik des Landes. Trotz gelegentlicher Aufgeregtheiten gehörten die Jahre, die wir in Kenia verbrachten, zu den schönsten unseres Lebens. Es war ja nicht so, dass der britische Einfluß in dem erst kürzlich in die Unabhängigkeit entlassenen Staat plötzlich aufgehört hätte. Keineswegs, denn vielfach waren die Briten noch in Verwaltungsstellen tätig, und der Landwirtschaftsminister des neuen Kenias gehörte als einziger Weißer Kenyattas Kabinett an. Auch die englischen Farmer blieben noch jahrelang im Land. Die Regierung in London hatte sich verpflichtet, sie für ihren Besitz zu entschädigen, bevor sie den schwarzen Neubauern weichen mussten. Das dauerte oft lange, und wir konnten von den alteingesessenen Praktikern der tropischen Landwirtschaft viel lernen und noch manche Freundschaften schließen.

Wir waren in Ostafrika, hörten aber gelegentlich auch von Südafrika. Das große Land im Süden des Kontinents hatte uns schon seit langem

neugierig gemacht. Gern wollten wir das Land am Kap kennen lernen, das sich wirtschaftlich anscheinend stark entwickelt hatte. Dort sollte doch alles anders sein, und die Gold- und Kohlevorkommen, die Reichtümer unter der Erde, ermöglichten den Menschen einen höheren Lebensstandard, wurde erzählt. Aber vor allem wollte ich erfahren, wie es in einem afrikanischen Land aussieht, in dem eine weiße Minderheit über eine schwarze Mehrheit regierte, ja das absolute Sagen hatte.

Eine Einladung von ›Bwana‹ Kesser, einem Freund und ehemaligen Mitarbeiter aus Kenias Zuckerrohrfeldern, in die Transkei kam uns daher gerade recht. Kesser war im wahrsten Sinn alter Deutschafrikaner. Als Pflanzer in Ostafrika war er mit Kriegsbeginn einige Jahre in südafrikanischer Internierung festgehalten worden, hatte später den Teeanbau gelernt und sich vor allem als Experte für die Verarbeitung des Tees einen Namen gemacht. Jetzt arbeitete unser Freund seit mehreren Jahren im Auftrag der südafrikanischen Regierung in der Transkei, einem der vielen sogenannten ›homelands‹ für schwarze Volksgruppen innerhalb der Südafrikanischen Republik.

Die Heimatländer oder Bantustans hatten 1963 im Rahmen der Apartheidpolitik von Pretoria eine mehr als fragwürdige Selbstverwaltung erhalten, die von der internationalen Völkergemeinschaft als Schönfärberei der echten politischen Situation im Land angesehen wurde. Meines Wissens sind die ›homelands‹ auch von keinem Staat der Erde anerkannt worden. Da sie wirtschaftlich unterentwickelt und nicht lebensfähig waren, mussten sie von der südafrikanischen Regierung finanziell und administrativ ständig stark unterstützt werden. Als Hilfsmaßnahme für die Transkei hatte man vor einigen Jahren ein Teeanbauprojekt gestartet und dafür unseren Freund, den Teespezialisten Kesser, angeworben. So ergab es sich, dass wir mit unserem kurzen Urlaub in die Transkei gleich eine weitere interessante, wenn auch kontroverse Region kennen lernten. Die politische Fragwürdigkeit der ›Homeland‹-Politik war unseren Freunden wahrscheinlich nicht bewusst, jedenfalls wurde darüber nicht gesprochen. Bwana Kesser war ganz in seinem Element. Bei unserem Besuch in der Nähe der Hauptstadt Umtata konnten wir weite Flächen neu angelegter Teeplantagen bewundern, und eine zweite Teefabrik ging gerade ihrer Vollendung entgegen. Dabei gehört die an den Indischen Ozean grenzende Transkei keineswegs zu den konventionellen Teeanbauregionen. Die geringen und so ungleich verteilten Regenfälle Südafrikas und niedrigen Höhenlagen an der Südküste erlauben keine Superernten. Der Teespezialist Kesser hatte diesen Mangel aber durch eine überdurchschnittlich gute

Aufbereitung der grünen Blätter in seiner Fabrik ausgleichen können, so dass die Qualität des Transkeitees gute Preise auf der Londoner Teebörse erzielte.

Die Fahrt im vollklimatisierten Bus auf der ›garden route‹ war für uns ein großartiges Erlebnis. Vier Tage lang erlebten wir Südafrika vom östlichen Natal bis zur Kapprovinz von seiner besten Seite. Herrlich die Fahrt längs des Indischen Ozeans, die ständig neue Ausblicke bot! Mit Südafrikanern in ein Gespräch zu kommen, schien problemlos, wie unsere erste Station in East London auch sogleich beweisen sollte. Renate und ich hatten uns gerade zum Abendessen auf der Veranda des kleinen Hotels ›Ocean View‹ niedergelassen, als auch schon ein eifriger Waiter herbeieilte und uns die Weinkarte präsentierte. Die langen Reihen uns unbekannter, aber sicher berühmter Namen und Weingüter verwirrte uns. Natürlich wussten wir, dass Südafrika ein führendes Weinland ist, aber das war's auch. Welchen sollten wir bestellen? Ein Herr am Nebentisch, dem wohl unsere Unsicherheit aufgefallen war, erhob sich und begrüßte uns in unserer Sprache.

»Wir freuen uns über deutsche Gäste in unserem Land. Vielleicht darf ich Ihnen bei der Wahl des Weines behilflich sein. Bei der großen Anzahl erster Provenienzen in unserem Weinland mag es zunächst schwierig für Sie sein, die rechte Wahl zu treffen. Ich nenne Ihnen gern zwei herausragende Weine, den Nederburg Edelrood und den Johannisberger. Beide gehören zur Spitzenklasse, und Sie werden sich mit ihnen auch schnell an Südafrikas führende Weine gewöhnen.«

Damit ging er zurück, drehte sich aber noch einmal um und meinte: »Ganz offen und unter uns gesagt, der Johannisberger ist der Allerbeste.« Er setzte sich an seinen Platz. Der Waiter, der unsere Unterhaltung aus der Ferne verfolgt hatte, kam eilends herbei und wollte wissen, welchen Rat uns der Herr erteilt hatte. »Er riet uns zu einem Johannisberger, und den bestellen wir jetzt«, war unsere Antwort. »Das wusste ich natürlich, dem Herrn gehört doch der Johannisberg im Kapland.«

Die Seehäfen von Durban, East London, Port Elizabeth und schließlich Cape Town mit ihren weiten Einzugsgebieten erschienen uns hochmodern und zeugten von großer Vitalität der Menschen im südlichen Afrika. Nach den Jahren in Kenia hatten wir uns diesen industrialisierten Staat auf dem afrikanischen Kontinent nicht vorstellen können. Wir trafen auf eine Infrastruktur, die fast europäischen Verhältnissen entsprach. Die Fernstraßen waren hervorragend ausgebaut, und Eisenbahn-, Post- und Telegraphenwesen schienen bestens zu funktionieren.

Geschichte war überall gegenwärtig. Der portugiesische Seefahrer Bartolomeu Dias hatte 1487 erstmalig die als Kap der Stürme bezeichnete Südspitze Afrikas umsegelt und sie damit zu einem ›Kap der Guten Hoffnung‹ gemacht. In Erinnerung hatten ihm die dankbaren Nachfahren am Indischen Ozean weithin sichtbare Steinkreuze errichtet. Auch an Denkmälern, die an die erste Landnahme der burischen ›Vortrekker‹ erinnern, fehlte es nicht. Ihre Leistungen und Entbehrungen wurden in kleinen Museen der Küstenstädte eindrucksvoll dokumentiert. Es war eben so, dass seit dem Jahr 1652, als Jan van Riebeek im Auftrag der Ostindischen Kompanie am Kap der Guten Hoffnung gelandet war, Welle um Welle europäische Einwanderer ins Land geströmt waren, und schließlich bestimmten sie über die Geschicke dieses Landes.

Zweifellos waren die holländischen und rheinländischen Buren die ersten weißen Europäer gewesen, die sich vom Kap her das weite, nur sehr sporadisch besiedelte Land nutzbar machten. Als dann später das britische Empire die strategische Bedeutung Südafrikas und seine immensen Bodenschätze entdeckte, sollte der große Plan von Cecil Rhodes ›from Cape to Cairo‹ verwirklicht werden. Waren nun die Briten allein am Zuge in Südafrika? Die ständig wachsende Rivalität zwischen den beiden weißen Volksgruppen mündete schließlich in einen dreijährigen blutigen Burenkrieg, den die Engländer 1902 mit weit überlegener Truppenmacht beenden konnten. Das gelang ihnen aber erst nach langen Abnützungskämpfen und nachdem sie Frauen und Kinder der Buren in Konzentrationslager gesperrt und deren Farmen in ›verbrannte Erde‹ verwandelt hatten.

Obwohl die Buren bald darauf mit der Gründung der Südafrikanischen Union ihren eigenen Staat im britischen Commonwealth erhielten, dauerte der Gegensatz im weißen Regierungslager fort und führte dazu, dass sich 1961 das Land zur Republik Südafrika erklärte und aus dem Commonwealth ausschied.

Ich erwähnte Gegensätze. Man könnte vielleicht von einer gewissen Überheblichkeit der Engländer sprechen, die sich in den alten Familien der Buren sicher nachteilig ausgewirkt hat und auch heute manchmal noch andauern mag. Als Außenstehende und Gäste in Südafrika und seinem Nachbarland haben wir diese Ressentiments aber nie ganz ernst genommen. Vielmehr haben wir uns über die vielen, gern wiedererzählten Van-der-Merwe-Geschichten und Witze amüsiert, in denen es immer darum geht, diesen Vertreter eines alten burischen Namens auf mehr oder weniger differenzierte Weise lächerlich zu machen, in denen sich diese Spaßfigur aber auch zu behaupten weiß. Das sieht dann so aus:

Van der Merwe hatte sich in einer Kneipe schon mehrere Drinks genehmigt, als der Wirt ihm plötzlich ein Rätsel aufgab. »Meine Mutter gebar ein Baby. Es war weder mein Bruder noch meine Schwester. Wer war es?« Van der Merwe dachte lange nach, kam aber zu keiner Lösung.

»Das war doch ich«, lachte der Wirt. Zuhause angekommen stellte van der Merwe seiner Frau die eben gehörte Frage. Mrs. van der Merwe konnte sie ebenso wenig beantworten wie ihr Mann und bat um die Lösung. »Es ist doch der Kneipenwirt«, meinte ihr Mann unter schallendem Gelächter.

Und noch einmal:

Als Professor Christiaan Barnard 1967 seine erste Aufsehen erregende Herztransplantation in Kapstadt durchgeführt hatte, wurde auch van der Merwe einbezogen, der dieses Mal als sein Chauffeur fungierte und sogar eine gewisse Ähnlichkeit mit seinem Master aufwies... Der Professor sah sich nach einem langen, arbeitsreichen Tag nicht mehr recht in der Lage, einen angekündigten Vortrag zu halten, und bat seinen Chauffeur, ihn an diesem Abend zu vertreten. Er übergab ihm also sein Manuskript und machte sich selbst daran, im Auto ein Schläfchen zu halten. Van der Merwe begab sich dagegen in den Saal und hielt seinen Vortrag. Alles ging gut, aber dann kamen die Fragen. »Wie gelang es Ihnen, Herr Professor, die Aorta zu verbinden«, wollte ein junger Chirurg wissen. »Ich bitte Sie, Mann, das wissen S i e nicht?«, fragte nunmehr van der Merwe. Warten Sie, ich hole ihnen jetzt meinen Fahrer. Sogar der kennt die Antwort.«

In Gesprächen mit weißen Südafrikanern wurde die Politik der Apartheid meistens vehement verteidigt, und man verwies auf die wirtschaftlichen Leistungen, zu denen es in anderen afrikanischen Ländern keinen Vergleich gäbe. »Das beweist doch klar, dass unsere Politik erfolgreich und der von unseren Nachbarn überlegen ist«, bekamen wir zu hören, und in dieser Erkenntnis standen sich die beiden weißen Bevölkerungsteile in keiner Weise nach. Die Möglichkeit, mit Schwarzen ins Gespräch zu kommen, war damals in Südafrika gering und meistens auf Hilfspersonal – wie Fahrer und Dienstboten – beschränkt.

Waren es nun die Goldflöze, die Diamanten und die vielen strategischen Erze, die ständig aus südafrikanischer Erde geholt wurden und bei den Industrienationen überaus begehrt sind, oder waren es die innovativen Menschen, die diese wirtschaftliche Dynamik in Gang gesetzt hatten? Sicher wohl beides. Als Gäste und kurze Besucher im Land enthielten wir uns vorschneller Urteile. Mit etwas gemischten Gefühlen, aber dankbar

für viel Erlebtes kehrten wir nach Kenia zurück. Die freundlichen Südafrikaner blieben uns in Erinnerung – bis heute.

Von Afrika haben wir uns nie ganz gelöst, obwohl wir längst wieder viele Jahre in Deutschland leben. Nach Ende unseres letzten Dienstvertrages in Lesotho und dem damit verbundenen Abschied aus dem südlichen Afrika haben wir die engen Bindungen nach dort nicht abreißen lassen, und sicher haben wir gut daran getan, uns einen Rückhalt im vertrauten und liebgewordenen Südafrika zu erhalten. Wie war es dazu gekommen?

Mit dem deutschen Botschafterehepaar in Lesotho unterhielten wir in den achtziger Jahren auch privat ein freundschaftliches Verhältnis, und die guten Leute hatten uns längst gestanden, dass sie nach Erreichen ihrer bald zu erwartenden Pensionierung nicht nach Deutschland zurückkehren, sondern sich in Südafrika zur Ruhe setzen würden.

»Wer hier länger gelebt hat, wer die freundlichen Menschen Südafrikas erlebt und sich an deren Lebensrhythmus gewöhnt hat, der wird doch alles versuchen, irgendwann wieder zurückzukommen. Wir haben auf unserer Diplomatentour viele Länder kennen lernen können, aber keine Region hat uns so beeindruckt wie das südliche Afrika.«

»Ich habe auch längst Nägel mit Köpfen gemacht«, meinte seine Exzellenz, und ich erfuhr von ihm, dass er in der Kapprovinz bereits ein Häuschen erworben hatte. »Somerset West liegt vierzig Kilometer von Kapstadt entfernt, und die Hauptverkehrsverbindung in ost-westlicher Richtung, die National Highway 2 – gern auch ›garden route‹ genannt – führt zu diesem idyllischen Städtchen, das sich mit vollem Recht als einzigartig bezeichnen kann. Ich nenne Ihnen gern die Vorzüge, die mich zum Kauf veranlassten. Eingebettet liegt die freundliche Kleinstadt zwischen dem Indischen Ozean, der hier mit seinem kilometerweiten, flachen Sandstrand False Bay genannt wird, und den zerklüfteten, zackigen Felsspitzen der Hottentottenberge, die dem Stadtbild nicht nur einen äußerst malerischen Hintergrund geben, sondern auch zu langen Wanderungen einladen. In einem Naturreservat kann man die schönsten Proteen und Wildblumen bewundern, von denen Südafrika ja so unendlich viele Arten besitzt. Und rosten braucht der Geist dort auch nicht. Die unmittelbare Nähe zu Stellenbosch, der ältesten Universität Südafrikas, bietet mit Theater, Konzerten und Vorträgen vielseitige Unterhaltung, die man nur wahrnehmen muss. Ist das nun etwas für einen Pensionär?

Und man sage mir nicht, Afrika besäße nur bewundernswerte Landschaften, aber keine Geschichte. Ich behaupte, am Kap kann man ihr recht

nahe sein und im kosmopolitischen Cape Town auch gleich der vereinigten afrikanisch-europäisch-asiatischen, wenn man will. Angefangen hat ja alles mit den bekannten Entdeckern Dias und Vasco da Gama, die den Seeweg nach Hinterindien erkundeten, der seit dem 16. Jahrhundert Sklaven und Arbeiter, Kaufleute und Matrosen aus Malaya und Sumatra mit den schwarzen und weißen Bewohnern Südafrikas zusammenführte.

Aber es gibt noch mehr. Weit außerhalb der Peripherie dieser Metropole, inmitten einer hochentwickelten und landschaftlich reizvollen Obst- und Weingegend, zwischen dem Indischen Ozean und den Hottentottenbergen, liegt ein historischer Landsitz, der als ›Vergelegen‹ im südlichen Afrika weithin als historische Kostbarkeit gilt. Geschaffen wurde er von einem Gouverneur der Ostindischen Kompanie, der nach van Riebeeks denkwürdiger Landung am Tafelberg im Kapland residierte. In einem großzügig angelegten Park umstehen dort jahrhundertalte Kampferbäume aus Malaya ein Landhaus im Stil der kolonialen Gründerzeit. Die großen Baumriesen laden Besucher ein, unter ihrem dichten Blätterdach immer wieder über die Wechselfälle der Geschichte nachzudenken.

Und dann der Wein! Das milde Klima, die langen Sonnentage und die vielen windgeschützten Täler machten das Kapland zu einem führenden Anbaugebiet, an dem die früh eingewanderten Hugenotten großen Anteil haben. Vor allem rate ich Ihnen zu dem Roten. Es ist ein Spitzenprodukt. Probieren Sie ihn aus dem ›Vergelegener Keller‹. Er ist besonders weich und samtig. Das Etikett ›velvet-like‹ trägt jeder Weinkenner gern im Munde, wenn er besonders anerkennend von den südafrikanischen Provenienzen schwärmt.«

Unser Botschafter war offensichtlich im Weinland angekommen, dachte ich und musste an unseren ersten Besuch in Südafrika denken, als wir in East London auf den hervorragenden Johannisberger aufmerksam gemacht wurden.

»Sie sehen, Somerset West ist der ideale Standort für unser ›Retirement‹«, begeisterte sich Exzellenz, ein ehemaliger, hochdekorierter U-Bootkapitän, den ich wegen seiner engagierten aber auch kritischen Einstellung zur Entwicklungshilfe für Lesotho sehr schätzte.

»Vor allem muss die Landwirtschaft intensiviert werden«, pflegte er zu sagen. »Die Basutos haben keine andere Wahl, denn das Land besitzt keine Bodenschätze und keine nennenswerte industrielle Verarbeitung. Die Männer verdienen sich als Wanderarbeiter ihr Geld in den südafrikanischen Minen, und daheim überlassen sie alles den Frauen. So liegen die kleinen Äcker hier oft brach oder bringen nur kümmerliche Erträge. Das

wird nicht mehr lange gehen. Die Arbeitslosigkeit in Südafrika wächst ständig, und da reduzieren die Minenverwaltungen natürlich die Zahl der Gastarbeiter aus den Nachbarländern. Darunter wird Lesotho mehr und mehr leiden. Nein, die Basutos müssen endlich anfangen und in ihrem eigenen Land zupacken, um zu höheren Erträgen zu kommen. Auch wir Deutschen versuchen ja seit Jahren, ihnen dabei zu helfen.

Lesotho ist in jeder Hinsicht abhängig von der Republik Südafrika und darüber hinaus von zwanzig ›Geber‹-Nationen, die in fast hundert Entwicklungsprojekten tätig sind. Alle wollen sie helfen, beraten und oft auch mitmischen, aber leider sind die meisten Programme nur selten koordiniert. Das wird natürlich von der Regierung unseres Gastlandes weidlich ausgenutzt. So darf es nicht weitergehen. Das ›spoonfeeding‹ muss endlich aufhören.« Es war seine beliebteste Redewendung.

Der Botschafter war jetzt in seinem Element. »Ich kann Ihnen sagen, wie das manchmal bei mir läuft: Da ruft mich doch neulich der Ministerpräsident, Chief Leabua Jonathan, an und fragt mit fast fordernder Stimme: ›Wann fangen die Deutschen endlich an zu pflügen?‹ Es verschlug mir die Stimme. War der Staatschef dieses Landes tatsächlich der Meinung, dass das deutsche landwirtschaftliche Beraterteam den Basutos die Arbeit abnehmen würde? Ich hatte Mühe, ihn vom Gegenteil zu überzeugen und erklärte ihm die Aufgaben der Berater. Dabei erfuhr ich, dass südafrikanische Farmer, also die Buren jenseits der Grenze, jedes Jahr mit ihren Traktoren herbeieilen, um auf Chief Jonathans Farm die Bestellungsarbeiten durchzuführen. Kostenlos natürlich, aber ein politischer Freundschaftsdienst, der ihnen vielleicht zeitweise etwas einbringt, den wir nicht zu tun beabsichtigen.«

Als Leiter eines landwirtschaftlichen Entwicklungsprojektes musste ich ihm Recht geben, denn die vielen Hilfsprogramme machten Eigenanstrengungen im kleinen Königreich oft überflüssig und überforderten oft die menschlichen und fachlichen Kapazitäten der Basutos.

Enttäuscht hatte mich Exzellenz allerdings, dass er sich im vierten Jahr seiner Akkreditierung in der Hauptstadt Maseru aus uns allen unerfindlichen Gründen eine Kugel in den Kopf schoss. Ich konnte es nicht begreifen und auch nicht verzeihen, dass er damit sowohl seine hoheitlichen Aufgaben in Lesotho als auch die vielköpfige deutsche Gemeinschaft in diesem Bergland im Stich ließ. So fiel mir am Beerdigungstag der Nachruf auf den deutschen Diplomaten, zu dem ich von unseren Landsleuten aufgefordert wurde, nicht leicht.

Aber etwas war geblieben, und das war die Begeisterung, mit der er

von seinem erwählten Ruhesitz in Somerset West gesprochen hatte. Als seine Witwe, die sich jetzt anderen Plänen zuwenden wollte, uns den Kauf ihres Häuschens schmackhaft zu machen versuchte, brach ich mit meiner Frau sogleich voller Erwartungen ins Kapland auf.

Südafrika hatte uns ja längst in seinen Bann geschlagen. Eine achtjährige Tätigkeit in verschiedenen Entwicklungsprojekten in Lesotho hatte dazu geführt, dass wir das große Nachbarland gut kennen gelernt und viele Freundschaften geschlossen hatten. Wir würden hierher zurückkommen, so stand es für uns fest. Irgendwann später jedenfalls, denn unser Ruhestand war ja glücklicherweise noch weit entfernt.

Da war auch noch etwas anderes. Unsere Tochter Beatrice hatte für ihren Eintritt ins Berufsleben Südafrika ausgewählt und sich in Kapstadt etabliert. Nach Studienabschluss in Textil Design in England war sie mit einer Riesenmappe voller bunter Kreationen bei uns in Maseru aufgetaucht und hatte sich erfolgreich bei führenden Textilfirmen in den größeren Städten Südafrikas beworben. Dass sie sich ausgerechnet für Woolworth in Cape Town entschieden hatte, konnten wir erst verstehen, nachdem wir aufgeklärt worden waren, dass diese Supermarktkette hier keine Ramschläden unterhielt, sondern in Südafrika zu den gehobenen Textilhäusern gehört. Als Einkäuferin für Herrenwollartikel fühlte sich unsere Textildesignerin zunächst deplaciert, entwickelte zu ihren farbigen Mitarbeiterinnen aber ein mustergültiges Arbeitsverhältnis, das von der Firmenleitung bald anerkannt wurde und ihr im weiteren Berufsverlauf sehr hilfreich werden sollte.

Beim Schritt in die Selbstständigkeit half ihr die Shell Company, die es sich in Südafrika auch zu einer Aufgabe gemacht hatte, junge Talente beruflich zu fördern. Als Beatrice von dieser beruflichen Chance erfuhr, tat sie nichts Eiligeres, als bei der Direktion vorzusprechen und ihre mitgebrachten Textilkreationen vorzustellen. Der Erfolg blieb nicht aus. Beeindruckt von ihrem fachlichen Können arrangierte Shell Südafrika im Souterrain ihres großen Verwaltungsgebäudes in Cape Town eine Ausstellung ihrer Exponate und lud einflussreiche Modeleute und Boutiqueninhaber zu einer großen Veranstaltung ein.

Auch wir Eltern aus dem fernen Lesotho waren geladen und mischten uns unter die Modeleute, die voller Begeisterung die vielfarbigen Wandteppiche, Kissenbezüge und Pullover aus Wolle und Mohair bestaunten. Da die südafrikanische Fachwelt die nach asiatischen Vorbildern gefertigten Wollvariationen mit Interesse aufnahm, fühlte sich Beatrice ermutigt

und entschloss sich, ihren Supermarktjob zu beenden und sich – zunächst mit einem Partner aus dem Modefach – in Südafrika selbstständig zu machen.

Dass die Ausstellung uns eine günstige Gelegenheit bot, Kapstadt und sein Umfeld näher zu entdecken, ergab sich wie von selbst. Irgendwo in dieser Region wollten wir heimisch werden. Mehr denn je waren wir dazu entschlossen und wünschten uns einen festen eigenen Grund, den wir jederzeit erreichen konnten, um länger oder kürzer dort zu leben. Wir wussten, dass es uns immer wieder in die großartige Landschaft, in die vertraute Weite Südafrikas ziehen würde. Und dann wollten wir – eigentlich gehört es an die erste Stelle – die vielen freundlichen Menschen immer wieder erleben, die wir dort in allen Bevölkerungsgruppen gefunden hatten. Für uns gab es gute Gründe, nach Südafrika zurückzukommen.

Somerset West begeisterte uns auf Anhieb; da hatte der Botschafter schon das Richtige gesagt. Dennoch zog sich die Suche nach einem geeigneten Domizil über Tage hin. Der befreundeten Botschafterwitwe mussten wir allerdings absagen, da uns ihr Haus nicht gefiel. Aber der von ihr inspirierte Trip ins Kapland erwies sich als erster Schritt zu unserem erwünschten Grund und Boden in Afrika.

Wer sein Haus nicht ständig bewohnen kann, benötigt besonders die Nähe von zuverlässigen Nachbarn. Nach dieser Regel handelten wir und entschlossen uns für ein townhouse oder Reihenhaus, das in einer größeren Wohnsiedlung lag. Ein erster Blick aus dem Fenster überzeugte uns, dass wir die richtige Wahl getroffen hatten. Der Anblick auf eine lange Kette kahler, von der Abendsonne beschienener Felsspitzen, den Hottentots-Holland-Höhen mit dem die Stadt dominierenden Helderberg, war atemberaubend.

Gebrauche ich diesen schon reichlich abgedroschenen Ausdruck in ehrlicher Begeisterung für die Schönheit des zerklüfteten Berglandes, so kann ich ihn gleichfalls, aber im negativen Sinn, für unseren ersten Blick auf das Meer anwenden. Die Schilder am nahen Uferstrand waren einfach abstoßend. In beiden offiziellen Sprachen des Landes – English und Afrikaans – stand es geschrieben: ›Blankees Only‹. Eine offizielle Verordnung. Klar wies das Apartheidregime auf ein Sonderrecht für weiße Bürger hin. Nur ihnen war der Zugang zu dem hellen, langen Sandstrand erlaubt. Anderen Volksgruppen war er verwehrt, und tatsächlich war weit und breit auch keine schwarze Haut zu sehen.

So etwas hatten wir in Afrika noch nicht erlebt, und es stieß uns bitter auf. Noch einmal begegneten wir einer würdelosen Rassenpolitik, die wir

unter dem Naziregime erlebt, aber Gott sei Dank überwunden hatten. Wir waren schockiert, beruhigten uns aber, da wir am Vortag in Cape Town erlebt hatten, dass die nach rassischen Gesichtspunkten angeordneten strengen Sitzanweisungen in den Bussen von den Fahrgästen ignoriert wurden. Niemand hatte daran Anstoß genommen, und Schwarz und Weiß schien friedlich nebeneinander zu sitzen. Nach Lage der Dinge steuerte die Apartheidpolitik Südafrikas ihrem Ende zu. So meinten wir, und so kam es dann ja auch.

Mit dem vollzogenen Kauf schien uns nun eine spätere Rückkehr nach Südafrika garantiert. Da wir das Haus jetzt weder beziehen noch für uns einrichten wollten, überließen wir es weiter der bisherigen Eigentümerin, einer betagten Engländerin, die über ein weiteres Verbleiben keineswegs unglücklich war.

Auch zwei Jahre später, als wir den ersten Urlaub als Rückkehrer nutzten, um unser Domizil wohnlich einzurichten, erschien sie uns nicht betrübt, ja sie nahm das Ende ihres Mietvertrages fast mit Erleichterung auf. »Ich habe achtundvierzig Jahre in Südafrika gelebt. Das Land hat sich für mich so verändert. Meine Zeit in Somerset West ist abgelaufen. Ich werde zu meinen Kindern nach England ziehen, die schon länger dort sind.«

Tochter Beatrice hatte unterdessen in East London eine Firma gegründet. Bei unserem ersten Besuch trafen wir sie in einer großen, fast leerstehenden Lagerhalle an. Wie auf einer Bühne saß die kleine Textildesignerin auf einem leicht erhöhten Platz vor mehr als hundert lustig plappernden Frauen des Xhosa-Stammes, denen sie gerade das Stricken von kunstvollen Pullovern beizubringen versuchte. Bei Geschwätz und Gesang schienen die Frauen und Mädchen jeden Alters in bester Stimmung zu sein. Fast wie im Takt der Stricknadeln entstanden Wollartikel in den buntesten Farben, die, so mussten wir hoffen, bald in den Boutiquen Südafrikas landen würden. Für uns Eltern war es eine beeindruckende Szene.

Die wirtschaftliche Situation in dem damals noch bestehenden ›homeland‹ Ciskei war äußerst angespannt, und um Arbeitslosigkeit und Misere zu dämpfen, hatte die südafrikanische Regierung unternehmerischen und risikobereiten Leuten eine bescheidene finanzielle Hilfe zur Firmengründung in der Region zugesagt. Dieses Versprechen hatte nicht nur Tochter Beatrice begeistert angelockt, sich in ihrem Fach Textil Design zu enga-

gieren, es animierte auch die Xhosafrauen der Gegend, sich in Scharen bei ihrer neu gegründeten Strickfirma zu melden.

Die ›kleine Deutsche‹, wie sie dort genannt wurde, strahlte Begeisterung aus und besaß fachliches Können, hatte aber noch wenig Geschäftserfahrung anzubieten. Der südafrikanische Partner, der ihr empfohlen worden war und der dieses Manko ausfüllen sollte, erwies sich bald als Versager. Weder hatte er wirtschaftliche Erfahrung noch gesunden Menschenverstand, und Geld schon überhaupt nicht. Dennoch wollte er gleich hoch hinaus, und noch bevor die Firma sich in der Region einen soliden Kundenstamm in Südafrika geschaffen hatte, überredete er Beatrice zu einem Überseetrip, ja zu einer Ausstellung der exotischen Strickarbeiten in New York.

Um der Ausstellung in USA noch mehr Gewicht zu geben, nahm man auch gleich noch zwei südafrikanische Mannequins mit auf die Flugreise. Die Sache wurde teuer, dennoch – die Strickmodelle begeisterten die gehobene Textilwelt der New Yorker, und erstes Interesse in Amerika war geweckt.

Mit Ausdauer und großem Einfühlungsvermögen in die afrikanische Mentalität gelang es Beatrice, ihre Strickerinnen zu Leistungen zu motivieren. Bald wurden die bunten Wollsachen in die Boutiquen des Landes geliefert, und in der Presse erschienen positive Kommentare. Die jährliche weltweit bekannte Weinauktion der Firma Nederburg bot ihr die allerbeste Gelegenheit, die Wollprodukte auch interessierten Überseekunden vorzustellen.

Das war's dann aber auch. Das Apartheidregime in Südafrika erwies sich immer mehr als hemmender Wirtschaftsfaktor und schreckte Importeure ab. Als die USA schließlich einen Boykott südafrikanischer Waren erklärten, zogen fast alle Länder mit. Für Beatrice bedeutete diese Maßnahme auch das Aus ihrer Amerikapläne.

In Südafrika selbst nahmen die politischen Spannungen zwischen der Regierung und der Freiheitsbewegung des African National Congress (ANC) zu, und Beatrice bekam sie selbst hautnah zu spüren. Es fing damit an, dass die Funktionäre dieser Bewegung die bei ihr arbeitenden Frauen stark unter Druck setzten, ihre Arbeit aufzugeben.

»Wenn Ihr nicht aufhört, bei der Weißen zu arbeiten, werden eure Hütten in Flammen aufgehen«, wurde ihnen bedeutet, und Beatrice erfuhr davon. Sie hielt die Androhungen zunächst für gefahrlos und harmlos, bis sie eines Abends lange nach offiziellem Betriebsschluß schwere Steine unter ihrem geparkten Wagen vorfand, die sich nur mühsam wegräumen

ließen. Als sie später auf dem Heimweg durch eine Straßensperre aufgehalten wurde und sie sich nur durch schnelle Flucht davon machen konnte, wurde ihr klar, dass etwas gegen sie im Gange war. Es waren keine leeren Drohungen mehr; nur zu oft hatte man anderswo Schlimmes wahrgemacht. Sie erkannte, dass sie aufgeben musste.

1989 befand sich Südafrika in einer Übergangsphase. Es bahnte sich das Ende der Vorherrschaft der Weißen an. Noch bestand die Apartheid, die seit 1948 eingeführte Politik der Rassentrennung, zwischen den schwarzen, weißen und farbigen Bevölkerungsgruppen.

Mit dem Konzept einer getrennten Entwicklung und einer Politik, die nur von der weißen Bevölkerungsgruppe bestimmt wurde, hatten die aufeinander folgenden Präsidenten Südafrikas, Malan und Verwoerd, in den fünfziger und sechziger Jahren sicher die Zeichen einer heraufkommenden neuen Zeit verkannt. Die große farbige Mehrheit der Südafrikaner konnte sich auf Dauer mit dieser eklatanten Diskriminierung nicht abfinden und hatte dann ja auch mit dem Politiker und Bürgerrechtler Nelson Mandela ihren charismatischen Führer gefunden.

Lange hatte sich die südafrikanische Regierung erbittert gegen die Aufweichung ihrer Rassengesetze gewehrt und seit 1964 den ›Agitator‹ Mandela auf der Insel Robben Island in Haft gehalten. Die nach den vielen dort lebenden Robben benannte Insel in Sichtweite des Kapstädter Hafens diente den holländisch-ostindischen Seefahrern schon seit dem siebzehnten Jahrhundert als Gefängnis für widerspenstige Hottentotten auf dem Festland. Auch wurden Piraten und Räuber und später politische ›Dissidenten‹ hier untergebracht, und ein europäischer Schriftsteller berichtete euphorisch von der ›Insel des Fegefeuers am Fuße des Paradieses‹. Mit diesem Kontrast hatte er wohl den wahrhaft beeindruckenden Ausblick auf den Tafelberg bezeichnen wollen, den frühere portugiesische Entdecker bestimmt als paradiesisch empfunden haben mussten, wenn sie nach den berüchtigten Stürmen im Südatlantik den rettenden Hafen erreicht hatten.

Nelson Mandela hatte sich trotz jahrelanger erniedrigender Haftbedingungen von seinem Ziel, ein nichtrassistisches, demokratisches Südafrika zu schaffen, nicht abbringen lassen. Als ihm die Apartheidregierung ein Freilassungsangebot machte, lehnte er die Offerte ab, da sie mit einem Gewaltverzicht verbunden war. Er bestand auf den Forderungen des ANC nach Abschaffung der Apartheid, der Freilassung aller politischen Gefangenen, und forderte das Recht freier politischer Betätigung.

An dieser Stelle kann ich nicht umhin, dem Vornamen Nelson Beachtung zu schenken. Die drei Eigenschaften – Ehre, Mut und Hingabe – stehen bei den Briten in höchstem Ansehen, und als Verkörperung jener drei Eigenschaften gilt Horatio Nelson, der Sieger in der Seeschlacht von Trafalgar gegen die französisch-spanische Flotte. Seit Generationen wird er den Schulkindern auf den britischen Inseln und in den Kolonialgebieten als leuchtendes Beispiel vorgestellt.

Als nun der junge Rolihlahla Mandela in der Transkei zur Schule ging, hatten die Missionare und englischen Lehrer Mühe, den Vornamen auszusprechen. Sie griffen auf den bewährten Brauch zurück, ihren Schüler nach dem britischen Helden zu nennen. Natürlich ahnten sie nicht, dass sie einen Freiheitshelden benannt hatten.

Während einer Massenversammlung im Stadion von Soweto verlas seine Tochter Zindzi eine Erklärung ihres Vaters. Die Worte Nelson Mandelas aus der Gefangenschaft in Robben Island gingen um die Welt:

»Ich schätze meine eigene Freiheit sehr, aber ich sorge mich noch mehr um eure Freiheit. Ich liebe das Leben nicht weniger als ihr. Aber ich kann mein angeborenes Recht nicht verkaufen. Nur freie Menschen können verhandeln. Gefangene können keine Verträge abschließen. Eure und meine Freiheit sind nicht voneinander zu trennen.«

Die Proteste der Schwarzen, die sich mehrheitlich der Widerstandspartei, dem ANC, angeschlossen hatten, verstärkten sich und führten zu blutigen Auseinandersetzungen.

Dem ständig zunehmenden inneren und äußeren Druck – fast alle Staaten und internationalen Institutionen hatten sich gegen Südafrikas Politik gewandt – konnte die Regierung nicht mehr standhalten. Südafrika war in der Welt isoliert, und die Sanktionen, die gegen das Land verhängt wurden, wirkten sich für seine Wirtschaft verhängnisvoll aus. Es musste etwas geschehen.

Mit der Wahl des neuen Ministerpräsidenten De Klerk geschah auch etwas. Jetzt kam ein Pragmatiker an die Regierung, der die Zeichen der Zeit erkannt hatte und schließlich die sensationelle 180-Grad-Wende in der Politik durchführte.

Eine entscheidende Hilfe zu diesem Wandel kam von unerwarteter Seite. Da hatte der sowjetische Staatschef Gorbatschow plötzlich Perestrojka und Glasnost zu den neuen Leitlinien sowjetischer Politik erklärt. Mit diesen Begriffen signalisierte Moskau Bereitschaft, eine neue Phase der Entspannung im Ost-West-Konflikt einzuleiten. Das berührte auch die verschiedenen Befreiungsbewegungen in aller Welt, die von der Sowjet-

union – keineswegs uneigennützig – unterstützt worden waren. Der vorherrschende Weltmachtanspruch Moskaus begann zu schwinden, und der mit der UdSSR eng verbundene ANC musste damit rechnen, die ideologische Unterstützung zu verlieren.

Die von vielen freiheitsliebenden Menschen erhoffte Perestroika beendete den Kalten Krieg auf der Welt, und die Südafrikaner erfanden für diese eingetretene Entspannung in Anspielung auf ihre Hauptstadt Pretoria das einprägsame Logo ›Pretoriastrojka‹.

Bei dem Namen Pretoria soll es übrigens nicht bleiben, wie ich vor einigen Wochen hörte. Er erinnert wohl zu sehr an das ehemalige Regime der Apartheid. Ein neues Afrika braucht auch einen neuen Namen für seinen Regierungssitz, meinen wohl die neuen Herren. Was sich hinter dem beabsichtigten neuen Namen Tschwane verbirgt, konnte ich noch nicht ergründen. Wir werden sehen, ob er sich bald durchsetzt.

Die ersten Maßnahmen zum Abbau der diskriminierenden Rassengesetze wurden verfügt. Als der Präsident bald nach seiner Vereidigung ein äußeres, für alle Bevölkerungsgruppen markantes Zeichen setzen wollte und die Badestrände freigeben ließ, horchte die Welt auf und erwartete mehr als nur eine populistische Geste. An der ungelösten sogenannten ›Strandfrage‹ hatten die Apartheidgegner und ausländischen Besucher – ich erinnere hier an unsere erste Ankunft in Somerset West – ja immer wieder heftigen Anstoß genommen.

Die Apartheid begann zu wanken. Für viele der weißen Bürger – Buren wie Engländer – war es nicht leicht, sich mit den neuen Gegebenheiten abzufinden. Schließlich hatten sie seit mehreren Generationen die Politik bestimmt und aus Südafrika ein wirtschaftlich hochentwickeltes, produktives Land geschaffen. Jetzt sahen sie dem Ende der Apartheidherrschaft mit großer Besorgnis entgegen. Sicher nicht ohne Grund, denn viele Scharfmacher unter den radikalen Schwarzen hatten ja oft genug angedroht, Rache für die Ungerechtigkeiten der Apartheidjahre zu nehmen. Jetzt hatten sie sich vorgenommen, die Weißen zu entrechten und zu enteignen, wenn nicht sogar ins Meer zu drängen.

Dass sich das Land stark verändern würde, war vorauszusehen, und so zogen es manche der alteingesessenen Südafrikaner vor, ihre Heimat in Richtung Australien oder England zu verlassen. Das taten sie bestimmt nicht leichten Herzens, denn ihre Migration war ja mit großen persönlichen und wirtschaftlichen Verlusten verbunden.

Da wir in Lesotho arbeiteten, konnten wir die im großen Nachbarland

praktizierte Apartheid ständig verfolgen. Uns war dabei immer klar, dass sich Südafrika trotz großer wirtschaftlicher Leistungen politisch ins Abseits manövriert hatte, und dass über kurz oder lang eine schwarze Mehrheit die Regierung stellen würde. Das erweckte bei uns keine Angstgefühle, denn seit fünfzehn Jahren hatten wir in Afrika gelebt und uns sowohl in Kenia wie in Lesotho den dort regierenden Autoritäten unterordnen müssen, wobei die Hautfarbe nie eine Rolle gespielt hatte. Wir hofften nur inständig, dass sich der Wandel in Südafrika verantwortungsvoll und friedlich vollziehen und die Wirtschaft einigermaßen intakt bleiben würde. Nachdem unser Vertrag 1987 auslief, verließen wir Lesotho, und ich erhielt eine neue Aufgabe in Jamaika.

Als wir zwei Jahre später wieder für mehrere Wochen nach Südafrika flogen – jetzt begannen wir uns zu jährlichen, engagierten Südafrikatouristen zu entwickeln – steuerte Präsident De Klerk mit seiner Nationalen Partei zielstrebig auf eine Regierung aller Volksgruppen zu. Als erste versöhnliche Maßnahme wurde die Symbolfigur des schwarzen Widerstands gegen die Apartheid, Nelson Mandela, aus der Haft entlassen. Es folgten schwierige Verhandlungen, bis es zu einer Verfassung kam, auf der die Gleichberechtigung aller Bevölkerungsgruppen paraphiert wurde.

»Wat wet 'n kaffir van rugby?« Das war die erste Schlagzeile in der ›Cape Times‹, die mir ins Auge fiel, als wir im Flugzeug saßen. Der Vertreter aus einer burischen Rechtspartei hatte in einem Spitzengespräch zwischen dem Rugby Board und dem ANC ein gemeinsames Gremium für diese beliebte Sportart zu verhindern versucht. Mit diesem Ausflug in das rassisch gefärbte Vokabular vergangener Zeiten hatte er das Gesprächsklima nicht verbessern können, wohl aber die Chancen seiner Partei, die dadurch leider geringen Stimmenzuwachs verbuchen konnte.

Rugby gehört in Deutschland wahrlich nicht zu den Hauptsportarten, und mit dem Cricketspiel ist es ja nicht anders. Aber sobald man südafrikanischen Boden betritt, erkennt man, dass alle südafrikanischen Völker sich kaum der Magie dieses Spiels entziehen können. Mit dem abgehackten schneidenden Terminus C r i c k e t stimmt der Sportansager unermüdlich seine Fans ein, die eventuell die täglichen Cricket news noch nicht gelesen hatten. Auf mich hat die Cricketbegeisterung bisher nicht abgefärbt, und ich könnte gut die oben erwähnte Schlagzeile in der ›Cape Times‹ auf mich beziehen. »Wat wet 'n Dütscher van cricket?« Aber ich weiß, dass es fast allen Südafrikanern schlechterdings unverständlich ist, dass jemand ohne Kenntnis des Cricketspiels leben kann.

Der ANC boykottierte die gerade angelaufene Volkszählung. Fragen nach der Zugehörigkeit zu den verschiedenen Bevölkerungsgruppen – also nach schwarz, weiß und farbig – wurden als diskriminierend bezeichnet. Vergeblich versuchte die Regierung zu erklären, dass sie aus Gründen der Arbeitsbeschaffung, aller Infrastrukturplanungen und sozialer Programme wissen müsste, wo und unter welchen Umständen die Menschen in diesem Lande leben. Der ANC blieb bei seiner Ablehnung, und Fragen nach der Hautfarbe wurden nicht beantwortet. Vielleicht war die Zeit noch nicht reif für solche Fragen, aber überzogene Empfindlichkeiten waren auch nicht mehr am Platz in einem Südafrika, in dem jetzt alle Bürger an der Lösung dieser Aufgaben gleichermaßen interessiert sein und aufeinander zugehen sollten?

Ein anderer Tag brachte gleich zwei gute Nachrichten, über die sich alle zu freuen schienen. Ein Kreuzfahrtschiff war erschienen, dazu noch ein russisches, und hatte in der Bucht von Kapstadt festgemacht. Fahnen mit Hammer und Sichel wurden vor dem Tafelberg geschwenkt, russische Seeoffiziere stolzierten in blütenweißen Uniformen, Krakowiak tanzende Matrosen begeisterten die Schaulustigen mit ihren Beinverrenkungen. Fröhliche, ausgelassene, zumeist deutsche Kreuzfahrer des Schiffes boten ein friedliches Bild, welches es seit siebzehn Jahren in diesem Teil der Welt nicht mehr gegeben hatte. Und die »Azerbaydzhan« sollte nur der Auftakt sein. Weitere Kreuzfahrer hatten sich angemeldet.

Die andere gute Nachricht betraf die Ankündigung voller diplomatischer Verbindungen zwischen Südafrika und Ungarn. Beide Ereignisse wurden als Durchbruch gewertet, die sprichwörtlichen Schritte in die richtige Richtung.

Und die gingen auch weiter. 1994 war es so weit. Die ersten Wahlen zur Nationalversammlung wurden abgehalten. Aus diesen ging der ANC als klarer Sieger hervor, und Nelson Mandela konnte sein Amt als neuer Präsident Südafrikas antreten.

Ich erinnere mich gut, dass vor dieser Wahl Konservendosen und Kerzen fast ausverkauft waren. Allerorten wurden sie von weißen Südafrikanern gehortet, um für den gefürchteten Tag des Zusammenbruchs – vielleicht auch der Rache und Abrechnung – gerüstet zu sein. Zu dem befürchteten Zusammenstoß kämpferischer Schwarzer mit den radikalmilitanten Weißen kam es glücklicherweise nicht. Vielmehr sah man bald die Scharfmacher und Radikalen beider Seiten, die noch vor einem Jahr der ›terroristischen Regierung‹ den kompromißlosen Krieg angesagt hatten,

friedlich mit schwarzen und weißen Ministern über Einzelheiten der Regierungspolitik diskutieren.

Mit großer Anteilnahme hatten wir diese entscheidenden Entwicklungen verfolgt. Wir freuten uns, dass die ›Wende‹ in Südafrika fast unblutig verlaufen war. Zur angekündigten ›Nacht der langen Messer‹ war es jedenfalls nicht gekommen. Dazu hat vor allen Dingen das Charisma und die Autorität von Mandela beigetragen. Von seinen politischen Gegnern war diese herausragende afrikanische Persönlichkeit radikal bekämpft und gedemütigt worden, und sechsundzwanzig Jahre lang hatte die Regierung des Apartheidstaates ihn gefangen gehalten. Jetzt tat Mandela, was er tun zu müssen glaubte und was von seiner menschlichen Größe und politischen Weitsicht Zeugnis gab. Ungeachtet der leidvollen und ihm persönlich widerfahrenen diskriminierenden Behandlung setzte er sich mit seiner ganzen Kraft und Popularität für eine Versöhnung aller Afrikaner ein.

Unmittelbar nach seiner Freilassung begann er damit, das Land zu einem Staatswesen zu entwickeln, in dem jedem Bürger gleiche Rechte zugesichert sind. Erstmalig steuerte Südafrika in Richtung Demokratie – wenn auch sicher noch in keine lupenreine wie in Westminster. Wir waren in Afrika.

Die Apartheid wurde schnell abgebaut – für manche zu langsam, anderen ging es zu schnell. Dabei kam es zu Turbulenzen. Wir hörten von blutigen Zusammenstößen vor allem zwischen den verschiedenen politischen Gruppierungen der Schwarzen, in denen die Stammeszugehörigkeit immer eine entscheidende Rolle spielt. Die ethnischen Unterschiede sind groß unter afrikanischen Menschen und lassen sich nicht wegdiskutieren. Auch Weiße wurden ermordet, aus Rache oder einfach nur, weil sie Besitz hatten. Es war eben so, dass eine alte Ordnung sich auflöste, und da nahmen Gewalt und Kriminalität zunächst zu. Manches wiederholte sich, was wir in früheren Jahren in Kenia und Uganda erfahren hatten. Und nicht nur wir. Es gab und gibt viele menschliche Tragödien in Afrika, und es ist wohl gut, dass man sie schnell vergisst.

So gingen die Jahre dahin. Wir waren Zugvögel geworden und erlebten immer wieder das schöne Land am Kap. Meistens reisten wir im Februar, wenn die größte Hitzewelle des Sommers allmählich in herbstliche Temperaturen übergeht. Wir lernten mehr und mehr vom Lande kennen, und zu vielen alten Freunden gesellten sich weitere. Das Land wird afrikanischer, da viele Restriktionen, die bisher die Freizügigkeit für bestimmte

Bevölkerungsgruppen beschränkt hatten, weggefallen sind. Vor allem in der Kapprovinz, wo wir mehr und mehr heimisch wurden, freuten wir uns über das wachsende Selbstbewusstsein der Farbigen, die in diesem Landesteil besonders stark vertreten sind.

In der Apartheidära wurden die Farbigen als ›Colourds‹ eingestuft. Zusammen mit den Nachkommen der vielen asiatischen Einwanderer erschienen sie mir immer als besonders liebenswürdige Menschen, und ich habe gelernt, dass Artigkeit ihrem Naturell entspricht. Jetzt im Neuen Afrika haben sie Plätze eingenommen, die früher den Weißen vorbehalten waren – in den Büros, den Kaufhäusern, den Hospitälern – und füllen diese zumeist kompetent aus. Sie sind bestimmend und leistungsfähig und lachen einen freundlich an, auch wenn sie unter Stress stehen. Überfordern darf man sie jedoch nicht, und zu schnellen Handlungen lassen sie sich nicht gern bewegen.

Mal ganz generell gesehen, hat es Afrika nie eilig, und eine sehr westliche Devise wie ›time is money‹ ist ein unbekannter Slogan. Ein Minister brachte es auf den Punkt, als er sagte: »Ihr Europäer habt immer Uhren, wir Afrikaner haben immer Zeit.« Was nicht sagen will, dass Afrikaner keine Uhren hätten. Dass der besagte Minister offensichtlich beides besaß, bewies eine diamantenbesetzte, goldene Rolex, die auf dunklem Arm unter schneeweißer Manschette hervorlugte. Falls sie echt war, musste sie ein kleines Vermögen gekostet haben.

Sicher sind zahlreiche Weiße ausgewandert, da manche Privilegien für sie wegfielen, und weil ihnen anderswo auf der Welt bessere und sicherere Berufschancen geboten wurden. Zu einem Massenexodus, wie manche es voraussagten, ist es zum Glück und Segen des Landes aber nicht gekommen. Die Heimat zu verlassen, fällt immer schwer, und so bleiben sie und gewöhnen sich an das ›Neue Südafrika‹.

Ich sollte ja etwas über Afrika sagen und bin gefragt worden, was uns immer wieder hierher zurückführt. Vielleicht konnte ich mit dieser kurzen Vorgeschichte schon einiges erklären. Es sind feste Bindungen nach Südafrika, und wir lieben dieses Land trotz all seiner Schwächen und Widersprüche.

Mit seiner die Völker verbindenden Politik hat Mandela stark dazu beigetragen, dass wir es weiter lieben und besuchen. Gemessen an Vorgeschichte und Apartheid und an vielen Unruhen, die sich ständig auf diesem Kontinent abgespielt haben und weiter fortdauern, muss man sich fragen, was wohl aus diesem Land geworden wäre, hätte nicht dieser ver-

söhnungsbereite Freiheitskämpfer mit seiner Vision und Gestaltungskraft den friedlichen Wandel vollzogen?

Es war 1996, als Mandela im Rahmen eines Staatsbesuches im Deutschen Bundestag den Deutschen für ihre Unterstützung dankte:

»Der wechselvolle Lauf der Geschichte und ihre unberechenbaren Launen haben Afrika und Europa, Südafrika und Deutschland in eine enge Nähe gerückt ... Wir sind Ihnen wahrlich dankbar, dass Sie es als Ihre Pflicht angesehen haben, einen Beitrag zu unseren Anstrengungen zu leisten. Wir sind stolz auf die wachsenden Bindungen zwischen ihren Ländern und unseren Provinzen. Wir erkennen die Opfer vieler Deutscher an, die es möglich gemacht haben, dass wir heute hier stehen können als stolze Vertreter einer wahrhaft afrikanischen Regenbogennation.«

Da hatte er es gesagt. Mit der Vielfalt seiner Menschen, Rassen und Volksgruppen war uns Südafrika immer als Regenbogennation erschienen. Wir freuten uns, dass Mandela sein Land so bezeichnete.

Wieder waren wir nach Südafrika unterwegs. Deutschland hatten wir bei einigen Kältegraden in Düsseldorf verlassen, und die lange, nächtliche Flugreise über den Kontinent versuchten wir wie gewöhnlich eine Weile mit Lesen zu verkürzen, um danach in einen unruhigen Halbschlaf zu verfallen. Das glückte mir dieses Mal nicht ganz. Mir war ein haarsträubendes Zeitungsinterview in die Hände gefallen, das mir – obwohl nicht mehr ganz aktuell – zunächst einmal die Stimmung verdarb. Da hatte der Staatspräsident Sam Nujoma aus Namibia dem südafrikanischen Korrespondenten der ›WELT‹ gerade ein Interview gegeben, das ich meinen interessierten Lesern auf keinen Fall vorenthalten möchte, da es auch zum Verständnis des ›Neuen Afrika‹ beiträgt.

DIE WELT: Herr Präsident, würden Sie, wenn das Volk Sie dazu auffordert, Ende 2004 auch zum vierten Mal kandidieren?

NUJOMA: Warum ist das eine Nachricht? Sind das Neuigkeiten? Sie sind von weither angereist, um so sinnlose Fragen zu stellen. Das namibische Volk hat das Recht, so wie alle anderen Völker der Welt, darüber zu entscheiden, wer sein nächster Präsident sein wird. Für mich ist das keine Neuigkeit. Außer dass Sie verwirrt sind und versuchen, in Afrika Verwirrung zu stiften.

DIE WELT: Nein, es ist eine klare Frage. Natürlich haben die Wähler das Recht, Sie wieder zu wählen. Würden Sie akzeptieren?

NUJOMA: Das überlassen Sie mal dem namibischen Volk. Das ist nicht Ihre Entscheidung.

DIE WELT: Gut, eine andere Frage, die vielen auf den Nägeln brennt, ist die Landreform. Können Sie uns bitte den genauen Standpunkt Ihrer Regierung erläutern?

NUJOMA: Ich möchte, dass jeder versteht: Jede Ecke der Republik ist das Eigentum des namibischen Volkes. Es wurde von deutschen Kolonialisten von 1884 bis 1915 überfallen. Sie haben das Land unter sich aufgeteilt. Als ihr Deutschen besiegt wurdet, wurde euer Land geteilt. Also, warum stecken Sie dann Ihre Nase in unsere Angelegenheiten?

DIE WELT: Ländereien, die abwesenden Besitzern gehören, sollen in den Zwangsverkauf kommen.

NUJOMA: Wir wollen nur namibische Bürger. Wer Bürger ist, hat Anrecht auf Land. Aber nicht Ausländer. Wir haben ja auch nicht das Recht, in Deutschland Land zu besetzen.

DIE WELT: Nicht besetzen, nein. Aber wenn Sie sich in Bayern ein Stück Land kaufen möchten, haben Sie dazu das Recht.

NUJOMA: Kaufen oder verkaufen – das erlauben wir anderen nicht mehr. Diese Arroganz von euch Weißen muss ein Ende haben.

DIE WELT: Daraus entnehme ich, dass langfristig …

NUJOMA: Hören Sie auf, mich zu beleidigen! Sprechen Sie nicht mehr von meinem Grund und Boden. Wir haben um dieses Land gekämpft und es mit Blutvergießen befreit.

DIE WELT: Sir, ich würde Sie niemals beleidigen wollen. Ich bin nur hier, um …

NUJOMA: Hören Sie sofort mit Ihren Beleidigungen auf!

DIE WELT: … Klarheit zu bekommen.

NUJOMA: Hören Sie mit der Beleidigung auf, über Boden in diesem Land zu reden. Sie haben dazu nicht das geringste Recht!

DIE WELT: Ich bin nur hier, um Fragen zu stellen. Es gibt einen Präzedenzfall in den letzten zwei Jahren, Simbabwe. Können Sie mir sagen, ob …

NUJOMA: Hören Sie sofort auf, mich zu beleidigen. Gehen Sie gefälligst nach Simbabwe. Sie wissen doch, wo das ist.

DIE WELT: Ja, ich war schon öfter in Simbabwe. Meine Frage ist aber, ob …

NUJOMA: Stellen Sie mir keine Fragen zu Simbabwe. Gehen Sie dahin. Sie wissen, wo es ist.

DIE WELT: Nun gab es kürzlich die Diskussion, ob die gegenseitige

Kontrolle zwischen afrikanischen Staaten so stattfinden sollte, wie es der AU-Vorsitzende Thabo Mbeki vorsah.

NUJOMA: Reden Sie doch nicht über Mbeki mit mir. Stellen Sie mir Fragen zu Namibia. Sie sind doch in Südafrika stationiert. Gehen Sie hin und fragen Sie Mbeki.

DIE WELT: Der Hererohäuptling Riruako in Namibia hat einen Prozess angestrengt. Er verlangt deutsche Reparationen. Berlin weist das zurück. Welchen ...

NUJOMA: Fragen Sie ihn doch. Sie wissen, wo er lebt.

DIE WELT: ... Standpunkt vertreten Sie als Regierung?

NUJOMA: Ja, fragen Sie ihn. Ich war im Juni in Deutschland und hatte ein gutes Treffen mit dem Kanzler.

DIE WELT: Nach dem, was ich gelesen und gehört habe, weist die Regierung Namibias diese Vorgehensweise zurück.

NUJOMA: Das ist Ihre eigene Interpretation. Ich war im Juni in Deutschland. Wir sprachen mit dem Kanzler. Vertreten Sie hier jetzt den Kanzler, oder wen vertreten Sie?

DIE WELT: Meine Zeitung.

NUJOMA: Hören Sie bloß mit Ihrer Arroganz auf!

DIE WELT: Auf was sind Sie besonders stolz?

NUJOMA: Sie sind doch der Beobachter und der Schreiber – wenn Sie überhaupt schreiben. Ich sehe, dass Sie hier erklären – Nujoma wird sich einen neuen Lear-Jet kaufen. Glauben Sie, dass wir noch im Eselskarren umherfahren? Dürfen wir Ihrer Auffassung nach nicht im Düsenjet reisen? Wir sind keine Bananenrepublik. Wir haben Bodenschätze. Wir brauchen kein Geld von anderen zu leihen, wir haben Ressourcen. Das ist doch arrogant, arrogant.

DIE WELT: Ich habe Sie doch gar nicht danach gefragt.

NUJOMA: Hören Sie damit auf.

Kaum zu glauben, dass Namibias Staatspräsident Sam Nujoma sich zu solch dummdreisten, rüden Auslassungen hinreißen ließ! Aber da stand es schwarz auf weiß. Das waren alles andere als staatsmännische, nein, es waren drohende Antworten auf sachliche Fragen eines deutschen Journalisten. Deuteten sie auf eine Verhärtung der Beziehungen zwischen den Bevölkerungsgruppen in seinem Land hin? Hatte sich Nujoma mit dem Präsidenten Mugabe solidarisch erklärt, als dieser in Zimbabwe begonnen hatte, die weißen Farmer zu enteignen? Sollte sich ähnliches auch in Namibia wiederholen, oder war das alles nur Rhetorik? Vielleicht war es

auch ein erneuter Versuch, Geld rauszuschlagen. Sollte Deutschland jetzt für seine kurze Kolonialzeit in Südwestafrika zur Kasse gebeten werden? Darüber wurde in letzter Zeit schon mehrmals gesprochen.

Sicher gab es in der ehemaligen Kolonie Deutsch-Südwest-Afrika düstere Kapitel, und Deutschland und Namibia tun sich schwer mit der historischen Aufarbeitung der Herero- und Hottentottenaufstände zu Beginn des zwanzigsten Jahrhunderts. Einige tausend Menschen beider Stämme sind bei Kämpfen mit der deutschen Schutztruppe ums Leben gekommen, in der Wüste verdurstet und in Lagern gestorben. Das Wort ›Völkermord‹ – von der namibischen Regierung und auch anderen afrikanischen Potentaten für diesen Kolonialkrieg immer wieder gern benutzt – wurde von deutschen Regierungsvertretern aber zurückgewiesen.

Außenminister Fischer sprach bei seinem Besuch in Windhuk von einer ›historischen Verantwortung‹ Deutschlands für die damalige Kolonie, was immer auch darunter zu verstehen war. Die deutsche Ministerin für das Entwicklungsressort ging noch einen Schritt weiter. Ihr gelang eine unter Tränen vollzogene Entschuldigung für den Genozid und sie sicherte einen ›Versöhnungsfonds‹ zu. Wie ich kürzlich erfuhr, ist sie aber als erneute Ministerin für Entwicklungshilfe in der großen Koalition von einer Wiedergutmachungspflicht abgerückt.

Als gute Zahlmeister haben wir Deutschen uns ja schon oft bewährt, und nicht nur in den Entwicklungsländern. Jetzt aber hoffte ich nur, dass unsere derzeitige Regierung die Realitäten einer kurzen deutschen Kolonialzeit richtig einzuschätzen weiß. Geschichte lässt sich nicht zurückdrehen, und heutige politische und wirtschaftliche Gesichtspunkte, ganz abgesehen von Moralvorstellungen, lassen sich nicht immer mit denen früherer Generationen in Einklang bringen. Eine Gegenrechnung aufzustellen, ist politisch natürlich illusorisch, aber die Frage muss auch erlaubt sein, was die deutsche Pioniergeneration im ehemaligen Südwestafrika, die so oft den Stempel der kolonialen Unterdrücker erhält, fürs nackte Überleben leisten musste. Dem unvoreingenommenen Betrachter afrikanischer Geschichte sollte jedenfalls beeindruckend und dankenswert erscheinen, was die vielen deutschen Siedlerfamilien, die ›Südwester‹, seit Ende des neunzehnten Jahrhunderts bis zum heutigen Tag zur Entwicklung dieses sandigen, regenarmen Landes, dem heutigen Namibia, beigetragen haben.

Nujoma hatte die von Südafrika eingesetzte Regierung in einem langjährigen Guerillakrieg mit seiner Befreiungsorganisation SWAPO bekämpft und wurde 1990 mit der Unabhängigkeit der Republik Namibia erster Staatspräsident. Er blieb es fünfzehn Jahre lang.

Erst im Herbst 2004 wurde der Dreiundsiebzigjährige von Mr. Pohamba in seinem Amt abgelöst, nach langem Zögern und vielem Hin und Her. Auch der neue Präsident hat keinen Zweifel daran gelassen, dass er die ›Siedlungspolitik‹ zu Gunsten der schwarzen Mehrheit im Lande fortsetzen wird, hat sich aber von Zwangsmaßnahmen und radikalen Reformen seines Vorgängers deutlich distanziert.

So bleibt das Thema Landreform weiterhin emotional stark besetzt in Namibia. Es ist vorauszusehen, dass jede Regierung es als ihr Recht betrachten wird, Landbesitz gegen oder auch ohne Entschädigung im ›nationalen Interesse‹ zu enteignen. Der namibische Farmerverband – zu ihm gehören keineswegs nur die Landbesitzer europäischer Herkunft, sondern vor allem die Angehörigen der ansässigen schwarzen Stämme – erklärte sich grundsätzlich zur Mitarbeit bereit, verweist aber auf die verheerenden Fehlleistungen in den vergangenen Jahren. Da hatte die Regierung den Neuangesiedelten Häuser gebaut, Brunnen geschaffen und sogar Solaranlagen installiert. Leider hatte das Ministerium schon nach kurzer Zeit feststellen müssen, dass viele Farmen regelrecht auf den Hund gekommen waren. Die neuen Farmbewohner hatten die Solaranlagen demontiert und verkauft, die Gebäude waren eingefallen, das Vieh nicht gepflegt und die Wasserlöcher versandet. Statt aus eigenem Antrieb nachhaltige und gewinnbringende Farmwirtschaft zu betreiben, um die Städte zu versorgen, waren viele der Neusiedler schnurstracks zur Subsistenzwirtschaft zurückgekehrt.

Das Farmen ist eben ein Beruf, der gelernt sein muss. Die entsprechenden Kenntnisse und vor allem ein Durchhaltevermögen im regenarmen Namibia bringen aber nur die wenigsten der ehedem Landlosen mit.

Um dem abzuhelfen, machte der Farmerverband jetzt den Vorschlag einer Art Tutorenschaft: Die enteigneten bzw. ausgekauften weißen Farmer bleiben noch zwei bis drei Jahre auf ihrem ehemaligen Land wohnen, um den schwarzen Neubauern die rechten Methoden und Techniken der Vieh-, Weide- und Wasserwirtschaft zu vermitteln. Es scheint mir ein vernünftiger Vorschlag, der für beide Seiten von Nutzen sein könnte. Er erinnerte mich an eine ähnliche Vorgehensweise in den kenianischen ›White Highlands‹ in den sechziger Jahren.

Wie die namibische Regierung das Problem der Landübertragung angehen wird, ist unklar. Aber für die politische Klasse im ganzen südlichen Afrika wird es in den nächsten Jahren zu einem der brennendsten Probleme werden.

Afrikas politische Führer treten nur widerwillig ab, und wenn überhaupt, dann nur unter stärkstem Druck. Die Erhaltung ihrer Macht ist und bleibt erstes Anliegen. Sie bekämpfen die oppositionellen Kräfte, sie denunzieren sie und schüchtern sie ein, bis sie Ruhe geben, und bleiben an der Macht – meistens.

Mancher Leser wird vermutlich erstaunt sein, dass ich diesen Tatbestand so ausdrücklich betone, und wird auf ähnliche Zustände auch anderswo verweisen. Aber in Afrika wurden schon immer Häuptlinge und Stammesführer auf Lebenszeit eingesetzt. Das verhinderte deren friedlichen Ersatz, wenn sie sich als unfähig erwiesen oder aufgrund von Alterserscheinungen Schwächen gezeigt hatten. Unsere demokratischen Vorstellungen stoßen in Afrika an ihre Grenzen.

Das Zeitungsinterview war mehr als provokant, aber ich entschloss mich, den Ärger darüber möglichst schnell zu vergessen, was mir mit einer Flasche des guten roten Kapweins auch bald gelang. Auf den Positionsschirmen im Rumpf der Maschine erkannte ich, dass wir gerade Kenia überflogen.

Irgendwo da unten lagen sie, meine jahrelangen Arbeitsstätten, und mir kamen die ständig politisierenden und meistens betrunkenen Luos in den Sinn, die nicht nur bei ihrem Staatspräsidenten Kenyatta als halsstarrig und querköpfig galten. Auch wir Deutschen hatten unsere liebe Not mit den Angehörigen dieses Stammes, die sich für die angestrebte Entwicklung ihrer Ländereien zum ostafrikanischen Zuckerrohrparadies wenig zugänglich zeigten und am liebsten in Opposition machten. Ganz anders war es bei den Kisii gewesen, und bei den Angehörigen dieses hart arbeitenden Bantu-Stammes hatten wir uns sehr wohl gefühlt. Allen modernen landwirtschaftlichen Methoden und Techniken aufgeschlossen, hatten sie ihr angestammtes, aber sehr begrenztes Siedlungsgebiet zu einer der produktivsten Regionen Afrikas gemacht. Kleinste Parzellen mit Kaffee-, Tee-, Bananen- und Passionsfruchtanbau zogen sich wie ein bunter Flickenteppich über die kenianischen Hügel. Für weite Regionen Afrikas könnten sie beispielhaft sein.

Wir dachten an den Viktoriasee, den wir wohl gerade überflogen. Hatten wir da nicht einmal Spaß gehabt mit ersten Segelversuchen? Kisumu mit seinem verträumten Fischerhafen lag unter uns. Aber eine reine Idylle, wo man segeln, fischen und leckere Somosas genießen konnte, war die Hauptstadt der Luos auch nicht immer gewesen. Da hatte es bei politischen Auseinandersetzungen manche Brandreden gegeben, und Kenyat-

ta hatte sich nicht gescheut, auch selbst zur Pistole zu greifen, wenn er ausgebuht wurde.

Wir flogen weiter. Jetzt waren wir über unserem beliebtesten Safariland. In seinen tierreichen Jagdblocks, die sich weit nach Süden bis an die Serengeti erstreckten, konnte man sich in jedem Fall wie ein Jagdkönig fühlen, auch wenn es nicht immer eine lange Strecke gegeben hatte. Manche Freunde werden sicher unsere jagdlichen Wochenenden in bleibender Erinnerung behalten haben.

»Afrika hat mich wieder«, hatte mein Arbeitskollege Kesser fast pathetisch ausgerufen, als wir 1965 über die trockene Grassteppe flogen und in dem morgendlichen Nairobi die Gangway hinunterstiegen. Nach fünfzehn Jahren Abwesenheit war er wieder ›zuhause‹, wie er meinte. Geht es uns jetzt nicht ähnlich?

Wir freuten uns auf unsere Freunde und die Wochen am Indischen Ozean. Und hatte sich die Flugsituation über Afrika nicht vorteilhaft verändert? Lächelnd erinnerten wir uns an die Boykottmaßnahmen vergangener Zeiten. Da hatte es in Südafrika die Apartheid gegeben, und die Staaten dieses Kontinents waren sich einig gewesen, allen Fliegern mit einem Ziel in Südafrika das Überfliegen ihres Territoriums zu verwehren.

Man stelle sich nur vor: Ein weißer Südafrikaflieger über dem schwarzen Kontinent! Das war damals tabu. Zeitraubend und kostensteigernd mussten alle Flugmaschinen über den Südatlantik ausweichen und vom Westen her nach Südafrika einfliegen. Zum Glück gehörte die Maßnahme schon länger der Vergangenheit an. Sie hatte zur Folge, dass wir mindestens eine Stunde Flugzeit einsparten und weitere bekannte Städtenamen – Harare, Pretoria und Johannesburg, die jetzt auf unserer Flugroute lagen – auf dem Bildschirm erschienen. Sogar Maseru, Lesothos Hauptstadt, blinkte auf, als wir in den Luftraum Südafrikas einflogen.

Neun Jahre hatten wir in dem kleinen, ›verzauberten Königreich der Berge mit seinem ewig blauen Himmel‹ gearbeitet und dabei große Gastfreundschaft erfahren. Zwanzig Jahre war das her. Viele Erinnerungen sind geblieben. Aber nicht nur die. Ein ganz konkretes, nützliches, fast lebensnotwendiges Souvenir trage ich seit den Lesothojahren mit mir herum. Bis heute.

Es waren fromme Seven-Days-Adventisten aus den USA gewesen, die ihrem Beruf als Zahnärzte in Maseru nachgingen. In dreimonatiger harter Arbeit gelang es ihnen, mir ein neues Gebiss zu fertigen. Immer wieder wurde gefeilt, geschliffen, gebogen und vor allem … gebetet, bevor ich auf den Folterstuhl klettern durfte. Dann war den guten Dentisten aber

auch ein Meisterstück gelungen. Dankbar dachte ich an sie, als ich kurz vor der Landung in Kapstadt an einem harten Frühstücksbrötchen kaute.

Mit einem freundlichen ›Molo‹ – in der Xhosa-Sprache steht der Gruß für ›Guten Tag‹ – präsentierte ich meinen Reisepass. Das unbeteiligte Gesicht der schwarzen Beamtin am Einreiseschalter hellte sich schlagartig auf, und als ich sogleich ›Dumela‹ – die Grußformel in der Sotho-Sprache – nachschob, strahlte die Dame mich fast glücklich an. Von einem Überseetouristen hatte sie eine Begrüßung in afrikanischen Sprachen nicht ohne weiteres erwartet. Dass mein Wortschatz nicht weiter reichte, brauchte ich zum Glück nicht zu beweisen. Eine längere Konversation verhinderten die nachdrängenden Fluggäste.

Wie wohltuend, dass nach dem zwölfstündigen Nachtflug ein guter Freund fröhlich lachend für uns bereitstand. Rudi, ein Enkel von Renates Patentante gleichen Namens, ist ein Südwester von Geburt. Sein Großvater, der Ende der zwanziger Jahre aus Deutschland eingewandert war, hatte sich bei Marienthal aus trockenem Grasland eine mehrere tausend Hektar große Farm geschaffen und gehörte bald zu den erfolgreichsten und bekanntesten Karakulzüchtern Südwestafrikas.

Heute lebt Rudi mit seiner Mutter in Somerset West, und aus weitläufiger Verwandtschaft hat sich über die Jahre eine echte Freundschaft mit ihnen entwickelt. Wann immer wir in Südafrika auftauchen, erleben wir ihre Hilfe und Betreuung, und oft genug haben die beiden den dümmlichen Spruch vieler unserer Landsleute ›Der Herr bewahre uns vor Sturm und Wind und Deutschen, die im Ausland sind‹ ins Gegenteil gekehrt.

Die ersten Fragen nach Klima und Temperaturen in Cape Town wurden beantwortet. 32 Grad Celsius um elf Uhr morgens wirkten wie ein Überfall, und die Wintersachen ließen sich gar nicht schnell genug abstreifen. »Und so wird es bleiben«, meinte Rudi, der uns nach Somerset West chauffierte. Er wies auf die Hottentottenberge hinter der Stadt, über die sich ein weißer Schleier gelegt hatte. »Der zeigt den Südostwind an und ist ein sicheres Zeichen für anhaltendes gutes Wetter.«

Das ›gute‹ Wetter, das Rudi uns in Aussicht stellte, war jetzt im Februar in weiten Teilen Südafrikas längst eine Katastrophe, und die schon über Monate anhaltende Trockenheit hatte in der Landwirtschaft zu erheblichen Ernteausfällen geführt. Auch Rationierung bei der Wasserversorgung in der Stadt musste schon lange in Kauf genommen werden. Ich erinnerte mich an die vielen regenarmen Jahre in Lesotho und an die etwas vage Regel, dass man im südlichen Afrika in vier Jahren nur dreimal

ernten kann. Dennoch, Oleander und Bougainvillea längs der Straßen ›unserer‹ Stadt standen in voller Blütenpracht. Die lange Dürrezeit hatte ihnen keinen Abbruch getan. Niemand konnte sich jetzt mehr freuen als wir.

Wer nach Südafrika reist, muss sich auf Kontraste gefasst machen. Der Unterschied zwischen den Lebensbedingungen der armen Schichten und dem Standard der ›Reichen‹ wird nirgendwo auf der Welt übertroffen, so behauptet es immer wieder die südafrikanische Mehrheitspartei ANC. Das mag sein, wird aber mehr als Anklage vorgebracht, ohne dass auf die Gründe hierfür eingegangen wird. Mehr als dreißig Prozent der Erwerbsfähigen sollen zur Zeit ohne ein geregeltes Arbeitsverhältnis sein, und davon ist der schwarze Bevölkerungsanteil am stärksten betroffen.

Dem Besucher fällt ins Auge, dass die jungen Leute jeden Morgen an den Straßenrändern sitzen, vereinzelt oder in kleinen Gruppen, ständig darauf hoffend, dass ein Autofahrer anhält und ihnen einen, wenn auch nur kurzfristigen Job anbieten kann. Die meisten gehen leer aus. Wie sie sich durchschlagen, weiß ich nicht. Die Zahl der Suchenden erhöht sich durch illegale Zuwanderung aus den Nachbarländern ständig weiter, denn Südafrika ist mit seinen Minen und Fabriken das einzige bedeutende Industrieland in der Region und besitzt daher fast magische Anziehungskraft.

Die Menschen kommen vor allem aus Mozambique und Angola, die noch unter den Nachwehen der letzten Bürgerkriege zu leiden haben, aber auch aus Namibia und Botswana. Und nicht zu vergessen sind die Republikflüchtlinge aus Simbabwe, deren Zahl sich durch Misswirtschaft und Unterdrückung im diktatorischen Mugaberegime ständig vergrößert hat. Die langen, durchlässigen Grenzen machen es fast unmöglich, die vielen Menschen zurückzuhalten, die sich in Südafrika mehr Sicherheit und ein besseres Leben versprechen.

Keineswegs bringen alle, die arbeiten wollen, ausreichende Qualifikationen mit, die ein moderner Industriestaat benötigt, und das wird sich kurzfristig auch nicht ändern lassen. Wer sich hierüber wundert, darf nicht vergessen, dass in den Jahren der Apartheid die Ausbildung der Schwarzen sträflich vernachlässigt wurde.

Damals war es so, dass die Weißen ihre Privilegien behalten wollten, und sie bildeten vorrangig ihre Leute aus. Dann kam es zwischen den Verteidigern der sogenannten ›getrennten Entwicklung‹ und des ANC zu den erwähnten jahrelangen Kämpfen und Protesten, die nicht nur zu

landesweiten Schulboykotts führten, sondern auch oft im bewussten Zerstören schulischer Einrichtungen endeten. Die Zeitungsbilder von jungen schwarzen Kindern und Schülern, die um ihre abgefackelten Schulen tanzten, gingen damals um die Welt und lösten Entsetzen aus. Die Folge war, dass mehrere Jahrgänge junger, schulpflichtiger Schwarzer gewollt oder ungewollt gar nichts oder nur wenig gelernt haben. Das rächt sich noch immer.

Man kann sicher mit einigem Recht die Ansicht vertreten, dass die demographische Situation innerhalb Südafrikas das Verhältnis der farbigen zu den weißen Menschen auf der ganzen Welt widerspiegelt. Und auch die Ungleichheiten zwischen Arm und Reich in Südafrika lassen sich mit dem Wohlstandsgefälle zwischen den Industriestaaten und den Dritte-Welt-Ländern vergleichen. Um die kaum vorstellbare große Ungleichheit im Lebensstandard der Nationen zu mildern und das Gefälle zwischen Arm und Reich einigermaßen auszugleichen, bemühen sich seit vielen Jahren die Industrieländer mit ihren nationalen und internationalen Organisationen, oft mit wechselndem Erfolg, da dieser stark von der Aufnahmebereitschaft der Entwicklungsländer abhängt. Dagegen ist Südafrika – das alte wie das neue – auf sich selbst gestellt, und die Staatsführung muss mit den Problemen der großen Ungleichheit im eigenen Land selbst fertig werden.

In den letzten Jahren ist viel geschehen, und unter der ANC-Regierung hat das Land wirtschaftliche Fortschritte gemacht, wie sie 1994 nicht erwartet werden konnten. Mit großem Elan packte das ›Neue Südafrika‹ zunächst eines der brennendsten Probleme an, den ärmeren Schichten mehr und besseren Wohnraum zu schaffen. Die weitläufigen Wellblechbereiche, die ›squatter camps‹ vor den Toren Kapstadts, erschreckten immer schon die Besucher Südafrikas, wenn sie gleich nach der Landung vom Kapstädter Flughafen ins Zentrum der Stadt gefahren wurden. Sie bestehen immer noch, diese unschönen, abschreckenden ›Elendsiedlungen‹ vor der kontrastreichen, beeindruckenden Kulisse des Tafelberges, und es heißt, dass sie sich auch ständig weiter ausdehnen. Gesiedelt wird oft illegal und meistens auf privatem Grund. Dann treten natürlich Spannungen auf, und Stadtverwaltungen, Gerichte und Polizei werden eingeschaltet.

Da man die Völker – es sind ausnahmslos Schwarze und Colourds – nicht zurückschicken kann, weil man sich der Freiheit aller verpflichtet hat, wird endlos verhandelt und schließlich wird ihnen irgendwo ein un-

bebauter Streifen Staatsland zur Verfügung gestellt. Aber das Problem bleibt bestehen: Blech- und Plastikhütten, Elend, Arbeitslosigkeit und oft aus Not wachsendes Verbrechen.

Mandela selbst bezeichnete die Gewalt und Kriminalität in seinem Land als unannehmbar und eine Schande für ganz Afrika. Praktisch als Sofortmaßnahme ging er daran, die erdrückende Wohnungsnot zu mildern, und bald nach Regierungsübernahme hatte er den Bau einer Million neuer Wohnungen angekündigt. Alle sollten mit Trinkwasser und Elektrizität versehen werden. Diese Zahl konnte bisher noch nicht erreicht werden, aber es ist eindrucksvoll, was seine Regierung und die seines Nachfolgers Thabo Mbeki auf diesem Sektor bereits geschaffen haben. Bei unseren Ausflügen von Somerset nach Cape Town freuten wir uns über die neuen Wohnsiedlungen, die in wenigen Jahren entstanden sind. Kleine Häuschen in Standardgröße erstrecken sich dicht an dicht und in langen Reihen bis zum Himmelsrand. Jedes Jahr kommen neue hinzu, denn Südafrikas Bevölkerung wächst weiter. Immer wieder hörten wir, dass sie jährlich mindestens um weitere drei Prozent anwächst.

Aber wächst sie wirklich weiter in Südafrika? Man hört jetzt auch andere Stimmen. Sie kommen von Aidsspezialisten, die ihre Zweifel angemeldet haben. Demnach breitete sich die HIV-Seuche in den letzten Jahren in Südafrika viel schneller aus, als man erwartet hatte, und in den Ballungszentren der Städte soll die Zahl der Aidstoten die der Geburten bereits überschreiten. Nach Schätzungen der Weltgesundheitsorganisation sind in Afrika dreißig Millionen Menschen HIV-infiziert. Es sind die Länder Südafrika, Namibia, Sambia und Kenia, die von dieser Seuche am meisten betroffen sind.

Die südafrikanische Regierung versucht hartnäckig, die Gefahr dieser Epidemie herunterzuspielen, und zweifellos hat Präsident Mbeki mit seiner Aidspolitik einen internationalen Aufschrei ausgelöst, als er den Zusammenhang zwischen HIV-Infektion und Aidserkrankung infrage stellte. Er nahm es auch in Kauf, sich mit dieser Ansicht offen gegen seinen Vorgänger im Amt, Mandela, zu stellen, der als bekanntester und engagiertester AIDS-Aufklärer Südafrikas gilt. Damit widersprach er klar den wissenschaftlichen Erkenntnissen und bewirkte im Land nichts weiter als Unruhe und große Unsicherheit bei der Bekämpfung dieser größten Plage Südafrikas.

In der Presse ist das Thema Aids seit längerem ein Renner. Es spricht für die große Sorge, die man sich in der Bevölkerung über die Krankheit macht, es spricht aber auch für die weitgehend liberale Presse und das ge-

wachsene Selbstbewusstsein vor allem ihrer schwarzen Bürger, dass die konfusen Erklärungen ihrer Regierung hierzu stark angegriffen werden.

Der anglikanische Erzbischof von Kapstadt, Ndungane, sprach Klartext: »Die Tatsache, dass täglich sechshundert Menschen im Lande an Aids sterben, ist eine schwere Anklage gegen unsere Regierung. Sie schert sich nicht darum, ob wir leben oder sterben. Ihre Untätigkeit bei der Bekämpfung der Krankheit ist eine Schande wie einst die Apartheid.«

Wie schwer es ist, AIDS-Aufklärung zu leisten, erzählte ein uns bekannter evangelischer Pfarrer:

»Dank des Deutschen Vereins ›Officium et Humanitas‹ konnten wir ab Januar eine junge Frau anstellen, deren Aufgabe es ist, an Kindern und Jugendlichen AIDS-Aufklärung durchzuführen. Nyameka, so ihr Name, war in diesem Bereich für verschiedene Organisationen tätig und machte eine tolle Arbeit. Sie hat das Vertrauen vieler Kinder und Jugendlicher und kann mit ihnen über alles reden. Doch dann kam es anders, und auf einmal blieben alle Gruppen weg. Nyameka saß allein da und war traurig. Was war geschehen? Sie hatte über ›heikle Themen‹ gesprochen, und die Kinder beschlossen, nicht mehr zu kommen. Dass die Eltern es ihnen verboten hätten, ist unwahrscheinlich, denn über ›so etwas‹ spricht man nicht, schon gar nicht mit den Eltern. (Deshalb kommt es ja immer wieder vor, dass Mütter oder Großmütter beim Waschen oder Baden der kleinen Mädchen mitbekommen, dass diese vergewaltigt worden sind, weil diese nicht darüber sprechen können).«

Nach den Parlamentswahlen des vergangenen Jahres begann Präsident Mbeki vorsichtig zurückzusteuern. Noch hat er seiner Gesundheitsministerin nicht energisch widersprochen, als diese Knoblauch und Kartoffeln empfahl, um der Aidskrankheit Herr zu werden, aber er hat bereits in die verstärkte Aufklärung über die Ursachen und Verbreitungswege der Krankheit sowie in die kostenlose Ausgabe von Medikamenten an Kranke eingewilligt. Aber von seiner Behauptung, dass die Ursache für die sich weiter verbreitende Seuche lediglich ein Armutsproblem sei, weicht er trotzdem nicht ab.

Nicht nur durch seine Aidspolitik hat Mbeki jüngst an Ansehen verloren. Seine unklare Haltung zu den Zuständen im Nachbarland Simbabwe beschädigen es weiter, zumindest bei politisch weitsichtigen Bürgern dieses Landes, und in der internationalen Gemeinschaft sicher auch.

Ganz augenfällig flackerte das Interesse an Afrika kürzlich auf, als es auf einer Mammutkonferenz der Vereinten Nationen in Johannesburg um

den Versuch gehen sollte, die großen und brennendsten Probleme der Menschheit in Angriff zu nehmen. Über sechstausend Delegierte nahmen daran teil und gaben an, nach Lösungen suchen zu wollen. Über mehrere Tage referierten sie über Armut und Reichtum, Diskriminierungen durch die Industriestaaten und Rassengegensätze, Überbevölkerung und Kriminalität, Zollbeschränkungen und Freihandel, Drogen und Hilfsprogramme, und letztlich wurde der langen Agenda noch das akute und brennende Thema Kindersoldaten hinzugefügt.

Es war wie der Versuch eines modernen Turmbaus zu Babel, und der hat, wie man weiß, ja auch zu keiner greifbaren Lösung geführt. Nur mühsam fand man zu verbalen Kompromissen. Die Versammlung endete schließlich mit einem hässlichen Spektakel, als sich der Präsident Simbabwes, Robert Mugabe, zu wütenden Attacken gegen die Weißen hinreißen ließ und dafür von vielen afrikanischen Teilnehmern auch noch heftig beklatscht wurde.

Mir erschien der Ausklang dieser Veranstaltung wieder symptomatisch. Die Machthaber in vielen afrikanischen Staaten weichen einer ehrlichen Auseinandersetzung mit den Zuständen und Verhältnissen in ihren Ländern und Regionen gern aus. Da diese manchmal nicht sehr vielversprechend, ja oft miserabel sind, kann man vielleicht eine gewisse Zurückhaltung verstehen. Für die großen Unzulänglichkeiten und Miseren auf dem Kontinent immer wieder die Weißen – sprich den Westen – verantwortlich zu machen, geht allerdings an der Wirklichkeit vorbei, ruft aber unter den afrikanischen Machthabern oft Zustimmung und manchmal einhelligen Applaus hervor.

Die Staatsmänner erinnern dabei gern die europäischen Delegierten und mitgereisten Journalisten an ihre koloniale Vergangenheit, in der es oft hart und skrupellos zugegangen ist. Da darf sicherlich nichts beschönigt werden, aber es sind Ereignisse, die einige Zeit zurückliegen, und dass sich die Zustände in vielen afrikanischen Ländern nach der Unabhängigkeitsphase gelinde gesagt nicht wesentlich verbessert, ja oft verschlechtert haben, sollte ihnen zu denken geben. Die ständige Erinnerung daran kann doch nur ablenken von den wichtigen Zukunftsaufgaben, vor denen die meisten jungen Staaten Afrikas stehen.

Bedauerlich ist, dass die Delegierten aus den westlichen Industrieländern, die hier ihre Regierungen und Institutionen vertreten, sich meistens unwidersprochen attackieren und beschimpfen lassen. Sind sie wirklich der Meinung, dass sie die reine Wahrheit erfahren, wenn immer wieder die Kolonialzeit für alle gegenwärtigen Missstände herhalten muss?

Sind die Weißen wirklich für alle Miseren verantwortlich und immer die bösen Buben gewesen? Mir scheint, dass es vielen Delegierten und Journalisten aus unseren Ländern stark an Geschichts- und Hintergrundwissen mangelt. So schweigen sie meistens, wo sie doch auch andere Seiten aufzeigen könnten.

Einmal ganz abgesehen von der Kolonialzeit könnte ihnen doch auch einfallen, dass Europäer und die USA, also der Westen, seit Ende des Zweiten Weltkrieges die jungen, unabhängig gewordenen afrikanischen Staaten von Anfang an – sicher auch im eigenen Interesse – stark unterstützt haben? Seit mehreren Jahrzehnten ist finanzielle und technische Hilfe geleistet worden, wie sie die Welt bisher nicht gesehen hatte.

Es gibt Länder, auch und gerade in Afrika, die vom Westen geradezu mit Hilfsprogrammen überschüttet wurden. Wie viele Milliarden sind aus ideologischen Gründen nach Tansania geflossen? Die Bilanz ist ernüchternd. Sie verhöhnt die Armen und verspottet die Steuerzahler in westlichen Ländern.

Natürlich hat Afrika unsere Hilfe verdient, aber es sollte ein Afrika sein, das es ernst meint mit guter Regierungsführung und sich ehrlich bemüht, die Korruption zu bekämpfen. Aber unsere Diplomaten schweigen, wenn gegen ihre Staaten gewettert wird. Bis auf den englischen Botschafter in Kenia, der im vergangenen Jahr drastische und vielleicht undiplomatische, aber unzweideutige Worte fand, als eine gewaltige Korruptionsaffäre über den Umgang mit europäischen Hilfsgeldern bekannt wurde. »Sie schlingen wie die Vielfresser und kotzen uns anschließend auf die Schuhe.«

Die Hilfe ist eine ständige Einrichtung geworden, die die Budgets der Industrieländer nicht unerheblich belastet. Daran nicht in ausgewogener Weise zu erinnern und nach der Verwendung zu fragen, erscheint mir abwegig und der Diplomaten auch unwürdig, zumindest wenn eine Konferenz wie die erwähnte eine Gelegenheit bietet.

Und was die weißen Bürger Südafrikas anbelangt, so werden sie sich gegen Attacken und Anschuldigungen, mit denen man den Kolonialismus und im weitesten Sinne eigentlich nur den weißen Mann meint, nur selten wehren. Mehr und mehr werden sie zur Minderheit im Land – unter den 45 Millionen Südafrikanern befinden sich zehn Prozent weiße Bürger, die in der Wirtschaft und Finanzwelt noch sehr maßgebend und einflussreich sind, an der politischen Gestaltung des Landes aber ständig an Einfluss verlieren. Ob zu Recht oder Unrecht tragen viele von ihnen manche Schuldgefühle mit sich herum, die aus der Zeit der Apartheid

herrühren. So gelingt es den Abgesandten und Vertretern der afrikanischen Länder immer wieder abzulenken und auf Opposition und Verschwörung zu verweisen, wobei das Wort ›weiß‹ unterschwellig immer mitschwingt.

Infolgedessen galt der Beifall für den Präsidenten Simbabwes auf der Mammutkonferenz einem Mann, der es sozusagen ›den Weißen gerade gezeigt hatte‹, wie ich gleich erklären werde. Aber er galt auch einem Diktator, der gerade die allgemeinen Wahlen mit Hilfe durchsichtiger Manipulationen für sich entschieden hatte. Und jedem, der es wissen wollte, konnte kaum unbekannt sein, dass er die politischen Gegner in seinem Land – sie gehören meistens zum zweitgrößten Stamm der Ndebele – durch Folter und Mord ungehindert eingeschüchtert hatte und damit auch weiter ungehindert fortfährt.

Cathy Buckle – sie stammt gebürtig aus Simbabwe und gehört zur fünften weißen Generation nach der europäischen Einwanderung Ende des neunzehnten Jahrhunderts nach Rhodesien – wurde vor anderthalb Jahren von ihrer Farm vertrieben. Trotz Repressalien entschloss sie sich in Simbabwe zu verbleiben, um der Welt über den Verfall ihres Heimatlandes berichten zu können. Einen kurzen Ausschnitt ihrer Aufzeichnungen gebe ich wieder:

»Hunderte von jungen Männern der Ndebele – viele von ihnen Teenager – sind über die Grenze geflohen, um der berüchtigten militärischen Ausbildung zu entgehen. Diese wird hier in Oberschulen abgehalten, wobei die Jungen unter Androhung der Todesstrafe zur Teilnahme gezwungen werden. Dort werden sie zum Töten ausgebildet, zum ›lautlosen Töten ohne Nachweis‹. Sie erhalten Alkohol und Drogen, bevor sie auf ihre ›Mission‹ geschickt werden. Von einer Gruppe erfuhr ich, dass ihnen befohlen worden war, einen Mann zu töten, der der Opposition angehörte. ›Um ein Uhr nachmittags erreichten wir sein Haus, und sogleich rannten seine Frau und sieben Kinder schreiend fort. Wir schlugen auf den Mann ein und brachen ihm das Rückgrat. Uns war befohlen worden, den Mann zu verbrennen, um keine Spuren zu hinterlassen. Wir konnten es nicht. Wir legten ihn neben Eisenbahngleise und rannten weg.‹ Andere erhielten den Befehl, Familienangehörige umzubringen, die der Opposition angehörten. Ein Junge floh und warf sich aus Verzweiflung in den Limpopo, als er seinen eigenen Vater töten sollte. Er riskierte dabei einen fast sicheren Tod durch Krokodile. Die täglichen Übergriffe, die schreckliche Barbarei in Simbabwe sind der hergebrachten Kultur im Land – der schwar-

zen wie der weißen – so völlig neu und fremd, dass es mir fast unmöglich erscheint, wie die Opfer und Täter jemals wieder in Frieden zusammen leben können. Wie lassen sich diese Wunden jemals heilen? Das Böse hat Simbabwe traumatisiert.«

Die Wahrheit über die derzeitigen Zustände in diesem afrikanischen Land offen auszusprechen, kommt einem Himmelfahrtskommando gleich. Dennoch gibt es jemand, dem Terror und Schrecken nichts anhaben können. Mutig prangert der katholische Erzbischof aus Simbabwes zweitgrößter Stadt Bulayawo die Diktatur und Menschenrechtsverletzungen an. Mehrmals wurde ihm schon der Tod angedroht, aber Pius Ncube lässt sich nicht einschüchtern. »Ich versuche Sprachrohr all jener zu sein, die sich nicht wehren können«, sagt der Einzelkämpfer, wenn er in seinem Jeep durch das weite Buschland der Ndebele fährt, wo die Menschen wie nirgends sonst unter Mugabes Terrorregime leiden müssen.

Als weitere Feinde wurden von dem despotischen Mugabe aber die über viertausend weißen Farmer ausgemacht, die seit mehreren Generationen im ehemaligen Rhodesien und auch im heutigen Simbabwe den Rückhalt einer blühenden, kommerziellen Landwirtschaft bildeten. In einer beispiellosen Kampagne, für die eine Bezeichnung wie Landreform geradezu einer Verhöhnung gleichkommt, ließ er diese Landbesitzer bedrohen und viele von ihnen so brutal unter Druck setzen, dass sie wie geprügelte Hunde das Land verlassen mussten. Bei den Besetzungen der Farmen durch aufgestachelte Schlägerbanden wurden mehrere Farmer ermordet, das Vieh geschlachtet oder weggetrieben, die Farmarbeiter zu Tausenden verjagt.

›Gebt uns unser Land zurück‹ – diesen Ruf hörte man in Afrika auch schon anderswo. Da gab es die Forderung der kenianischen Regierung bald nach Erreichen der Unabhängigkeit des Landes. Das gegen Ende des neunzehnten Jahrhunderts von englischen Farmern besiedelte fruchtbare Hochland – wegen seiner europäischen Landbesitzer wurde es als ›White Highlands‹ bekannt – ging schrittweise in den Besitz schwarzer Neubauern über. Die Aktion wurde damals einvernehmlich von der alten und neuen Verwaltung des Landes getragen. Als ehemalige Kolonialmacht übernahm Großbritannien die Verantwortung für einen geordneten und legalen Transfer der Ländereien. Die ehemaligen Besitzer wurden entschädigt und die zukünftigen mit Krediten und Betriebsmitteln versorgt.

Der erste Präsident des unabhängig gewordenen Kenia, Jomo Kenyatta, bat damals auch die Bundesrepublik, sich an diesem schrittweisen Landtransfer zu beteiligen. So wurden im Rahmen deutscher Entwicklungshilfe landwirtschaftliche Berater damit beauftragt, den unerfahrenen schwarzen Neubauern über mehrere Jahre zur Seite zu stehen. Diese gesetzmäßige, geregelte Übergabe in den sechziger Jahren wurde eine Erfolgsstory. Obwohl die meisten Neubauern bisher nur landwirtschaftliche Eigenversorger gewesen waren, wurden sie mit gezielter staatlicher Hilfe bald tüchtige und anerkannte Manager großer Farmbetriebe. Sie produzierten weiter – und jetzt erstmalig erfolgreich für den Markt wie ihre englischen Vorgänger in dem einstmals ›weißen Hochland‹.

Von je her war Landbesitz in Afrika ein Politikum, und sicher auch nicht nur dort. Bis heute ist es so geblieben, und der Ruf nach Landbesitz wird auch im südlichen Afrika immer lauter. Man darf ihn nicht überhören, und einem System der geordneten Übergabe an Landlose, die Eigenbesitz bewirtschaften wollen und können, wird sich keine Regierung verschließen.

Es ist eine geschichtliche Tatsache, dass in der Kolonialzeit sowohl in Rhodesien als auch in anderen Ländern eine europäische Landnahme stattgefunden hat, die im Laufe der Zeit dazu geführt hat, dass der Hauptteil des guten und fruchtbaren Bodens von weißen Farmern besiedelt wurde. Da ausgedehnte Gebiete Afrikas Ende des neunzehnten Jahrhunderts weitgehend menschenleer oder nur dünn besiedelt waren, traf die Landnahme auf keinen oder nur geringen Widerstand der dort lebenden Afrikaner.

Seit dem Ende des Zweiten Weltkrieges und dem Beginn der Dekolonisierung hat sich die Situation geändert. Unter starkem Druck der Bevölkerungszunahme und der aufkommenden Freiheitsbewegungen ist die Landfrage zum politischen Zündstoff geworden, und es herrscht seit vielen Jahren generelle Übereinstimmung, dass gutes Farmland an afrikanische Farmer übergehen muss.

In Simbabwe weiß man das natürlich auch seit langem, und über einen rechtlich abgesicherten und wirtschaftlich akzeptablen Transfer sind Vorschläge sowohl von der ehemaligen Kolonialmacht Großbritannien als auch von den derzeitigen Farminhabern gemacht worden. Immer ging es darum, landlosen, aber landwirtschaftlich interessierten und fähigen Afrikanern zu Besitz zu verhelfen.

Zu Recht wird argumentiert, dass die Sicherstellung einer kontinuierlichen Versorgung des Landes mit Nahrungsmitteln an die erste Stelle aller

Überlegungen treten muss. Dazu zählt aber auch die Notwendigkeit der Erhaltung der Bodenfruchtbarkeit und damit die bleibende Ertragskraft der Betriebe. Nur eine leistungsfähige Landwirtschaft kann Simbabwe künftig vor Hungersnot bzw. kostspieligen Nahrungsmittelimporten bewahren.

Das ist nicht gelungen. Eine geordnete, rechtlich abgesicherte Übergabe gab es nicht. Vielmehr kam es zu den erwähnten illegalen Farmbesetzungen mit gewalttätigen Übergriffen, manchmal mit tödlichem Ausgang. Auch die Entscheidung des Obersten Gerichtshofes, die gewaltsamen Besetzungen rückgängig zu machen, wurde für null und nichtig erklärt. Simbabwe ist kein Rechtsstaat mehr und pleite obendrein.

Der Staatshaushalt ist ruiniert. Mugabe hat es in den Bankrott geführt und sich dabei noch nicht einmal gescheut, mit seiner in Nordkorea geschulten, berüchtigten Sonderformation gegen den Stamm der Ndebele vorzugehen. Es war ein grausamer Krieg in seinem eigenen Land. Kann es da wundern, dass die landwirtschaftliche Produktion innerhalb von zwei Jahren auf weniger als die Hälfte gesunken ist? Tatsächlich herrscht Hungersnot in einer Region, die einstmals der Brotkorb Afrikas genannt wurde. Es mag woanders in Afrika ähnlich sein, aber vom benachbarten Südafrika aus konnten wir den selbstverschuldeten Niedergang eines afrikanischen Landes aus nächster Nähe miterleben.

Die United Nations – sehr oft das Gewissen der Welt – ignorieren die Zustände. Vielleicht sieht man dort die Übergabe europäischer Farmen an angebliche Befreier als legitim an und übersieht dabei, dass Gewalt und Mord an afrikanischen Brüdern damit einhergehen. Die Europäische Union reagierte halbherzig. Als einzige ›Strafmaßnahme‹ verwehrte sie einigen Mitgliedern der simbabwischen Führung die Einreise in die EU. Das war es dann auch.

Als ehemalige Kolonialmacht fühlte sich nur Großbritannien verantwortlich. Es griff ein, und es gelang, Simbabwe für ein Jahr aus dem Commonwealth auszuschließen. Diese Maßnahme änderte erwartungsgemäß nicht viel, brachte aber vor allem Tony Blair bei der Johannesburger Konferenz den ›Schwarzen Peter‹ ein. Mugabe, der mit seiner Partei die Selbstzerstörung seines Staates fast vollendet hatte, konnte von der Misere ablenken und dafür wieder einmal den ›Weißen Mann‹ diffamieren. Der Applaus blieb nicht aus.

Präsident Mbeki hielt sich auch nicht zurück und nannte die manipulierte Präsidentenwahl in Simbabwe legitim. Er übte keine Kritik an der Verfolgung der Opposition und verlor kein Wort über die Demontage des

Rechtsstaates und schon gar kein Wort des Bedauerns über die systematische Vertreibung der weißen Farmer und deren schwarzen Arbeitern.

Als Regierungschef des mächtigsten Staates in der Region, ja ganz Schwarzafrikas, und als wichtigster Wirtschaftspartner hätte er Einfluss nehmen können. Er tat aber nichts, um den chaotischen Zuständen im Nachbarland entgegenzuwirken. Diese Einstellung musste viele Südafrikaner enttäuschen und vielleicht auch die Länder, die sich gern demokratisch nennen.

Natürlich führt dies dazu, dass viele Farmer und Landbesitzer gebannt auf die Geschehnisse in Simbabwe blicken und wohl erahnen, dass es auch in Südafrika zu einschneidenden Veränderungen bei der Landverteilung kommen wird. Und da auch Mr. Nujoma in Namibia schon so oft in der Vergangenheit verkündet hatte, dass die großen Farmen der Europäer in afrikanische – sprich schwarze – Hände übergehen müssen, werden sie zunehmend verunsichert.

»Was sich in Simbabwe und Namibia abspielt, kann auf unser Land übergreifen. Oft genug wurde schon von Enteignungen gesprochen«, meinen sie und erinnern an die ketzerischen Erklärungen einiger Politiker aus der ultralinken Ecke, die mit dem Schlagwort ›one settler, one bullet‹ den Landwirten gedroht hatten. Wundern kann es einen kaum, denn bei dem ANC war das Denken über Jahrzehnte ausschließlich auf den Sturz der weißen Herrschaft gerichtet gewesen. Man hört solche Hasstiraden zur Zeit nicht mehr, aber verstorben sind die radikalen Scharfmacher, die mit Parolen dieser Art einmal Schlagzeilen machten, bestimmt noch nicht.

Die meisten der etwa viertausend weißen Landbesitzer in Südafrika sehen es wohl gelassener. Zustände wie in Simbabwe können sie sich nicht vorstellen, und sie sollten es auch nicht. Seit Jahrhunderten haben sie mit den Widrigkeiten des harten, trockenen Klimas in diesem Lande gekämpft. Mit ihren Kenntnissen in der Bewirtschaftung größerer Farmbetriebe und ihrer Durchhaltefähigkeit haben sie bewiesen, dass sich auf den ausgelaugten Böden dennoch hohe Erträge erwirtschaften lassen. Auf die Erfahrung dieser Buren und ihrer hochentwickelten Technologie in Südafrika zu verzichten, käme mir wie ein Spiel mit dem Feuer vor. Aber die Zahl arbeitsloser Afrikaner im Lande ist hoch und steigt ständig. Jede Regierung wird versuchen, ihren Abbau auch mit der Übertragung von Land zu verbinden.

Die Landfrage wird mehr und mehr in den Mittelpunkt der Politik rücken, und mit den nächsten Parlamentswahlen könnte sie auf die Tages-

ordnung kommen. Für deren Lösung bieten Simbabwe und Namibia allerdings eher abschreckende als vielversprechende Beispiele.

Warum erwähne ich das alles? Man kann mit Recht einwerfen, dass mir, einem deutschen Afrikatouristen, viele Tatsachen und Informationen nicht zugänglich sind, und dass ich daher die Reaktionen und Handlungen der verantwortlichen Staatsmänner nicht beurteilen kann. Das mag sein, aber Tourist bin ich erst seit einigen Jahren. Zuvor habe ich versucht, die ländlichen Regionen in den Entwicklungsländern zu fördern, in die man mich geschickt hatte. In meinem ganzen beruflichen Leben ging es fast immer um die Steigerung und Verbesserung der landwirtschaftlichen Produktion, praktisch um die Bekämpfung der Armut und des Hungers. Nach fünfzehn Arbeitsjahren in Afrika kann es doch nicht ausbleiben, dass man sich mit den Menschen solidarisch betrachtet, die nicht nur unter harten, naturgegebenen Bedingungen zu leiden haben, sondern auch oft von ihren Führungseliten im Stich gelassen werden. So kann und darf ich sicherlich nicht übersehen, dass aus einer der wenigen landwirtschaftlichen Überschussregionen Afrikas eine Hungerregion wird?

Was ist von der geheimen Diplomatie zu halten, auf die sich Staatspräsident Mbeki zurückzieht, wenn er auf die Situation in Simbabwe angesprochen wird? Auch Bundeskanzler Schröder, der Südafrika besuchte, um das Ende der Apartheid an seinem zehnten Jahrestag mitzufeiern, bekam nicht viel anderes zu hören, immerhin erklärte er darauf in seinem Gespräch mit Mbeki, dass er die politische Praxis der Regierung Simbabwes für inakzeptabel halte. Das war klar, und mehr war wohl nicht zu erwarten, denn sein kurzer Besuch sollte schließlich harmonisch verlaufen.

In den zehn Jahren nach dem endgültigen Ende der Apartheid hat sich das Gesicht Südafrikas stark verändert. Die von Mandela begonnene und von seinem Nachfolger Mbeki weiter geführte liberale Wirtschaftspolitik hat sich bezahlt gemacht. Das derzeitige jährliche Wachstum der Wirtschaft von drei Prozent erscheint erfreulich, reicht aber nicht aus, um die Armut und Arbeitslosigkeit wesentlich zu mildern. Sie müsste doppelt so hoch sein, lassen die Wirtschaftswissenschaftler verlauten. Es muss der Regierung hoch angerechnet werden, dass sie der Versuchung des Populismus widerstand und sich zu strikter Haushaltspolitik bekannte. Dass vielfach erwartete Wahlgeschenke dabei ausblieben, konnte nicht jedem gefallen. Bei der Mehrheit der schwarzen Volksgruppe verstärkte sich Unzufriedenheit. Das ist verständlich, denn die Erwartungen, die sie an

das Ende der Apartheid setzte, waren unrealistisch, und die Versprechungen, die ihnen von den neuen Herren gemacht wurden, waren es ebenfalls. Ich erinnere nur an das Bauprogramm von einer Million Häuser, das sich einfach so schnell nicht verwirklichen ließ.

Fast unbemerkt in der Berichterstattung der internationalen Presse blieb der Wandel in den Schulen, die sich allen Rassen geöffnet hatten. Die Widerstände und Streiks, die man da zunächst erwartete, waren ausgeblieben. Wir selbst hatten nie daran gezweifelt, dass das neue Schulsystem funktionieren würde. Wir hatten Erfahrung mit unseren Töchtern, die in Kenia wie auch in Lesotho ihre Schulklassen mit Schülern aller Volksgruppen mit Erfolg durchlaufen hatten. Mit dem schnellen Umdenken und der Verwirklichung des neuen Schulsystems hatte sich das Neue Afrika, so schien es uns, erst richtig etabliert.

Eine große Kluft zwischen Arm und Reich besteht weiter, natürlich, wie in den meisten Entwicklungsländern – und wie es nun einmal in Afrika ist, steht schwarz für arm und weiß für reich. Dennoch entfernt sich das Neue Südafrika langsam von dieser bekannten Schablone.

Zwischen den Bevölkerungsgruppen im Land hat sich eine Koexistenz herausgebildet, die ich friedlich-neutral nennen möchte. Der große Versöhner Nelson Mandela hat sie herbeigeführt, und das Land am Kap muss ihm dankbar sein. Dennoch, die große Hoffnung, Südafrika könne ein Leuchtfeuer werden und mit Hilfe seiner vielschichtigen Volksgruppen aufzeigen, wie man in Afrika und anderen Entwicklungsländern besser miteinander umgehen könnte, hat sich bisher nicht erfüllt, und unter seinem Nachfolger beginnt sie zu schwinden. So ist Südafrika durch die Vielfalt seiner Stämme und Volksgruppen sicher so etwas wie die vielbeschworene Regenbogennation, aber auch weit entfernt von einer multikulturellen Gesellschaft, in der Schwarz und Weiß problemlos zusammenstehen. Eine lange Geschichte und die Herkunft der Menschen in Südafrika stehen einer solchen Vision entgegen. Aber sicher betrachten alle – gleich welcher Volksgruppe oder Herkunft – das Neue Südafrika als ihr Land, ihre Heimat und ihre Nation.

Das ist meine Afrikastory. Manche Leser werden sich wundern, dass ihnen viel Negatives berichtet wurde, und sie werden kaum verstehen, dass wir jedes Jahr wieder gern nach Südafrika fliegen. Die schöne, ich möchte sagen die touristische Seite, die jeden Besucher immer wieder fasziniert, habe ich unerwähnt gelassen, weil darüber jeder bunte Südafrikaprospekt ausführlicher und einprägsamer informiert, als ich es tun könnte. Natür-

lich besuchen auch wir gern die herrlichen Wildreservate, die langen, weißen Sandstrände und genießen mit Freunden und Besuchern den roten ›Groot Constancia‹ oder ›Johannisberger‹ auf historischen Weinfarmen. Wir haben ja viel Zeit in unseren jährlichen Afrikawochen.

Mir ging es darum, über das ›Neue Südafrika‹ zu informieren, das Nelson Mandela verwirklicht hat. Ich wollte aufzeigen, wie es dazu kam, wie wir es erleben, und warum wir es trotz aller seiner Widersprüche lieben. Nur dann wird der Leser die Beweggründe verstehen, die uns jedes Jahr wieder dorthin zurückführen.

# Margaret

Von meinem Hotel in der Nähe des Flughafens hatte ich Margaret kurz angerufen. Sie sollte eine ältere, noch recht rüstige und hellwache Tresckow-Dame sein, die in der weitläufigen Verwandtschaft nur Pips genannt wurde. Ich hatte erst kurz vor meiner Abreise nach Johannesburg von ihr gehört, und fast unter vorgehaltener Hand wurde davon gesprochen, dass sie ein geheimnisumwittertes, aber interessantes Leben geführt hatte.

Vor vielen Jahren war sie nach Südafrika ausgewandert. Jetzt wollte ich sie kennen lernen. Das einzige, was mich zunächst mit ihr verband, war unser gemeinsamer Name. Ich wusste aber, dass sie nach einer kurzen Ehe mit dem Journalisten der südafrikanischen ›Rand Daily Mail‹, Jack Sackse, mit dem sie nur wenige Jahre ihre Pferdepassion teilen konnte, wieder ihren Geburts- und Mädchennamen Tresckow angenommen hatte.

Die Reise in mein neues Arbeitsgebiet in Lesotho hatte ich in der südafrikanischen Großstadt für einen Tag unterbrochen, da ich mich zu einer Besprechung im Landwirtschaftsministerium in Pretoria angemeldet hatte. Außer Margarets besaß ich keine weiteren privaten Adressen in Johannesburg, und so freute ich mich auf einen verwandtschaftlichen Plausch – ob nun mit Tante oder Base blieb eigentlich unerheblich –, bevor ich in den nächsten Tagen an meinen neuen Dienstort in Maseru weiterfliegen würde.

Ein Taxi brachte mich in die Vorstadt Lyndhurst und setzte mich vor einem von Efeu fast versteckten rostigen Tor ab. Der laute Quietschton beim Öffnen hatte zur Folge, dass eine Meute von Hunden unterschiedlicher Größe und Rasse heftig bellend auf mich zugeschossen kam. Eine energische Stimme irgendwo aus dem Hintergrund dichter Büsche und Hecken gebot Halt, und ich fühlte mich erleichtert, wenn nicht gerettet, als daraufhin alle Vierbeiner prompt stutzten und auf dies laute Kommando kehrtmachten. Winselnd verschwanden sie durch die Eingangstür eines hinter grünen Ranken und Zweigen halb verborgenen kleinen Hauses.

Dass diese zarte Dame, die da unter ihrem schlohweißen Haar plötzlich vor mir stand, eine ungewöhnliche Persönlichkeit war, wurde mir sofort bewusst. Ihr klarer, offener Blick aus wasserblauen Augen erinnerte mich an ein altes Bild meines seligen Großvaters. Die schlanke Figur machte sie jünger, als sie war, und meine Schätzung ihres Alters lag mit siebzig Jahren gut fünf Jahre unter dem tatsächlichen, wie ich sogleich erfuhr. Unsere Begrüßung war auf Anhieb herzlich. Es war klar, wir gehörten zu einer Familie, wenn auch nicht zu unseren allernächsten Verwandten.

Ich berichtete von meinem neuen Job in Lesotho, der mich zunächst nach Johannesburg geführt hatte, und folgte ihr in ein etwas düsteres, aber

geräumiges Zimmer, in dem sich mehrere große Sessel sowie eine lange Polsterbank um ein kleines Tischchen gruppierten. Margaret forderte mich zum Sitzen auf, was leichter gesagt als getan war. Ihre Hunde, die mich gerade erst draußen angeblafft hatten, waren inzwischen in das halbverdunkelte Zimmer geflüchtet und hatten es sich auf den geblümten englischen Fauteuils bequem gemacht, wobei der größte von ihnen in voller Länge auf dem Sofa ausgestreckt lag. Alle glotzten mich in Erwartungshaltung nicht unbedingt unfreundlich an, aber zum Hinsetzen schienen sie mich auch nicht auffordern zu wollen, und weitere Sitzmöbel wies das Zimmer nicht auf.

»Scheuch einen vom Sessel, aber vorsichtig«, quittierte Margaret mein Erstaunen. Sie öffnete eine große Keksdose und rief ihren Diener herbei, den sie anwies, uns Tee zu bereiten.

»Du wunderst dich sicher über meine vielen Hunde. Ich habe jetzt nur noch sechs, musste vor ein paar Tagen einen lieben Rauhaardackel einschläfern lassen. Sie sind meine besten Freunde. Abgesehen davon, dass sie dieses Haus und Grundstück bewachen, brauche ich ihre Nähe. Sie gehorchen mir aufs Wort, wie du gesehen hast. Sie sind loyal, und ich kann mich jederzeit auf sie verlassen. Im Vergleich zu den Menschen haben Hunde einfach den besseren Charakter.« Nach dieser Einführung konnte ich wahrscheinlich von großem Glück sagen, dass ich zunächst einmal akzeptiert war.

Margaret begann zu erzählen. Nicht ohne Stolz erwähnte sie, dass ihr Vater als Kavallerieoffizier in der preußischen Garde gedient hatte. Im zweiten Jahr des Ersten Weltkrieges war er als Schwadronschef in Flandern gefallen. Ihre Mutter, mit der sie in den fünfziger Jahren nach Johannesburg zog, beschreibt sie als talentierte Künstlerin und Musikerin. Was sie nach Südafrika verschlagen hatte, erzählte sie nicht, und ich habe es auch später nie genau erfahren.

Immer hatte sie mit Pferden zu tun gehabt. Das ging sogleich aus ihren Erzählungen und auch aus den vielen Bildern hervor, die dicht an dicht die Wände des Zimmers schmückten. Ich blickte auf berühmte Pferde und Namen, eine argentinische Reiterequipe, Soldaten in voller Montur, Margaret selbst auf dem Springpferd ›Othello‹, Margaret mit Trainern, Richtern und Jockeys oder inmitten ihrer eigenen Rennpferde und deren Fohlen. Jedes Bild hatte sicher eine Geschichte, die mich neugierig machte, und es war unverkennbar, dass sie eine gute, erfolgreiche Reiterin und blendend aussehende Frau gewesen sein musste und letzteres auch immer noch war.

»Nach dem Tod meiner Mutter habe ich wieder angefangen, Rennpferde zu züchten. Jack was an ardent horseman, genauso passioniert wie ich. Wir hatten Pferde, um die wir beneidet wurden, und gewannen manche Rennen. Nach seinem Tode habe ich alles stark reduziert, aber noch verblieben mir einige Stuten, die very promising sind und mir jedes Jahr gute Fohlen bringen.

You must see my horses. Sie stehen auf guten Weiden at ...«

Sie nannte Namen und Orte von Freunden und Pferdeliebhabern, die ich unbedingt kennen lernen sollte. Häufig wechselte sie ins Englische, was ihre lebhaften Erzählungen nur interessanter machten. Nach ihrem früheren Leben, das sie jetzt vor mir auszubreiten begann, wunderte es mich nicht.

Wir tranken Tee, den Joel auf einem silbernen Tablett vor uns hingestellt hatte. Ich erfuhr, dass der alte Diener mit dem knorrigen Gesicht eines Buschmanns seit einigen Jahren Haus und Garten einigermaßen in Ordnung hält. Als er das Zimmer verlassen und sie jedem der Hunde wenigstens ein cookie zugeworfen hatte, begann sie zu plaudern.

»Ich bin ein recht ungewöhnlicher Teil der Tresckow-Familie. Man taufte mich Margarete aus preußisch-konservativer Einstellung, denn die Reihen der ›Margareten‹ im Familienstil mussten natürlich fortgesetzt werden. Das schuldet man ja seinen Ahnen«, meinte sie lachend. »Ja, hätte man nur geahnt ...? Man hätte Margareten aussetzen und ihrem Schicksal überlassen müssen. Aber so ist durch mich die vornehme Reihe der traditionellen Margareten ins Wanken geraten.«

Sie bog sich vor Lachen.

»Sämtliche erzieherischen Versuche, meinen Charakter zu bilden, scheiterten an meinem widerspenstigen Wesen. Ich verweigerte Puppen und vor allen Dingen sanfte, elegische Spielgefährtinnen. Dagegen freundete ich mich mit einer großen Dogge an, die meine Eltern nur als vierbeinige Bestie bezeichneten. Hier erkennst du meine sich schon frühzeitig einstellenden ›animalischen Instinkte‹.

Ich wünschte mir immer, mit Soldaten zu spielen, eine Leidenschaft, die sich auch in späteren Jahren nicht ganz gelegt, ja, um biographisch exakt zu sein, eher verstärkt hat.

Nachdem ich meine Erziehung im Kloster zum Heiligengrabe – du kennst sicher das bekannte Mädchenpensionat – mit Hofknicks plus Seelenmassage beendet hatte, trat ich ›ins Leben‹ hinein, um zu erfahren, dass ich erst alles gründlich verlernen, ja ins Gegenteil umkehren müsste, was die Erziehung mir mühseligst beigebracht hatte. Ich kann mir nicht

helfen, aber eine aus dem Mittelalter empfohlene Pädagogik erschien mir für das zwanzigste Jahrhundert ungeeignet. Immerhin war der Hofknicks inzwischen aber zur Requisite der Hollywoodfilme über Wiener Hofleben geworden, und so versöhnte ich mich mit dieser Art Ehrerbietung. Als ich mich einmal mit einer Freundin in das ›Moulin Rouge‹ der Scala in Berlin wagte und ihn darbot, bekam ich viel Applaus und hatte in allen Altersklassen Freunde gewonnen.

Ich geriet eben immer in Diskrepanzen, und daraus ergab sich, dass ich meistens das Gegenteil von dem tat, was von mir erwartet wurde«, sagte sie lachend. Sie schien sich über ihre Jugendjahre, die sie als Zeitspanne der ›Höheren Tochter‹ bezeichnete, köstlich zu amüsieren, und trällerte dazu ein Gedicht, das sie diesem Lebensabschnitt gewidmet hatte:

Was so often told when young
One day you will be clever.
But now I know quite definite
That this won't happen never.

»Natürlich musste ich auch mal anfangen zu arbeiten«, meinte sie, aber wann, wo und was sie getan hatte, blieb reichlich im Unklaren. Auf einer Berliner Sprachenschule lernte sie schnell Englisch und bekam hie und da mal eine Anstellung, wo diese Sprache verlangt wurde. Dass sie Zeitungsartikel geschrieben hatte, ließ sie durchblicken. Welchen Inhalts, und ob sie eine Lehre im Journalismus absolviert hatte, blieb mir verborgen.

»Vor allem machte mir das Dichten immer viel Spaß. In Gedichten lassen sich Gedanken bündeln und bekommen sozusagen eine höhere Weihe. In Artikeln lässt sich das nicht so erreichen.«

Das gefiel mir.

Sie fuhr fort: »Meistens kamen Tiere in meinen Gedichten vor, zu denen ich als junges Mädchen schon eine starke Bindung entwickelte. Es wird dich bestimmt wundern, aber zunächst waren es Hamster, Krebse und Esel, aber auch Vögel aller Art, die mich faszinierten. Mehr und mehr konzentrierte ich mich später auf Hunde und Pferde. Vielleicht gefällt dir dieses Gedicht.«

Aus einem Stapel vor ihr liegender Papiere zog sie ein Blatt und reichte es mir. Das Gedicht ›Ein guter Reiter‹ trug die Jahreszahl 1926.

Ein guter Reiter weiß genau
Zuerst das Pferd und dann die Frau –
Doch darfst Du das so laut nicht sagen,
Denn Femina kann's nicht vertragen.

Sie möchte stets die Erste sein,
Und wäre selbst es nur zum Schein.
Darum darfst niemandem es zeigen,
Wem deine Liebe ist zu eigen.

Aufs edle Pferd darfst Du wohl bauen,
Es wird nie täuschen dein Vertrauen.
Wird nie verletzen dein Gefühl,
Voll Liebe heute, morgen kühl.

Drum laß es dir gesagt wohl sein
Und präg es dir im Herzen ein:
Ein guter Reiter weiß genau
Zuerst das Pferd und dann die Frau –

Die bedeutende Rolle, die Pferde in ihrem Leben spielten und offensichtlich immer noch spielen, konnte kaum besser ausgedrückt werden. Dennoch konnte ich mir nicht vorstellen, dass sie ihr eigenes Licht jemals unter den Scheffel gestellt hätte.

»Ja mein Berufsleben, ich muss dir sagen, dass es vielleicht dadurch bemerkenswert erscheint, dass ich stets nach wenigstens sechs Monaten mit meinem Arbeitgeber einig wurde, die Anstellung zu verlassen. Dadurch wiederum entsprang eine Vielseitigkeit, die auch auf andere Lebensbereiche übergriff. So will ich gern gestehen, dass ich auch in meinem Gefühlsleben eine Beweglichkeit entwickelte, die sich – wenn überhaupt von einer Beschränkung gesprochen werden kann – nur auf völlig unbrauchbare Objekte erstreckte, wie zum Beispiel Musiker, Zigeuner, Flieger, Akrobaten und Seiltänzer, ganz abgesehen von dem Hang zu Spielsoldaten, wie ich dir ja schon sagte. Jedes steht für eine eigene Story. Ich war oft mit mir selbst im Unreinen. Dann begann ich zu dichten. Einige Verse stehen schon in einem Manuskript, das ich zu veröffentlichen gedenke.«

Die Bezeichnung ›Objekte‹ passte nicht unbedingt zu ihrem Stil, aber sie war ja nun einmal ungewöhnlich und betonte dies auch gern. »Viel-

leicht gibt dies Gedicht meine damalige Stimmung am ehesten wieder«, meinte sie und reichte mir einen weiteren Bogen.

Wenn Einheit ist das Ideal,
Dann wird mir diese gleich zur Qual.
Mannigfaltig ist mein Wesen,
Kann es je davon genesen?

Gestern wollt' ich nichts als denken,
Heute mich Instinkte lenken.
Morgen, ach du lieber Graus,
Ist's mit allen Beiden aus!

Meine Segel häng'n im Winde,
Kaum, dass ich das Steuer finde,
Und die Kompassnadel bebt,
Weil das Schicksal Netze webt.

Und ich glaub', solang' ich lebe,
Ich im Netz der Spinne klebe,
Die mit List und viel Geduld,
Mich verstricken will in Schuld.

Wie kann ich mich wohl erlösen
Von den Ränken, von dem Bösen?
Helfen tut kein Dreh'n und Winden,
In mir selbst muss ich es finden.

Muss mich auf mich selbst besinnen
Und mein Leben neu beginnen.
Sollte doch zu meiner Qual
Einheit heißen das Ideal?

»So um die Mitte der zwanziger Jahre lernte ich Elly Beinhorn kennen. Von ihr wirst du sicher schon gehört haben. Diese zwei Jahre jüngere Fliegerin wurde zeitweilig zu meinem Leitstern. Sie hatte immer Großes vor und schwärmte davon, mit ihrer einmotorigen Maschine um die Welt zu fliegen. Ich war fasziniert und zeitweilig drauf und dran, selbst das Fliegen zu lernen.

Dabei war Elly von dem Fliegeridol Ernst Udet gewarnt worden. ›Liebes Kind, wenn du so weitermachst, fällst du bald anständig auf die Schnauze‹, hatte er sie gewarnt. Jede andere junge Frau hätte sich wohl von diesen Worten entmutigen lassen. Nicht so meine Freundin Elly. Und es kam natürlich so, wie es kommen musste, und es passierte genau, was Udet vorausgesagt hatte. Sie stürzte tatsächlich ab, und von ihrem Flugzeug blieben nur noch Trümmer übrig. Wie ein Wunder überlebte sie, und kaum auf die Beine gekommen, schickte sie ein Telegramm an Udet: ›Vorausgesagter Bruch hat planmäßig stattgefunden.‹

1931 ist sie dann mit ihrer Maschine zum Weltrundflug gestartet. Sie hat Unglaubliches erlebt und musste mehrmals im ›nowhere‹ notlanden. Im darauf folgenden Jahr wurde sie als die erste Frau für diese wahrhaft spannende fliegerische Unternehmung in Deutschland begeistert gefeiert und erhielt für ihre Leistung den Hindenburgpokal. Natürlich wollte Hitler die berühmt gewordene Fliegerin auch für seine Zwecke einspannen, was ihm aber nicht gelang. Politik war Ellys Sache nicht. Sie blieb Fliegerin.

Am Ende der zwanziger Jahre verließ ich den europäischen Kontinent, um auf einer Insel, genannt England, mein Wirken fortzusetzen. Mit wechselndem Erfolg beschäftigte ich mich mit dem Presse-(un)wesen, nahm Verbindung zur Deutschen Botschaft auf und wurde bald aufgrund meiner guten Verbindungen zur englischen Society gebeten, den akademischen Austausch zwischen Deutschland und Großbritannien zu organisieren. Es wunderte mich zunächst, dass man auf die Idee verfallen war, neben Waren auch Akademiker auszutauschen.

Zum Glück ließ mir diese Tätigkeit reichlich Zeit, mich mit dem horse-racing und generell mit dem Rennsport der Briten zu befassen. Ich lernte die Pferde meiner neu gewonnenen englischen Freunde kennen und bildete mir ein Urteil über deren Anlagen und Fähigkeiten. Ab und zu wurde auch schon mal um Rat gefragt. Aber vor allem durfte ich reiten, und erstmalig gelang es mir auch, einen kleinen Preis zu holen.

Die großen nationalen und internationalen Spring- und Flachrennen ließ ich mir aber auch nicht entgehen, und gelegentlich sah man mich auch in Frankreich, Belgien und Deutschland. Auf diesen Plätzen hat man die besten Möglichkeiten, die Eigenschaften der Pferde kennen zu lernen. Will man selber Pferde züchten, und das wollte ich, muss man sich dort umgucken.

Manchmal ließ ich mich zu den Renn- oder Turnierplätzen fliegen,

und bemerkenswert war da schon, dass ich einmal in Liverpool aus den Trümmern eines französischen Sportflugzeuges herausgeklaubt werden musste. Tatsächlich wurde mir doch später angehängt, dass ich dem unglücklichen Piloten, einem gewissen Marquis de Mille Tonnere, so tief in die Augen gesehen hätte, dass er Fassung und Steuerung verlor. Der Marquis kehrte leicht lädiert auf einem Schiff nach Frankreich zurück, ich dagegen probierte am folgenden Tag die Stabilität eines englischen Flugzeuges und eines englischen Piloten aus.

Meine Mutter erzählte mir später, dass ich in Aachen auf dem Internationalen Reitturnier das letzte Mal vor dem Krieg in Deutschland gesichtet wurde. Ich kam glänzend davon, holte zwei Preise, aber sie meinte, der moralische Tiefstand meines Lebenswandels wäre durch einen Zeitungsartikel allzu treffend gekennzeichnet worden. Die führende Aachener Tageszeitung hatte mich nämlich in einem Leitartikel als ›Liebling der Massen‹ bezeichnet.«

»Damit bin ich den Ereignissen aber schon etwas vorausgeeilt«, meinte Margaret, die mich nun mehrere Stunden rollend unterhalten hatte. Nur mit roten Ohren und großer Anstrengung hatte ich ihrer Erzählung folgen können und bin sicher, dass mir in der Aufregung noch einige ›dramatic events‹ entgangen sind.

»Ich gehe davon aus, dass du gelegentlich nach Johannesburg kommen musst. Lesotho ist so ein kleines Land und stark abhängig von der Republik hier. Die Basutos arbeiten doch am liebsten in den Minen Südafrikas. Das Geld, das sie verdienen, wird dann in Bier umgesetzt. In Maseru soll es haufenweise leere Bierdosen geben, mit denen man nichts mehr anzufangen wusste. Jetzt hat ein aufgeweckter Basuto seine Hütte mit plattgehämmerten Bierdosen gedeckt. Viele werden es ihm nachmachen. Du wirst es ja sehen.

In unserem Boulevardblatt las ich kürzlich, dass ein Basutominister zu Besprechungen nach Pretoria gekommen war. Als man ihm dann nach dem Meeting auch tüchtig zugeprostet hatte, trank er ein Bier nach dem anderen und konnte schließlich nur noch lallen. ›Nu is de kaffer aber lekker drank‹, vermeldete er den weißen, südafrikanischen Amtskollegen, bevor er vom Stuhl rutschte.

Humor haben sie, die ›Kaffern‹, das ist längst meine Erfahrung. Die Schwarzen können bei solchen Gelegenheiten über sich selbst lachen. Ihnen fällt dabei kein Zacken aus der Krone. Am liebsten verhandeln sie mit den Afrikaans sprechenden Ministern in unserem Kabinett, also mit den

Buren. Trotz vieler Gegensätze und Apartheidpolitik gibt es zwischen ihnen eine gewisse Seelenverwandtschaft, die sie in unserem Lande verbindet.

Und wie du sicher schon wissen wirst, wird in Südafrika bei jeder Gelegenheit von Schwarz und Weiß gesprochen. Aber Weiß hat hier auch nicht immer die gleiche Farbe. Du verstehst, dass ich damit die Buren und Engländer meine. Zwischen denen gibt es ein Menge Unvereinbarkeiten, für die eine recht wechselvolle Geschichte Südafrikas gesorgt hat. Die Buren waren ja die ersten Europäer im Kapland, und es hat jahrhundertlange Spannungen zwischen ihnen und den Engländern gegeben, die ihr Kolonialreich bis zum Kap ausdehnen wollten. Heutzutage haben sich die beiden weißen Gruppen aneinander gewöhnt, müssen es, denn auch vereint sind sie in Südafrika in der Minorität, aber eine gewisse Hassliebe ist verblieben.

Da gibt es doch die Geschichten von dem van der Merwe, diesem typischen Vertreter burischer Wesensart, die gewisse Animositäten unter den hier lebenden Volksgruppen treffend ausdrücken. Die muss ich dir noch erzählen, bevor du losgehst.

Van der Merwe trifft bei einem Besuch in England am Trafalgar Platz in London auf einen Cockney Bettler, der auf dem Gehsteig sitzt und ihm seine verkrüppelte Hand entgegenstreckt. Der arme Kerl hat nur noch ein Bein und sein Gesicht ist mit Narben bedeckt. Van der Merwe wirft eine Pfundnote in seinen Hut und hört den Dank im Weitergehen. Doch bald kehrt er zurück und wirft weitere fünf Pfund in den Hut. Der Bettler dankt und blickt ihm erstaunt nach. Wenig später kommt van der Merwe noch einmal zurück und lässt dieses Mal sogar eine Zehnpfundnote in den Hut fallen.

›Entschuldigen Sie, mein Herr‹, sagt der Cockney, ›ich will ja nicht neugierig sein und bin ja auch sehr dankbar, aber warum sind Sie so generös zu mir?‹

›Das ist schnell erklärt‹, meint van der Merwe. ›It's the first time I've seen an Engelsman, der meinen Vorstellungen entspricht.‹

Und was Sympathie oder einen gewissen Gleichklang zwischen Buren und Schwarzen betrifft, noch folgende Story: Während eines Besuches in London geht van der Merwe mit einem Freund in ein Fish & Ship-Restaurant. Du kennst diese profanen Imbissstuben praktisch an jeder Ecke in Londons Vorstädten. Im Lokal herrscht großer Andrang, und die beiden bahnen sich mit ihrem Tablett mit Mühe einen Weg durch die hungrige Menge. Da bleibt es nicht aus, dass van der Merwe von einem Schwarzen versehentlich angerempelt wird.

›Get out of my way, piccanin‹, muss sich der schwarze Mann da anhören, der auch sogleich in Tränen ausbricht. ›Look man, ich wollte dich doch nicht verletzen, tat ich das etwa?‹, meint van der Merwe fast entschuldigend. ›No, baas‹, meinte der Schwarze, ›not at all, you have just made me so homesick.‹

Nun weißt du, was dich in Südafrika erwartet. In Lesotho kenne ich mich nicht aus, und von den Basutos hört man hier nur, wenn sie sich in den Minen mit den Zulus gestritten haben, und das passiert oft genug. Mit diesen Leuten wirst du zu tun haben. Auf unsere nächste Unterhaltung freue ich mich schon. Zum Hotel kann ich dich nicht bringen. Im Dunkeln fahre ich nicht mehr gern durch Johannesburg. Wenn du das nächste Mal herkommst, kann ich dich aber vom Airport abholen. Mein kleines Auto steuere ich noch ganz gern, auch wenn der Verkehr in der Stadt schrecklich zunimmt.«

Sie führte mich vor die Tür und verabschiedete mich. Wie auf Verabredung sprangen auch die Hunde von ihren Sesseln, um sich noch einmal streicheln zu lassen. Margarets durchdringende, blaue Augen musterten mich. »Du wirst doch wiederkommen?«

»Natürlich«, konnte ich da nur antworten. »Du musst mir noch viel erzählen. Ich habe Glück, dich getroffen zu haben. Wer hat schon eine so interessante und charmante Tante in Afrika?«

Dem großen Altersunterschied zwischen uns Rechnung tragend, hatte ich mich für diesen Verwandtschaftsgrad entschieden.

Acht Jahre waren wir im südlichen Afrika. Gelegentlich besuchte ich Margaret, wenn mich eine dienstliche Angelegenheit ins Landwirtschaftsministerium nach Pretoria führte. Und später, nachdem meine Frau Renate mir nach Lesotho gefolgt war, wurde es fast zur Selbstverständlichkeit, Margarete aufzusuchen, wenn wir auf den Urlaubsflügen nach Deutschland in Johannesburg das Flugzeug wechselten. Jedes Mal erfuhren wir etwas mehr aus ihrem wechselvollen Leben. Aber es war immer nur ein einzelner, wenn auch aufschlussreicher Abschnitt daraus; die Zusammenhänge blieben uns weiter verborgen. Da half auch kein Nachfragen. Sie erzählte nur, was sie preisgeben wollte, und das war interessant genug.

»Meine vielen Freundschaften in englischen Familien wiesen mich im Stab der deutschen Botschaft, zu der ich nun gehörte, als sehr anpassungsfähig und kommunikativ aus. Der Botschafter, ein Herr alter Schule, war hocherfreut, durch mich und meine guten Beziehungen zur Society schnell Eingang in politisch tonangebende Kreise zu gewinnen.

Gegenüber Hitlerdeutschland war man damals in Großbritannien sehr geteilter Meinung. Einerseits bewunderte man den vermeintlich steilen, wirtschaftlichen Aufstieg, andererseits taten die welterfahrenen Briten Hitler und seine Clique als Parvenus ab, die in ihrer Maßlosigkeit die Welt ernstlich gefährdeten.

Dem Grandseigneur, dem diese Stimmung natürlich bekannt war, ging es um ein gutes, vertrauensvolles Verhältnis zwischen Deutschen und Engländern und er wollte alles in seiner Macht stehende tun, diese zu verbessern. Das gelang ihm auch. Er war aufgrund seiner jovialen Lebensart nicht nur ganz allgemein bei den Briten beliebt, sondern genoss auch großes Ansehen in den damals maßgebenden politischen Kreisen Großbritanniens. Diese erhofften sich bestimmt durch diesen klugen Diplomaten eine Minderung der zunehmenden Spannungen zwischen unseren Völkern.

Die Stimmung in der Botschaft änderte sich, als der Botschafter plötzlich abgelöst wurde. Der Reichsregierung in Berlin waren dessen Fraternisierungsbemühungen offensichtlich zu weit gegangen, und die meinen wahrscheinlich auch, wie ich bald erfahren sollte.

Herrn von Ribbentrop, dem späteren deutschen Außenminister, gelang es bald, sich im Gegensatz zu seinem Vorgänger bei den Briten unbeliebt zu machen. Ein Bild, auf dem er dem englischen König bei seinem Antrittsbesuch mit dem Hitlergruß gegenübertrat, zierte am folgenden Tag die erste Seite aller englischen Zeitungen. Die Pose zeugte nicht gerade von weltmännischem Gespür. Das Gleiche galt für die Parteidiplomaten, die jetzt mehr und mehr die Deutsche Botschaft bevölkerten. Es erschreckte mich immer wieder, wie wenig Einfühlungsvermögen diese Leute besaßen. Sie versuchten nicht einmal, sich mit englischen Sitten und Gebräuchen, ja mit der Mentalität und den Anschauungen in unserem Gastlande zu befassen.

Die guten Beziehungen, die ich zur englischen Gesellschaft unterhielt, wurden Ribbentrop natürlich bald bekannt, und er wusste, dass die High Society bisher nicht generell anti-deutsch, auf jeden Fall aber anti-Hitler eingestellt war. Meine Haltung zum Nationalsozialismus, die mir sicher durch muntere Reden im vertrauten Kreis gelegentlich entschlüpft war, durfte ihm auch nicht unbekannt geblieben sein. Ihr glaubt gar nicht, was es da für Neider und Zuträger gab! Ich hätte kein Hitlerbild über meinem Schreibtisch, und schließlich gehörte ich auch zu den wenigen Angehörigen der Botschaft, die sich der Nazipartei nicht angeschlossen hatten. Der neue Botschafter wusste bald alles.

Irgendwie ahnte ich, dass mir Unheil drohte. Und so kam es, dass mich Ribbentrop schon bald nach seiner Akkreditierung in London in sein Dienstzimmer bestellte und mich auszufragen versuchte. Er wurde, wie man damals sagte, sehr dienstlich und wollte alles über meine Kontakte zu Bekannten und Freunden in der englischen Gesellschaft erfahren. Ich berichtete über einige, verschwieg aber die meisten und erklärte ihm – vielleicht etwas naiv – dass die Erstellung guter Beziehungen zwischen unseren beiden Völkern doch zur Hauptaufgabe der Botschaft gehörte.

Ohne darauf einzugehen, erklärte er mir unumwunden, dass ich für ihn ein Risiko darstellte und ich zur ›persona non grata‹ geworden war. Mit meiner Abberufung nach Deutschland müsste ich in Kürze rechnen.«

Margaret betonte wiederholt, dass sie Ribbentrop als deutschen Botschafter in Großbritannien für völlig ungeeignet gehalten hatte. Sie verachtete ihn geradezu wegen seiner Überheblichkeit und Arroganz.

»Wie konnte er nur glauben, mit diesen Eigenschaften ein gutes Klima zwischen unseren Ländern herzustellen«, meinte sie.

Jetzt setzte sie eine lustige Geschichte nach, die uns erheiterte.

»In London hatte ich mich mit dem jungen Seeoffizier Fred angefreundet. Ihm hatte ich viel von Berlin erzählt, und er brannte geradezu darauf, einmal unsere Hauptstadt kennen zu lernen. So bat er mich, ihn auf einen gelegentlichen Deutschlandbesuch mitzunehmen.

In den dreißiger Jahren hatte ich in Berlin eine gute Freundin, Eva Maria hieß sie, die als Primaballerina bis in die höchsten politischen und wirtschaftlichen Kreise bekannt war und sich in der deutschen Hauptstadt wie keine zweite auskannte. Zweifellos war sie meine beste Adresse, und ich erzählte ihr von unserem Vorhaben. Wie ich es erwartet hatte, war sie begeistert von unserem Plan und sofort bereit, für uns ein Berlinprogramm zu organisieren.

Also flogen Fred und ich an einem Samstagmorgen nach Tempelhof und begaben uns zur Wohnung meiner Freundin, die uns freudestrahlend begrüßte. Gerade hatte sie angefangen, uns das vorbereitete Programm zu erklären, das Sightseeing, den Besuch der Kroll-Oper, mehrere Bars und Kabarets beinhaltete, als das Telefon klingelte. Augenblicklich erstarrte sie.

›Ich kann euch heute Abend nicht begleiten. Etwas Dringendes ist dazwischen gekommen. Es tut mir unendlich leid‹, teilte sie uns unter Tränen mit.

So schnell ließ ich mich natürlich nicht abspeisen und bat um Klarheit. ›Was ist denn bloß passiert? Ich, deine beste Freundin, komme aus London

angeflogen, um mit dir und Fred einmal wieder Berlin zu erleben. Seit Wochen freuen wir uns auf dieses Wochenende, um einmal richtig auf die Pauke zu hauen. Jetzt gibst du auf und lässt uns im Stich. Was ist los?‹

Noch zögerte sie, aber auf mein Drängen klärte sich schließlich die Situation.

›Die Reichskanzlei hat eben angerufen. Hitler hat mich für heute Abend zu einem Souper eingeladen, und auf keinen Fall kann ich da absagen.‹

›Natürlich kannst du. Gib eine schwere Erkältung vor, Kopfschmerzen höchsten Grades, Migräne. Unser Führer wird sich bestimmt nicht anstecken wollen.‹

Ich hoffte, sie würde darauf eingehen, andererseits würde unser Berlintrip für Fred und mich in eine Tristesse münden, gab ich ihr zu verstehen.

Sie ging schließlich. Sie wollte uns den Abend nicht verderben, glaubte aber einen Fauxpas zu begehen, der ihr schaden würde. Immerhin gelang es ihr, mit fast röchelnder Stimme ihre telephonische Absage durchzugeben.

Hurra, ein lustiger Abend zu dritt war gesichert! Wir besuchten Oper, Theater und Nachtlokale und fielen voller Eindrücke in den frühen Morgenstunden erschöpft in die Betten, die sie auf ihrer schicken Etage für uns gerichtet hatte.

Ein schriller Klingelton weckte uns am späten Vormittag, und ein schneller Blick aus dem Fenster ließ uns zusammenfahren. Die Gestalt da unten vor der Tür trug eine braune Parteiuniform.

›Jetzt werde ich kontrolliert, die Strafe folgt auf dem Fuß‹, entsetzte sich meine Freundin, trippelte aber mutig ins Parterre, um zu öffnen.

Wenig später stand sie vor uns, ein Päckchen unter dem Arm und einen großen Blumenstrauß schwenkend.

›Seht nur, was hier auf der Karte steht: ›Ich wünsche der lieben, verehrten Primaballerina eine schnelle Genesung, Adolf Hitler.‹ Und dies Paket enthält einen Pralinenkasten erster Wahl. Mir fällt ein Stein vom Herzen. Wir hatten einen so herrlichen Abend, und zum Frühstück Pralinen vom ›Führer‹, mehr kann auch Fred von Berlin nicht verlangen.‹

Wir mussten zurückfliegen.

›Nehmt Strauß und Konfekt mit nach London. Es soll euch noch ein Weilchen erinnern an unser fröhliches Zusammensein.‹ Meine Freundin reichte uns die Präsente des Führers ins Taxi. Wir flogen zurück.

Am nächsten Abend hatte Fred einige Kameraden zu einer kleinen Party geladen. Die waren natürlich neugierig und wollten alle wissen, wie

unser Berlintrip verlaufen war. Ausschweifend begannen wir von unseren Erlebnissen zu berichten. Aber die Aufmerksamkeit der jungen Leute wurde abgelenkt. Sie schien sich mehr der bunten Pralinenschachtel zuzuwenden, die ungeöffnet auf dem Tisch lag. Natürlich wurde sie aufgemacht und herumgereicht, und bald hielten die Herren Offiziere und Fähnriche zur See jeder ein süßes Konfekt zwischen den Zähnen. Man hörte ›excellent, very tasty, the best German chocolate‹, und eine Praline nach der anderen wanderte in gierige Münder.

Bis einer der jungen Seeleute die Karte mit Hitlers Genesungswunsch entdeckte, die zwischen das Blumenbukett gerutscht war. Nun musste ich erklären, und was sie da von mir hörten, fanden die Herren gar nicht amusing. Im Gegenteil, sie waren entsetzt.

›We just enjoyed chocolate from Hitler, chocolate from the Nazis. Impossible, we didn't know its origin. Where is the loo?‹

One by one they rushed to the toilet and spat out with thundering noise. Mit dieser spontanen, etwas bizarren Reaktion hatten sie ihrer Verachtung des Naziregimes Ausdruck gegeben.«

Margaret blieb nur noch hinzuzufügen, dass ihr Fred die britische Marineleiter sehr steil emporgestiegen war, Kommandant eines Schlachtschiffes wurde, mit dem er im Pazifik unterging.

»Du hast gute Geschichten auf Lager. Wir besuchen dich bald wieder«, blieb uns nur zu sagen, als wir uns verabschiedeten.

Ein Jahr später hatte Margaret ihren Wohnsitz in die Kapprovinz verlegt. Die Entfernung von Lesotho zu ihrem neuen Domizil in Muizenberg hatte sich dadurch stark vergrößert, und obwohl unser Interesse an weiteren Erzählungen der alten Dame nach wie vor sehr lebendig war, mussten sich unsere Besuche bei ihr auf den jährlichen Jahresurlaub an die Südküste Afrikas beschränken.

Wir erfuhren immer etwas Neues. Aber wie schon früher, gab sie uns auch Rätsel auf. Ribbentrop hatte ihre Abberufung verlangt, die auch prompt erfolgte und ihr nicht einmal Zeit ließ, sich von ihren Freunden in London zu verabschieden. In Berlin wurde Margret in Untersuchungshaft genommen und jede Kontaktaufnahme zu Familie und Freunden untersagt. Bei den Behörden der Reichsregierung musste sie sich langen Verhören unterwerfen.

»Über meine persönlichen englischen Kontakte gab ich nur Unwesentliches preis, obwohl der Chef der Reichskanzlei, Herr Lammers, mich stark unter Druck setzte. Schließlich drohte er mir in einem letzten Verhör unverblümt mit Einlieferung in ein Lager, und dabei kann es sich ja nur

um Konzentrationslager gehandelt haben, von denen man in England zu dieser Zeit schon wusste«, meinte sie.

»Mir war klar, dass ich mich in größter Gefahr befand und sehr schnell handeln musste. Ich bemühte mich, so gelassen wie möglich zu erscheinen und ging auf manche Anschuldigungen ein. Gleichzeitig musste ich aber innerhalb von Sekunden einen Fluchtplan entwerfen, den ich dann auch sofort umsetzte.

Über den Gang zur Toilette, durch das Zimmer eines mir bekannten subalternen Würdenträgers im Untergeschoss der Reichskanzlei befand ich mich wenige Minuten später bereits außerhalb der großen Eingangstür. Glücklicherweise kannte ich mich einigermaßen im Regierungsviertel aus und erreichte mühelos den Droschkenplatz.

Die Fahrt zum Fughafen wurde zur Qual. Hatte ich es geschafft, oder würde ich am Abflugschalter abgefangen und doch noch im KZ landen? Meine Flucht gelang. Die Maschine aus Tempelhof landete wenige Stunden später in Heathrow. Nur mit einer Handtasche bewaffnet stieg ich die Gangway runter.«

»Und wie ging es dann weiter mit dir in England? Halfen dir Freunde? Musstest du untertauchen?« Auf unsere Fragen bekamen wir keine Antworten. »Ihr werdet mein Manuskript lesen oder dann später mein Buch. Ich habe einen Verleger in Johannesburg, der es in den USA veröffentlichen will.«

Mehr erfuhren wir nicht.

Für Überraschungen war Margaret immer gut. Bei unserem nächsten Besuch am Kap konfrontierte sie uns mit einer merkwürdigen Geschichte. Diese war aufregend und traurig zugleich, und sie hatte ein hässliches Kapitel des Naziregimes zum Thema.

»Robert hatte ich kurz vor Beginn des Krieges in London getroffen. Er war ein sympathischer großer, blonder, blauäugiger Deutscher, den man, wenn man wollte, auch als das Ideal der nordischen Rasse bezeichnen konnte, mit dem die Nazis doch so einen schrecklichen Kult trieben. Aber nicht nur das. Sein freundliches, offenes und hilfsbereites Wesen machte ihn beliebt, und so war er eigentlich everybodys darling. Mir hatte er einmal erzählt, dass er in Hitlers SS gedient hatte, aber bald wieder entlassen worden war. Dass seine Entlassung einen politischen Hintergrund gehabt haben musste und sicher mit seinem Auftauchen in England zu tun hatte, ahnte ich und versuchte es herauszubekommen.

Ich erzählte ihm, dass man in England auf Hitlers politische Kader

und Verbände, vor allem die SS, nicht gut zu sprechen war. Das war ihm natürlich bekannt, denn von den Judenpogromen und Verfolgungen hatte man längst gehört. Ich musste zugeben, dass es auch mir schwer fiel, anzunehmen, dass er in Hitlers ›special army‹ gedient hatte.

›Du brauchst es mir ja nicht zu erzählen, wenn es dich quält.‹

Robert zögerte lange. ›Du hast recht, Margaret, wir kennen uns nun schon länger und so gut, dass ich dir eine Erklärung schulde, und ich weiß auch, dass du ein Geheimnis hüten kannst.

Zunächst will ich dir erläutern, warum ich der SS beigetreten bin.‹

Robert begann zu erzählen. Es war eine düstere und vieldeutige Geschichte, die ich versuche, euch wiederzugeben.

›Wie so viele damals in den Jahren nach dem Ersten Weltkrieg war auch ich verzweifelt über die harten Bedingungen, die Deutschland im Friedensvertrag von Versailles auferlegt worden waren. Die Misere in unserem Land wurde doch immer größer. Es gab keine Arbeit, Deutschland musste Reparationen zahlen und viele Menschen hungerten. Du kennst ja diese Zeit. Da stand plötzlich ein Mann auf, stark und beredsam, dem es gelang, den verzweifelten Leuten wieder Mut zu machen.

Du erinnerst dich doch an seine Redeschlachten und seinen Aufstieg bis zum Führer und Reichskanzler. Für viele schien er der Retter der Nation zu sein, auch für mich. So trat ich als junger Mann voller Begeisterung in Hitlers Schutzstaffel, die SS, ein. Kannst du verstehen, was ich hiermit sagen will?‹

Natürlich konnte ich. Wie er es erzählte, verstand ich ihn gut. Ich musste an viele meiner Freunde denken, die ähnlich gedacht hatten.

Robert fuhr fort mit seiner Story.

›Bald nach Eintritt in die SS erhielt ich einen Befehl, der als streng geheim bezeichnet wurde. Ich sollte mich an einem Ort, den man mir als Livingholm angab, unverzüglich melden. Es wurde mir nichts weiter mitgeteilt, und ich hatte nicht die leiseste Ahnung, dass dieser Marschbefehl mein Leben grundsätzlich ändern würde.‹

Roberts Geschichte machte mich nun wirklich neugierig. Was hatte es mit diesem mysteriösen Befehl auf sich? Ich dachte an mein Erleben in der Reichskanzlei.

›Warte bitte, ich muss noch eine andere Erklärung vorausschieben. Du wirst sonst kaum verstehen können, was da vorging. Hitler, dem Führer, schwebte ein Ideal vor, er wollte eine Musterrasse schaffen. Die sollte entstehen, indem sich große, starke, blond- und blauäugige Frauen mit Männern paaren, die möglichst gleiche oder doch ähnliche Merkmale auf-

weisen, und diese sozusagen nordisch geprägten Männer fanden sich vor allem in den SS Verbänden.‹

›Das grenzt doch an Wahnvorstellungen‹, musste ich da einwerfen.

›Nicht unbedingt. Mit aller Gründlichkeit war ein weitläufiger Gebäudekomplex geschaffen worden, in dem die Entstehung der neuen nordischen Musterrasse geplant war. Die Durchführung dieser Aktionen – mir fällt einfach kein passendes Wort ein – hatte schon vor Jahren begonnen. Natürlich hatte ich von alledem keine Ahnung, als ich mich an einem klaren Spätsommertag am Eingangstor meldete. Ich sehe es vor mir, als wäre es erst gestern gewesen.

Es dauerte nicht lange, und ich wurde von einer großen, stattlich aussehenden Frau begrüßt, die mich streng musterte, aber auch sogleich ins Bild setzte. Die Hausdame, Matrone, oder was immer sie darstellte, gratulierte mir, stell dir vor, Margaret, gratulierte mir, dass ich zum Vater einer neuen Generation ausgewählt worden war.

›Du wirst Vater von Kindern unseres Führers sein.‹ Das Wort ›Führer‹ betonte sie in fast heiligem Ernst.

Das Gesagte traf mich wie ein Donnerschlag, aber noch immer konnte ich mir kein klares Bild von der Situation machen. Meine innere Auflehnung ließ ich mir nicht anmerken, da ich wissen wollte, was sich aus ihrer Ankündigung weiter entwickeln würde. In einigen nächstliegenden Räumen, die sie mir zeigte, saßen junge, blonde Frauen, die sich völlig zwanglos unterhielten. Andere waren mit Handarbeiten beschäftigt, musizierten und lasen oder … ich weiß nicht mehr, was die taten …

Ich fühlte mich wie in Trance und hörte nur noch: ›Die sind alle stolz darauf, dass sie dem Führer ein Kind schenken können. Deren Väter kommen aus der SS, genauso wie du. Jeder kann hier seine Wahl treffen. Unsere Mädchen sind sehr beliebt.‹

Ich wollte wissen, was mit den Kindern geschieht, den Jungen, den Mädchen … ›Die werden hier erzogen in unserer eigenen Schule. Sie werden zu echten Nationalsozialisten ausgebildet und auf ihre späteren Aufgaben im Großdeutschen Reich vorbereitet.‹

›Gut, das erste trifft doch wohl mehr auf die Jungen zu. Was geschieht mit den Mädchen nach den Grundschuljahren?‹

›Auch die werden erzogen. Sie werden zu guten deutschen Frauen herangebildet, die Rauchen, Trinken, Make-up und solche Dinge ablehnen. Sie lernen hier das Kochen und eine gute Haushaltsführung. Es wird erwartet, dass sie treu zu ihrem Mann stehen und dem Führer viele Kinder schenken.‹ Alles kam mir schrecklich phrasenhaft vor.

›Erlauben Sie bitte‹, musste ich jetzt aber einwerfen, ›nach allem, was ich von Ihnen höre, unterliegt die Zusammenführung beider Elternteile – oder besser beider Geschlechter – hier einem System, das nur ein Ziel kennt, nämlich dem deutschen Staat zu dienen. Dabei scheint mir das Fundament jedes Bundes zwischen Mann und Frau, nämlich die Liebe, vergessen worden zu sein.‹

›Liebe?‹ Ein zynisches Lächeln überzog das Gesicht der Matrone. ›Liebe, was ist das schon? Liest du denn keine Zeitungen? Da stehen doch ständig Scheidungsfälle drin. Du liest von Anklagen, Vergewaltigungen und Mord. Und das alles zwischen zwei Leuten, die sich angeblich Liebe geschworen haben. Dafür danke ich. Liebe ist nichts anders als ein Phantasieobjekt recht einfacher, ungebildeter Menschen.‹ So etwa drückte sie sich aus.

Ich konnte nicht anders, als ihr heftig zu widersprechen. ›Für mich bleibt Liebe und Heirat ein heiliges Sakrament, das mir niemand nehmen wird. Ohne Liebe ist unser Leben bedeutungslos. Es tut mir leid, ich habe Ihre Argumente zur Kenntnis genommen. Aber es ist mir unmöglich, den gegebenen Befehl auszuführen.‹

Ich glaube, ich kann dir ersparen, Margaret, zu berichten, was danach passierte. Natürlich musste ich die Konsequenzen tragen und wurde diffamiert, bestraft, zu unbedingtem Stillschweigen verurteilt und schließlich aus der SS ausgestoßen. Das habe ich verkraften können, wie du siehst. Aber gedanklich hat mich dieses würdelose Thema bis heute nicht losgelassen.

Erst auf vielen Umwegen bin ich dann nach England gelangt. Aber das ist wieder eine andere Geschichte, die ich dir später erzählen werde.‹

Ich hielt Robert für einen ehrenwerten und mutigen Mann und sagte es ihm.«

Als wir Margaret wieder trafen, hatte sie erneut ihr Domizil gewechselt. Über neunzig Jahre alt war sie nun, kerngesund und ihre Energie ungebrochen. Dieses Mal hatte sie sich die kleine Stadt Hermanus am Indischen Ozean ausgesucht, und auf dem weitläufigen Areal konnte man sich keinen besseren Ruhesitz vorstellen. Besucher hatten es zunächst schwer, sie in ihrem versteckten, weinumrankten kleinen Häuschen auszumachen. Dass sie es vor allem mit den Tieren hatte, wussten wir ja; dieses Mal waren es aber andere Spezies.

Um an den Eingang zu gelangen, mussten wir zunächst eine Anzahl gackernder Frankolins aufscheuchen. Diese sonst so scheuen Grasland-

hühner hatte unsere gute Tante sich hier mit viel Liebe und großen Mengen von gebrochenem Reis zu Haustieren erzogen. Die Glucke stob mit mindestens zwölf Küken davon, als wir auftauchten, nicht weit allerdings. Mit ihrem kleinen Federvieh unter den Fittichen verhielt sie unter einem dichten Bottlebrushtree und beobachtete gespannt unser weiteres Vordringen. Ein übergroßer Vogelbauer versperrte uns den Weg zur Tür. Die darin befindlichen bunten Vögel zwitscherten voller Lust oder Angst. Das wiederum weckte einen Hund, der hinter der Tür zu bellen begann und seine Herrin alarmierte.

»Dass ihr mich auch hier besucht, freut mich riesig. Leider durfte ich nur noch einen meiner früheren Freunde mit hierher nehmen. Aber Rex ist eine Seele von Hund, und einsam bin ich nie. Seht nur, ich lebe hier an einem der schönsten Plätze Afrikas ganz dicht an den Bergen.«

Sie wies dabei auf eine kleine, felsige Hügelkette hinter ihrem Häuschen, zu dem ein schmaler, recht steiler Pfad nach oben führte. »Da bin ich gestern noch hinaufgestiegen, leider allein. Keiner begleitet mich. Wenn die Nachbarn hier nur wüssten, welch herrliche Aussicht auf das Meer man von dort oben erleben kann!

Jetzt muss ich aber erst meine Gänse füttern. Die warten bereits auf mich. Kommt mit, ich zeige euch das ganze Areal, meinen jetzigen Lebensbereich. Ich schlage vor, wir essen im gemeinsamen Speisesaal, und dann machen wir es uns hier in meiner Klause gemütlich. Diesen roten ›Nederburg‹ musst du mir dann aufmachen.«

Sie stellte eine Flasche Wein auf den Tisch, nahm eine Plastiktüte mit trockenem Brot zur Hand und schickte sich an, uns durch das weitläufige Anwesen zu führen, auf dem vor allem betagte Südafrikaner ihren Lebensabend verbringen.

»Hier stehen an die hundert Häuschen unterschiedlicher Größe, und alle sind durch Bäume und Büsche gegen allzu Neugierige voneinander getrennt. Jeder pflegt sein kleines Gartenareal nach bestem Können und Geschmack. Da unten ist unser Swimmingpool, den ich fast täglich nutze. Aber nur ich allein. Niemanden sonst hier habe ich jemals darin baden sehen.« Damit hatten wir einen kleinen, schilfumrandeten Teich erreicht, auf dem zwei Schwäne und mehrere Gänse ihre Runden zogen. Als sie uns kommen sahen, stürzten sie unter Geschnatter und Fauchen an Land und auf uns. Margaret verteilte ihr Brot unter die Angreifer und fühlte sich in ihrem Element.

»Jeden Tag bin ich hier und unterhalte mich mit den großen Vögeln. Die kennen mich besser als all die guten, alten Leute um mich hier herum.

Da gibt es eigentlich nur den Mike in dem versteckten Haus am Hange dort hinten. Der Schotte war im Krieg Jagdflieger in der Royal Air Force. Mit dem kann ich recht gut.«

»Was hast du eigentlich in England gemacht, als der Krieg ausbrach«, versuchte ich Margaret wieder zum Erzählen zu bewegen. Wir hatten uns in ihrer guten Stube, die fast das ganze Häuschen einnahm, hinter einem Glas Rotwein niedergelassen.

Sie überlegte. »Ich war da auch mal Nachrichtensprecherin bei der BBC.«

Es klang mir reichlich beiläufig. »Aber wenige Tage nach Kriegsausbruch wurde ich bereits durch ein Sonderaufgebot von ›Scotland Yard‹ gegen einen ›body receipt‹ ins Gefängnis von Holloway eingeliefert und erhielt die Verbrechernummer 2768. Obgleich ich doch da hinter festen Mauern gehalten wurde, fühlte sich das Britische Empire von meiner Existenz bedroht, und so wurde ich im folgenden Jahr auf eine Insel in der Irischen See verbannt, die Isle of Man.

Vielleicht wisst ihr, dass die Briten dieses System bereits bei bedeutenden Persönlichkeiten wie Napoleon Bonaparte – ich erinnere nur an die Inseln Elba und St. Helena – erprobt und für wirksam befunden hatten. Ich möchte euch ersparen, über diese schrecklichen Jahre zu berichten. In meinem Manuskript könnt ihr nachlesen, dass ich mich, abgesehen von wenigen Ausnahmen, sehr oft unter Ganoven, Gangstern und Zuhältern bewegt habe. Es kamen mir Zweifel, nach allem, was ich dort erlebte, ob die Briten jemals die Genfer Konvention mit unterzeichnet hatten.

Selten nur gab es Lichtblicke in dieser Zeit, eigentlich nur im ersten Kriegsjahr, als die wenig vorbereiteten Briten eine Invasion ihrer Insel befürchteten; und dann die spärlichen Briefe meiner Mutter, die mich oft erst nach vielen Monaten – zuvor von vielen anderen gelesen – erreichten. Später, als die Judenpogrome der Nazis mehr und mehr publik wurden, hatten wir sehr zu leiden.

Es war dann mein Schicksal, ob nun Glück oder Missgeschick, dass ich 1944 zu einer kleinen Gruppe von internierten deutschen Frauen gehörte, die gegen eine gleiche Anzahl Engländerinnen in deutscher Haft ausgetauscht wurden.«

»Wie kam es denn dazu, dass gerade du ausgetauscht wurdest? Hatte man mit dir noch etwas vor im Reich, oder wollten die Engländer dich loswerden?« wollten wir wissen.

»Vielleicht war es eine abgekartete Sache. Das neutrale Schweden hatte daran mitgewirkt.«

Wieder hatten wir das Gefühl, dass wir nicht alles erfuhren, wollten Margaret in ihrem Redefluss aber nicht weiter aufhalten.

»Kaum angekommen in Berlin – die Schiffsreise über Skandinavien zog sich über einen Monat hin – wurde ich dienstverpflichtet. Man wollte meine Sprachkenntnisse nutzen. Ich sollte mich sofort in der Broadcasting Station im Rundfunkhaus melden. Es wird also um Feindpropaganda gehen, ahnte ich, erschreckte aber, als ich erfuhr, dass die Abteilung der SS unterstand. Würde mich meine Vergangenheit einholen?

Um mich gefügig und kooperativ zu machen, ließen sie mich sogleich wissen, dass sie meine Geschichte kannten. Es ging darum, mich in die Sendungen ›Germany Calling‹ und ›Jerry Calling‹ einzubinden. Dafür stand meine Vergangenheit nicht im Wege. Ich wurde gebraucht und sollte Sendungen an die Englisch sprechenden Feindländer vorbereiten. Ziel war, die Moral der alliierten Truppen zu erschüttern. Ablehnung würde Strafe, Haft und was sonst noch bedeuten. Ich hatte keine Wahl.

Mir war natürlich bewusst, dass jede Sendung, jedes Programm – von einem deutschen Sender in den Äther ausgestrahlt – nur sehr geringe Wirkung zeigen würde. Die Situation in Deutschland war zu dieser Zeit – wir befanden uns im vierten Kriegsjahr – mehr als düster. Die Alliierten siegten längst an allen Fronten, und ihre Bomberflotten hämmerten Tag und Nacht auf unsere Städte ein. Das war den Menschen in den USA und Großbritannien doch bekannt. Sollten deutsche Radioprogramme etwa dazu beitragen können, ihren sicheren Sieg in Zweifel zu ziehen? Ich musste sehr vorsichtig sein, und als Defätist wollte ich nicht abgeführt werden. So schwieg ich erst einmal.

Beide täglichen Sendungen hörte ich mir an und lehnte sofort ab, am Programm ›Germany Calling‹ mitzuwirken. Es war unverhohlene, plärrende Nazipropaganda, die unter den Angelsachsen nicht die leiseste Wirkung erzielen würde.

›Jerry Calling‹ war nicht viel besser, aber mir gefiel an diesem Programm, an dem ein gewisser ›Lord Haw-Haw‹ mit einigen seiner Landsleute mitwirkte, dass es gelungen war, den Engländern große Fehler und peinliche Vorkommnisse in ihrem militärischen Machtbereich und vor allem auf ihrer Insel aufzuzeigen.

Mit Sarkasmus kommentierte vor allem dieser Hauptakteur, dass englische Soldaten einer Einheit, die er mit Namen angab, an einem bestimmten Tag und Ort gegen den Krieg demonstriert hatten. Er beschrieb Riva-

litäten zwischen englischen und amerikanischen Generälen und berief sich auf Stimmen in englischen Kreisen, die sich bereits kritisch mit der Allianz von Angloamerikanern und Sowjetrussland auseinander setzten. Mir war es ein Rätsel, woher Lord ›Haw-Haw‹ seine Informationen bezog, die niemals mit braunem Naziton gefärbt waren, aber auf Vorkommnissen beruhten, die sich dann etwas später als wahr herausstellten.«

Margarete unterbrach ihren Redefluss, um ihrem kleinen Rex, der leise zu winseln begonnen hatte, ein Biskuit zuzustecken. Nachdem der grauhaarige Rüde es laut schmatzend zerknautscht hatte, fuhr sie fort:

»Ich muss es euch erzählen, sonst vergesse ich es. Das Berliner Funkhaus war keineswegs Endstation für mich. Wie aus heiterem Himmel flatterte mir im letzten Kriegswinter ein Befehl in die Hand.

Die SS hatte mich erneut im Visier. ›Urgent Movement – Hilversum – Activation of Combat Transmitter‹. Wegen der Engländer unter meinen ›Kollegen‹ war diese Order in ihrer Sprache verfasst.

Was war denn das – der Kampfsender? In einer schlaflosen Nacht versuchte ich herauszufinden, was er für mich bedeuten könnte. Mir fiel ein Freund ein, der die Abhörstation in Wannsee leitete. Der junge, mehrmals verwundete Hauptmann gehörte zum Kreis des militärischen Widerstandes. Wie er es fertiggebracht hatte, nach dem Attentat auf Hitler am 20. Juli den Häschern der Gestapo zu entgehen, ist mir heute noch ein Rätsel. Jetzt belauschte er alle Feindsender und konnte mich sicher aufklären.

Ich brauchte nicht lange zu fragen. ›Hilversum Kampfsender, das ist die Mary of Arnheim-Station. Ein Marschbefehl dorthin kommt einem Todesurteil gleich.‹ Er erklärte es mir: ›Die Station spielt eine Schlüsselrolle in der sogenannten psychologischen Kriegführung gegen die englischen und amerikanischen Truppen. Sie ist scheinbar so erfolgreich, dass BBC täglich ankündigt, alle Mitarbeiter an diesem Sender zu liquidieren, sobald man Holland zurückerobert und ihn besetzt hat.‹ Und er fügte noch hinzu: ›Das kann ja nun nicht mehr lange dauern. Die Amis sind doch überall am Siegen. Du solltest den Befehl ignorieren und untertauchen. Ich könnte dir dabei helfen. Henning Tresckow, ein naher Verwandter von dir, war unser großes Vorbild. Jetzt ist es genug, du solltest nicht auch noch diesen Weg gehen.‹

Ich war ihm dankbar für sein Vertrauen, aber nach kurzer Überlegung entschloss ich mich doch für die ›Mary of Arnheim‹. Vielleicht beeinflussten die ständigen Luftangriffe auf Berlin auch meine Entscheidung. Jedenfalls bestieg ich den Zug und war nach vielen stundenlangen

Unterbrechungen durch Fliegeralarme am Abend des übernächsten Tages in Amsterdam.

In Hilversum herrschte eine fast fröhliche Stimmung, und meine Beklommenheit schmolz dahin. Alle schienen sich über meine Ankunft zu freuen.

›Wir haben wenig Personal zur Zeit. Zum Glück schickt Berlin uns jetzt öfter Verstärkung‹, empfing mich eine resolute Dame, die mir ein kleines Arbeitszimmer zeigte und auch sogleich eine Funktion zuteilte.

›Was wir hier tun, ist show business. Schreibe Stücke für unsere Sendungen und die wöchentlichen Aufführungen im Soldatentheater, nichts Tragisches, ein wenig sentimental kann es, aber vor allem lustig muss es sein. Die Soldaten sollen Spaß haben und abgelenkt werden. Du wirst dich schnell bei ihnen beliebt machen.‹ Sie ließ mir keine Zeit zu einer Erwiderung.

Ich war zwar kein playwright, aber blieb mir etwas anders übrig, als mich mit dieser Materie zu befassen? Zunächst musste ich mir ansehen, was hier gesendet wurde, und warum BBC diese Station täglich zum Todfeind erklärte. Ich ging durch die Manuskripte, Sketche und Theaterstücke, die in einem luxuriösen Studio aufbewahrt lagen. Was ich da sah, überraschte mich. Ich durchblätterte humorige, kurze Abhandlungen über das Soldatenleben, dreiste, banale Geschichten aus dem Kasernen- und Kasinobetrieb. Die Witze über den Rekruten, den Spieß und den Herrn Leutnant hatten sicher schon frühere Soldatengenerationen zum Lachen gereizt.

Dann gab es die sentimentalen Schilderungen über Liebe und Treue, über Heimat und ein Wiedersehen ... Dazu Musikstücke, Bänder, die aus amerikanischen Sendungen überspielt worden waren, populäre, leichte Musik. Frank Sinatra gehörte auch hier zu den beliebtesten Artisten.

Was ich da vorfand, gefiel mir. Mit dieser Art Programmen konnte man den Soldaten, die nicht weit von hier irgendwo im Schlamassel lagen, vielleicht ein bisschen Ablenkung geben, und bestimmt auf beiden Seiten. Da konnte ich mithalten, und mir fielen Anekdoten und Geschichten aus dem Soldatenleben des Leutnants von Zitzewitz ein, die ich beisteuern würde, wobei sich der deutsche Name unschwer mit einem aus der englischen Society ersetzen ließ.«

»Wer war denn nun die ›Mary of Arnheim‹? Die Station trug doch diesen Namen. Gab es überhaupt eine Mary?« wollte ich jetzt wissen.

»Natürlich, am Tage nach meiner Ankunft wurde ich ihr vorgestellt. Mary war ein bildschönes, junges Mädchen Anfang zwanzig mit langen,

blonden Haaren und strahlenden, blauen Augen und so recht ›the soldiers sweetheart‹. Als Tochter eines deutschen Vaters war sie in Kanada aufgewachsen und während eines Deutschlandbesuches vom Krieg überrascht worden. Dienstverpflichtet wurde sie in Programmen für die Soldatensender eingesetzt und bald absoluter Star in diesem Geschäft. Sie wurde die ›Mary of Arnheim‹. Ihren boyfriend, einen deutschen Fallschirmjäger, wollte sie nach dem Kriege heiraten. Jetzt war er im Westen eingesetzt und hörte ihre Liebeslieder, die sie allabendlich in den Äther schmetterte.

›Was mag er denken, wenn er die Lieder hört, die ich für alle Soldaten singe, die aber nur ihm zugedacht sind?‹, hörte ich sie sagen.

Und dann begann sie, in Deutsch oder Englisch ›You are my sunshine‹ und ›Lily Marlene‹. Die Soldaten liebten sie, und donnernder Applaus war ihr nach jeder Aufführung sicher. Manchmal stimmte sie auch die ›Sarie Marais‹ an, worauf auch unsere holländischen Wachsoldaten mit einfielen, von denen bestimmt viele der Untergrundbewegung angehörten.

Dieses gegenseitige Verstehen grenzte schon fast an Völkerverständigung – wenige Monate vor Kriegsende. Oder war es ›Wehrkraftzersetzung‹? Das in Berlin oft benutzte und gefürchtete Schlagwort war mir nur zu gut bekannt. Ständig lebte man in Angst, damit in Verbindung gebracht zu werden. In Hilversum wurde wenig darüber gesprochen. Es war doch für alle so offensichtlich, dass das Ende des Krieges nahe war, und jeder versuchte auf seine Weise damit fertig zu werden.

Aber wie war es bei den Strategen von der BBC? Warum wollte der Sender uns über den Tod hinaus bekämpfen? Waren wir wirklich so gut, dass sie Angst um die Moral ihrer Soldaten hatten? Ich musste an meinen Freund von der Abhörstation in Wannsee denken.

Abgesehen von Informationen über ihre Siege und ihre grenzenlose Überlegenheit, die uns auch ohne deren ständige Fanfaren nur zu bekannt waren, konnten ihre langweiligen Sendungen an die Soldaten niemand begeistern. So war der Satz ›A story stupid as can be – can only come from BBC‹ längst zum geflügelten Wort in der Station geworden.

Gelegentlich hörten wir fernes Artilleriefeuer. Die Front rückte näher. Unsere Theatergruppe zog den Vorhang herunter, und mancher Akteur verflüchtigte sich. Nur Mary sang weiter in alle Himmelsrichtungen für Soldaten, die nun in einen sinnlosen Endkampf eingetreten waren. Sie sang noch am späten Abend, bevor die ersten Alliierten zögerlich unsere Station erreichten.«

Jetzt wollten wir die Geschichte bis zum Ende hören.

»Irgendwann wurdet ihr doch überrollt in Hilversum, und die BBC hatte euch zum Tode verurteilt. Offenbar wurde das Urteil nicht rechtskräftig.«

»Natürlich waren wir unsicher, was mit uns geschehen würde. Wir standen auf der ›Wanted‹-Liste, aber mit dem Tode rechneten wir auch nicht.

Die Übergabe unserer Station war beinahe ein friedlicher Akt. Ein kanadischer Korporal hielt uns die Maschinenpistole vor die Brust und ein Leutnant erklärte uns höflich zu Gefangenen.

Schnell fanden sie heraus, dass sich ›Mary of Arnheim‹ unter uns befand. Wie ein Lauffeuer verbreitete sich die Kunde unter der einrückenden Truppe, dass man sie entdeckt hatte. Nun gab es kein Halten mehr. Jeder wollte sie sehen, und in Begeisterung und Siegestaumel strömten sie herbei, einzeln und in Grüppchen, um ›the soldier's sweetheart‹ in Augenschein zu nehmen.

Bald füllten martialisch aussehende junge Krieger mit geschwärzten Gesichtern unseren Senderaum. Mary beherrschte die Situation. Sie trat vor und begann hinreißend zu singen – ›J'attendrai ton retour‹. Dieser beliebte französische Chanson, verdeutscht ›Komm zurück‹, in fünf langen Kriegsjahren bei Freund und Feind immer wieder gesungen und gehört, klang fast wie eine Botschaft der Verbundenheit zwischen harten Fronten.

Er verfehlte auch jetzt seine Wirkung nicht. Als Mary endete und nach allen Seiten Kusshände warf, brach Jubel unter den Soldaten aus, und – ihr werdet es nicht glauben – mancher der bekannten Kumpels aus dem holländischen Untergrund sang lauthals mit. Jetzt waren sie die Vertreter einer Siegerallianz. Irgendwie schlossen sie uns in ihre Freude ein und gaben uns Zigaretten und Schokolade.«

»Wie aber ging die Geschichte mit dir zu Ende? Noch war ja Krieg. Wurdest du länger gefangen gehalten? Gab es ein happy end für ›Mary of Arnheim‹?« Jetzt wollten wir alles wissen.

»Ich hatte mehr Glück als Verstand. Nach wenigen Wochen Gefangenschaft – wir konnten unter kanadischer Bewachung in unserer Unterkunft verbleiben – begann die große Befragung des ›Soldatensenders‹. Eine Gruppe uniformierter Weibspersonen versuchte uns der Reihe nach auszuquetschen. Bei mir ging das recht schnell, denn ich stellte mich so dümmlich und teilnahmslos, wie es nur geht. Auf die Frage ›What was your work?‹ antwortete ich mit einem gleichgültigen, apathischen ›Ra-

dio‹. ›Do you speak English?‹ ›A little bit‹ – und das mit starkem deutschen Akzent. Fast verächtlich musterte mich die gestrenge Vernehmerin, und ich hörte, wie sie einer Kollegin zuflüsterte: ›Let's not waste time with her. She obviously is not part of the ›Mary of Arnheim‹ crew. Let her go.‹

Glaubt mir, es war einer meiner glücklichsten Tage, als ich nach Deutschland abgeschoben wurde. Aber was war das damals für ein Land? Ihr erinnert euch doch, und jeder hat seine Erlebnisse, die er mit sich herumträgt.

Weniger Glück hatte unsere Mary. Ein Transportauto für Gefangene, die berüchtigte ›Black Maria‹ der holländischen Polizei, transportierte sie nach Den Haag, wo sie mehrere Monate einsitzen musste. Man konnte ihr keine Kriegsverbrechen nachweisen, außer natürlich, dass sie vielen jungen Holländern jahrelang den Kopf verdreht hatte. Aber dann heiratete die schöne, begabte Sängerin noch im Jahr 1945 ihren Fallschirmjäger, der sie auf seinen Bauernhof nach Bayern entführte – weit weg vom Glanz ihrer ›Mary of Arnheim‹ Tage.«

»Margaret, wir wissen ja nun einiges über dein Leben, in Deutschland, in England, wieder in Deutschland und nun schon viele Jahre in Südafrika. Du bist ja auch ein Wanderer zwischen den Welten. Bei unserem nächsten Besuch können wir uns ja mal über Afrika unterhalten. Da haben wir ja auch schon manche Erfahrungen und können sie austauschen.«

»Nein, ich rede jetzt viel lieber mit meinen Pferden, die bei Freunden auf der Weide stehen. An jedem Mittwoch kann ich sie sehen. Dann kommt mein bester Pferdefreund und Trainer Mike aus Kapstadt und bringt mich mit seinem Auto zu ihnen. Wir sprechen über unsere Pferde, deren Anlagen und ihre Chancen, zukünftige Rennen zu gewinnen. Und wir sprechen auch mit unseren Pferden – gerade wie die Pferdeflüsterer, meint Mike dann mit den Augen zwinkernd.

»Für Afrika habe ich keine Zeit mehr. Über Afrika wisst ihr viel mehr und könntet erzählen. Aber wenn Ihr wollt, könnt ihr meine Gedichte lesen. Die gehen noch ein Stückchen weiter. Manchmal nenne ich sie ›Verses of Nonsense‹.

**Alte Welt**

Graue Wolken hängen nieder;
Und die See ruht bleiern schwer.
Was vergangen, kehrt nicht wieder,
Alte Welt, sie ist nicht mehr.
Nebel will das Licht verdrängen,
Das die Hügel leise färbt.
Nebel will den Geist beengen,
Der da lebt und sich noch wehrt.

Möwen kreischen laut im Fluge,
Gierig ihres Raubs bewußt.
Und der Mensch in Lug und Truge
Sehnet sich nach Lebenslust.

Sehnt sich nach dem mächt'gen Wetter,
Das die ganze Welt erfasst,
Sehnt sich bald nach ihrem Retter,
Den sie stets von neuem hasst.

Blaue Wellen schwingen heiter,
Sonnenfunken blitzen auf,
Menschheit krabbelt auf der Leiter,
Ewigkeit nimmt ihren Lauf.«

Margaret war im Sommer 2005 hundert Jahre alt geworden. Wir waren in Deutschland und konnten ihren großen Tag nicht miterleben. Als wir Südafrika wenige Monate danach wieder besuchten, war sie verstorben. Zwei ihrer Freundinnen, die ein Heim für behinderte Leute leiten, hatten ihre Frage »Was wird nun aus mir?« nicht überhört. Auf ihrer Station zwischen Weinbergen und bewaldeten Hügeln hat Margaret ihre letzte Ruhe gefunden. Unter dem schützenden Blätterdach einer großen Eiche ruht sie hoffentlich in Frieden. Die Lokalzeitung widmete Margaret folgenden Nachruf:

You come so often in your life
To meet a fence too high to test.
If you throw first your heart across,
You need not worry for the rest.

Margarets Buch ist nicht erschienen. Voller Vertrauen übergab sie ihr einziges Manuskript einem ›befreundeten‹ Publisher aus Südafrika. Der emigrierte 1995 nach Florida in den USA und nahm es mit sich. Seinem Versprechen, Margarets Leben zwischen Ländern und Fronten in einem Buch zu veröffentlichen, ist er nicht nachgekommen.

# Begegnungen in Polen

Irgendetwas musste jetzt geschehen. Vor einigen Wochen war ich nach Deutschland zurückgekehrt, aber schon bald wieder ins Grübeln geraten. Die vergangenen Jahrzehnte zogen vorüber und ließen mich nicht mehr los.

Meine Tätigkeit in Übersee hatte 1951 in Paraguay begonnen. Es war eine gute Fügung gewesen, dass ich am Paranafluss an der Erschließung einer Urwaldregion teilhaben konnte. Es war eine herausfordernde Aufgabe gewesen, wenn auch der uns heute so geläufige Begriff Entwicklungsland damals noch nicht geprägt war. Aber zweifellos gehörte das stark rückständige Paraguay in die Kategorie der Länder, die später von den Industriestaaten so benannt und unterstützt wurden.

In dem südamerikanischen Binnenland hatte ich – wenn man so will – unter recht harten Bedingungen acht Jahre lang meine Erfahrungen in subtropischer Landwirtschaft erworben. Eine plötzliche Krankheit meiner Frau beendete das entbehrungsreiche, aber dennoch freie Leben eines deutschen Kolonisten im Urwald, und ich musste nach neuen Wegen suchen. Immerhin war mit Paraguay ein erster Schritt in die Welt der Rückständigen und Armen vollzogen, und als Folge davon begann mit dem Einsetzen der staatlichen Entwicklungshilfe der zweite. Ich wurde in Länder und Projekte geschickt, die deutsche und internationale Hilfe erhielten – Indien und Afghanistan, Kenia und Lesotho. In dem idyllischen, aber durch den ›Hurrikan Gilbert‹ arg verwüsteten Inselstaat Jamaika beendete ich meinen Einsatz in der ›Dritten Welt‹, wie man damals Entwicklungsländer einstufte.

Eine mehrjährige Unterbrechung meiner Aufgaben als Organisator und Berater hatte es gegeben, als weitsichtige saudi-arabische Sheikhs tief unter der Erde nicht nur Oel, sondern auch kostbares Süßwasser entdeckt hatten und damit moderne Landwirtschaft betreiben wollten. Ich wurde von der Firma Mannesmann an der Planung eines weitverzweigten Beregnungsprojektes beteiligt und zu seiner Realisierung für mehrere Jahre ›in die Wüste geschickt‹. Es gelang, das Wasser heraufzuholen und das Ödland in fruchtbares Grün zu verwandeln …

Immer waren es neue Herausforderungen gewesen, und ob man sie erfolgreich für das Gastland und seine Menschen abschließen konnte, war nicht immer klar zu beantworten. Es blieb eine Frage der Erwartungen und der Möglichkeiten, und nicht zuletzt eine Frage des Engagements aller an den Aufgaben Beteiligten.

Der Einsatz war faszinierend gewesen, im Auftrag meiner Regierung und der verschiedenen internationalen Institutionen, denen ich angehört hatte, in Länder zu reisen, Völkern und Menschen zu begegnen, diese in

ihren Lebensbereichen zu erleben, von ihnen zu lernen und eigene Kenntnisse und Fähigkeiten weiterzugeben. Wem war das schon geboten? Natürlich war es nicht jedermanns Sache, denn Entbehrungen und Unsicherheiten, die ein Leben über viele Jahre in abgelegenen und weniger entwickelten Weltregionen mit sich bringen, müssen dafür in Kauf genommen werden. Aber es gehört zur ständigen Aufgabe des Entwicklungshelfers, damit fertig zu werden.

Wir schrieben das Jahr 1989. War nun das Ende meiner fast vierzigjährigen Tätigkeit in der ›Dritten Welt‹ gekommen, wie die Entwicklungsländer auch gelegentlich reichlich überheblich genannt wurden? Waren die Wanderjahre durch die Projekte in Übersee jäh beendet? Das wollte ich nicht gern wahrhaben, denn ich fühlte mich mit vierundsechzig Jahren nicht alt genug, um im Ruhestand nur noch Erinnerungen nachzuhängen. Ich war der Meinung, dass etwas geschehen musste und wurde unruhig. Und es geschah etwas.

Eine aufmunternde Stimme ließ sich am Telefon vernehmen, und was sie zu berichten hatte, ließ mich aufhorchen. Der Anrufer, ein Landwirt aus der Bremer Gegend, hatte vor einiger Zeit begonnen, seine Fühler nach Polen auszustrecken. Mit großer Begeisterung sprach er von den sehr guten Möglichkeiten für deutsche Landwirte, die sich beruflich in Polen engagieren wollten. Derzeit könne man landwirtschaftliche Betriebe zu einem äußerst günstigen Pachtpreis übernehmen. Er sprach davon, dass die Produktivität auf dem Agrarsektor durch jahrzehntelange kommunistische Verwaltungswirtschaft auf ein unglaublich niedriges Niveau abgesunken sei, dass dieses sich aber mit modernen Methoden und Einsatz von Betriebsmitteln sicher schnell steigern ließe. Die vergleichsweise geringen Lohnkosten, der geringe technische Fortschritt in der Landwirtschaft und der niedrige Pachtzins würden einen ja geradezu herausfordern, meinte er.

Herr Kanner schien bestens informiert. Er hatte erfahren, dass ich aus dem Gebiet jenseits der Oder stammte, wo meine Familie im Kreis Königsberg/Neumark einen landwirtschaftlichen Betrieb besessen hatte. Dass ich nach Krieg und Gefangenschaft jahrelang in Entwicklungsländern gearbeitet und landwirtschaftliche Projekte durchgeführt hatte, war ihm bekannt, und dieser Aspekt schien ihn auch besonders zu interessieren. So kam er schnell auf den Punkt und meinte, dass mich meine Herkunft und die Tätigkeit in der ausländischen Landwirtschaft für einen neuen Anfang in Polen qualifizierten.

»Jetzt, wo alles nach Lösungen sucht! Polen ist in vieler Hinsicht ein Entwicklungsland. Da können Sie gleich anschließen an Ihre früheren Erfahrungen«, meinte er. Er könne sich gut vorstellen, mit mir zusammen dort tätig zu werden.

Herr Kanner hatte durchblicken lassen, dass er gern seinem Sohn den 300 ha großen Hof in der Wesermarsch übergeben wollte, um sich ganz neuen Aufgaben in Polen zuzuwenden. Diese waren allerdings noch keineswegs klar definiert. Als erfolgreicher Spargelanbauer hatte er seit Jahren Erfahrung mit polnischen Saisonarbeitern, die er im Gegensatz zu deutschen Arbeitsuchenden als recht ausdauernd lobte. Auch als Unterhändler zwischen einer deutschen und polnischen Wildhandlung konnte er bereits auf einen günstigen Liefervertrag verweisen, den er gerade abgeschlossen hatte. Jetzt ging es ihm aber um einen größeren Wurf, zu dem er sich meine Beteiligung und Mitwirkung wünschte.

Auf mehreren Reisen nach Westpolen waren ihm oft schlecht bestellte, auch viel brachliegende Felder aufgefallen, die so gar nicht in das Bild passten, das er sich von dem stark landwirtschaftlich orientierten Polen gemacht hatte. Mit Bauern, Beamten und Geschäftsleuten hatte er darüber gesprochen und war zu der Überzeugung gelangt, dass viele Polen eine deutsche Beteiligung an der Entwicklung ihrer Landwirtschaft begrüßen würden.

Ich wusste, dass nach dem überwältigenden Sieg der ›Solidarnosc‹ die reformfreudigen Kräfte in Polen gestärkt worden waren, und dass sich unter dem ersten nichtkommunistischen Regierungschef seit dem Zweiten Weltkrieg, Mazowiecki, die deutsch-polnischen Beziehungen wesentlich verbessert hatten.

Über einen Vetter, der in einer Frankfurter Bank tätig war, hatte ich von einem Abkommen zwischen der Bundesrepublik und Polen über einen Finanzkredit erfahren, und bald sprach auch die Regenbogenpresse von einem ›Jumbo-Kredit‹ in Höhe von über einer Milliarde DM, den die Kohl-Regierung den Polen gewährt hatte. Mit den Zinsen aus diesem Kredit sollten Projekte gefördert werden, an denen Deutschland und Polen gemeinsam interessiert waren. Vor allem ging es darum, das seit dem Kriege angespannte Verhältnis zwischen den beiden Nachbarländern zu verbessern.

Zur Abwicklung des Kredits war eine Stiftung für deutsch-polnische Zusammenarbeit gegründet worden, die ihr Hauptbüro in Warschau eröffnet hatte. Diese entschied allein über die Vergabe der Fördermittel, und da sie sich erst kürzlich etabliert hatte, war anzunehmen, dass bei der Stiftung bald eine Flut von Anträgen eingehen würde.

Wollten auch wir an den Fördermitteln teilhaben und einen Kreditantrag stellen, mussten wir uns schnell entschließen. Mir war dabei bewusst, dass wir nur mit einem klaren und wirtschaftlich gut vertretbaren Projekt im landwirtschaftlichen Bereich hierzu eine Chance haben würden. Da der ›Jumbo-Kredit‹ von der deutschen Regierung an Polen gewährt worden war, erschien mir wichtig, ja unumgänglich, dass jeder von uns aufgestellte Plan vor allem das polnische Interesse finden musste. Herrn Kanner erklärte ich meine Bereitschaft zu einem Engagement in Polen und schlug ihm vor, möglichst bald zusammenzukommen, um ein gemeinsames Vorgehen zu besprechen.

Ich brannte ja darauf, möglichst viel über die polnischen Verhältnisse zu erfahren. Zwischenzeitlich wollte ich auch in Erfahrung bringen, was es mit der Stiftung für deutsch-polnische Zusammenarbeit für eine Bewandtnis hatte.

Auf Anfrage beim Auswärtigen Amt in Bonn erhielt ich die von der Stiftung beschlossenen Förderungsgrundsätze und Bewilligungsbedingungen. Ich erfuhr, was die Stiftung unter Projekten gemeinsamen Interesses in Polen statuiert hatte, und war zunächst sehr enttäuscht, dass es um alles andere ging, nur nicht um Förderung der Landwirtschaft.

Es waren Jugendaustausch, Einrichtung von Kulturinstituten und Förderung der deutschen Sprache aufgeführt, und vor allem sollten karitative Einrichtungen im Gesundheitswesen gefördert werden. Von der Landwirtschaft kein Wort. Am ehesten ließ sich vielleicht aus der geplanten Förderung von Umweltschutz- und Infrastrukturprojekten ein Vorhaben für den Agrarsektor ableiten.

Dass der Errichtung von Gedenkstätten Bedeutung beigemessen wurde, konnte ich am beabsichtigten Ausbau der historischen Stätte Kreisau in Schlesien erkennen. Auf diesem Gut des Grafen Moltke hatte Bundeskanzler Kohl und der polnische Regierungschef Mazowiecki in Erinnerung an die Widerstandsgruppe ›Kreisauer Kreis‹ die deutsch-polnische Zusammenarbeit beschworen.

Das Treffen mit Herrn Kanner ließ nicht lange auf sich warten. Ich traf auf einen erfahrenen und engagierten Landwirt, der wohl zurecht erkannt hatte, dass sich Vater und Sohn als erfahrene Männer und Betriebsleiter auf einem 300 ha Betrieb manchmal im Wege stehen können. So war er drauf und dran, sich in Polen eine neue Lebensaufgabe zu suchen. Das seiner Meinung nach derzeitige günstige Investitionsklima in der polnischen Landwirtschaft wollte er nutzen, um Geld zu verdienen. Dagegen

war gar nichts einzuwenden, und schließlich möchte das jeder. Auch ich hätte gar nichts dagegen gehabt, wenn bei unserem geplanten Engagement in Polen ein ›Bakschisch‹ zu verdienen gewesen wäre. Aber wie wir weiter sehen werden, war das nicht der Fall – eher schon das Gegenteil.

Uns war natürlich bewusst, dass es bei den Kreditmitteln der Stiftung um vielschichtige Aufbauhilfe in Polen ging. Das wirtschaftliche Gefälle zu Deutschland sollte langfristig abgebaut werden. Konnte es wundern, dass viele Deutsche und Polen zu dieser angestrebten guten Nachbarschaft noch ein ambivalentes Verhältnis hatten? Die Gewalttaten und Leiden, die der Zweite Weltkrieg den Polen und Deutschen unserer Generation zugefügt hatte, waren bei vielen Menschen noch unvergessen, allen voran die Flüchtlinge beider Länder, die es mit dem Verlust ihrer Heimat und Millionen von Toten besonders hart getroffen hatte. Auch ich gehöre dazu, denn ich komme aus der Neumark, einer Region, die man vielen unserer Landsleute heutzutage erst erklären muss. Als Teil Brandenburgs lag sie zwischen den Provinzen Pommern und Schlesien östlich der Oder, die – zusammen mit der Neiße – nach dem verlorenem Krieg zur polnischen Westgrenze erklärt worden war.

Unbekannt waren mir die Polen auch nicht. Seit meiner Kindheit war es immer ein bedeutendes Ereignis gewesen, und es wiederholte sich jedes Jahr, wenn im Herbst die polnischen Landarbeiter – Schnitter wurden sie genannt – in großer Zahl zur Kartoffelernte erschienen und reichlich Leben in unser kleines Dorf Wartenberg brachten. Es waren immer die gleichen Familien aus dem deutsch-polnischen Grenzgebiet gewesen, die ich kennen gelernt hatte und jedes Jahr gern wieder sah. In breiter Front krochen sie dann, Männer und Frauen, mehrere Wochen knieend über unsere Äcker, um Kartoffeln auszu›buddeln‹, wie es in der Neumark hieß. Ihren gelegentlichen Gesängen hörte ich gern zu, auch wenn manchmal ein melodisches ›Noch ist Polen nicht verloren‹ angestimmt wurde. Vom polnischen Text verstand ich damals nichts.

Jetzt in Polen mitzumachen, erschien mir selbstverständlich.

Etwas anderes kam hinzu. Ich würde Mietschek treffen, meinen polnischen Freund. Seine Loyalität und Fähigkeiten kannte ich, und seine Treue zu mir und unserer Familie hatte er unter Beweis gestellt. Vielleicht ließ er sich für ein Vorhaben in seinem Lande einbinden, dachte ich. Zum besseren Verständnis muss ich unser beider Geschichte hier einflechten:

Der Polenjunge Mieczyslaw Grzeskowiak war 1940 mit seinen Eltern

und zwei Geschwistern von den Nazis aus einem Dorf südlich von Posen vertrieben und ins ›Reich‹ zwangsevakuiert worden. Die Familie bewirtschaftete dort ihren eigenen kleinen Hof von vierzehn Hektar, den sie innerhalb weniger Stunden aufgeben musste. Nach dem Transport in das Sammellager Küstrin wurden Grzeskowiaks zur Landarbeit eingeteilt, und bald darauf traten sie ihren Dienst auf dem Gutsbetrieb meines Vaters in Wartenberg an.

Mieczyslaw, der bald allgemein Mietschek genannt wurde, war damals fünfzehn Jahre alt. Er hatte die Grundschule in seiner Heimat nicht beenden können. Mein Vater übertrug diesem jungen Landarbeiter alsbald zwei kleine Pferde, die bei den Wehrmachtsmusterungen zurückgestellt worden waren und nur für leichtere Arbeiten eingesetzt wurden. Im Umgang mit den Wartenbergern lernte Mietschek sehr schnell Deutsch und kannte sich bald überall aus. Er war zuverlässig, und mein Vater schätzte ihn sehr. So war es selbstverständlich, dass er alle Verwandten, Freunde, Flüchtlinge und Ausgebombte, die in den Kriegsjahren nach Wartenberg reisten oder dorthin verschlagen wurden, von der Bahnstation Blankenfelde abgeholt oder dorthin zurückgebracht hat. Wie oft hat er mich – zunächst den Internatsschüler in die Ferien, und später den jungen Soldaten mit Urlaubsschein – nach Wartenberg gefahren! Da hatte sich bald ein vertrautes Verhältnis mit dem fast gleichaltrigen Polen entwickelt, und längst hatte er mich in die letzten aufregenden Dorfereignisse eingeweiht und war Familiengeschichten an mich losgeworden, bevor wir noch unser neun Kilometer entferntes Gutshaus erreicht hatten.

Über die Vertreibung seiner Familie von ihrem Hof in Polen sprach Mietschek dagegen nur ungern. Erst nach längerem Zögern hatte ich ihn bewegen können, darüber zu berichten.

Es war mir wohl bekannt gewesen, dass die Provinz Posen vor dem Ersten Weltkrieg ein Teil des deutschen Reiches gewesen war, aber erst jetzt erfuhr ich, dass auch sein Vater, obwohl er Pole war, in einem deutschen Regiment seinen Militärdienst geleistet hatte. Immer hätte er die deutsche Ordnung und Fleiß gelobt und gemeint, dass diese Zeit für sein Land besonders gut gewesen wäre.

Seine Eltern hätten auch keine Angst gehabt, als die Deutschen im September Polen angegriffen haben. Sie waren der Meinung gewesen, dass die Deutschen wieder Ordnung ins Land bringen würden. Die Soldaten, die damals ununterbrochen durch das Dorf gezogen waren, hätten ihnen auch nichts weggenommen. Sie seien nur immer durstig gewesen und wollten Wasser trinken, das man in großen Eimern an die Straße gestellt

hatte. Für Hühner und Eier, die sie manchmal verlangten, hätten sie bezahlt.

Irgendwann in den ersten Kriegswochen wäre sein Vater in der Stadt gewesen, wo er Schlimmes erlebt hätte. Er hätte sofort weggehen sollen, als er sah, dass viele Menschen auf dem Marktplatz zusammengetrieben wurden. Aber das hätte er nicht mehr geschafft. So war er gezwungen worden, mit anzusehen, als auf dem Marktplatz mehrere Männer an eine Hauswand gestellt und erschossen wurden. Einige von denen waren Leute, die er gut gekannt hätte. Sie waren bei der Stadtverwaltung angestellt, und einer hätte einen Kleiderladen besessen. Auch drei in der Stadt bekannte Priester seien unter den Erschossenen gewesen. Dass einer von denen Mietscheks Religionslehrer war, wollte sein Vater ihm zunächst gar nicht erzählen. Aber er hätte es dann doch gemerkt, da sein Vater in größter Erregung heimgekommen war und seiner Mutter bald von den Erschießungen erzählte hätte.

Sein Vater war wohl der Meinung gewesen, dass es ausschließlich Polen gewesen wären, die erschossen worden waren, keine Juden. Und er hätte auch gemeint, dass es Braune gewesen wären, keine Soldaten, die geschossen hätten. In Polen seien jetzt ganz andere Deutsche, nicht mehr die, die er von früher gekannt hätte. Nach dieser Sache hätten seine Eltern nichts Gutes mehr von einer deutschen Besatzung erwartet, und so wäre es ja dann auch gekommen.

Im nächsten Frühjahr, so berichtete Mietschek weiter, wären sie dann von Nazileuten gezwungen worden, zusammen mit anderen Familien das Dorf zu verlassen. Dass es nach Deutschland zum Arbeitseinsatz gehen würde, hatte man gesagt. Innerhalb von einer halben Stunde mussten sie ihre Häuser verlassen. »Wir hatten nicht einmal genug Zeit, das Vieh zu versorgen, und wir wussten auch nicht, wer es nach uns tun würde«, erboste sich Mietschek, als er die Geschichte seiner Vertreibung erzählt hatte, und ich konnte ihm seinen Zorn darüber nachempfinden.

Mit nur wenig Handgepäck wären die Eltern mit ihren drei Kindern dann zu Fuß bis zur nächsten Bahnstation geführt worden. Dort stand bereits ein langer Transportzug, vor dem sie mit vielen bekannten Familien aus den Nachbardörfern zusammentrafen. Irgendwann in der Nacht sei man über die deutsch-polnische Grenze gerollt und auf einem Nebengleis in Küstrin abgestellt worden. Im Sammellager wurde die Familie Grzeskowiak dann für die Landarbeit in Wartenberg eingeteilt.

Mietschcks Eröffnung war ein rechter Schock für mich gewesen. Über Gräuel in Polen war gelegentlich wohl schon geredet worden, aber ich

hatte sie als Gerüchte abgetan. Bei der Freude über die schnellen Siege unserer Soldaten gerieten Andeutungen darüber bald in Vergessenheit. Mir war aber aufgefallen, dass Mietschek von ›Braunen‹ oder ›Nazileuten‹ gesprochen hatte, als er das böse Erlebnis seines Vaters erwähnt hatte. Er hatte zwischen ihnen und deutschen Soldaten unterschieden.

Nichts hätte ich damals schwerer ertragen können als ein Odium auf das Bild des deutschen Soldaten, hatte ich mich doch selbst bereits bei einer Eliteeinheit der Wehrmacht beworben. Obwohl ich an den Schilderungen Mietscheks keinen Augenblick zweifelte, konnte ich mich noch lange nicht beruhigen. Sie hatten mich hellhörig gemacht, und wohl zum ersten Mal wurde mir bewusst, dass sich Deutsche in Polen an Verbrechen beteiligt hatten.

1944 wurde ich auf die Waffenschule Wischau bei Brünn kommandiert, und bald nach Jahresende erhielt ich dort ein Telegramm von meiner Mutter, dass mein Vater gestorben war. Fast unbegreiflich erscheint es mir heute, dass ich von meiner Inspektion zu seiner Beerdigung einen dreitägigen Urlaub erhielt, obwohl die Russen an der Weichsel ihre Winteroffensive eröffnet hatten und mehrere sowjetische Armeen auf der ganzen Front auf die Oder zurollten. Nach tagelanger Zugfahrt erreichte ich unseren Bahnhof Blankenfelde, und wie früher stand Mietschek mit den beiden kleinen schwarzen Pferdchen am Bahnhof, dieses Mal im tiefsten Schnee, und erwartete mich.

Die Trauerfeier in der Wartenberger Kirche am 26. Januar 1945 wird wohl eine der letzten Amtshandlungen von Pastor Reck gewesen sein. Die Gemeinde und Nachbarschaft hatte sich noch einmal zu diesem Gottesdienst zusammengefunden. In seiner Predigt gedachte unser Pastor eines ›Ritters‹ von Wartenberg und dessen Lebensweg. Jeder ahnte, was unmittelbar auf unser Dorf und unser Land zukam. Nur wenige Tage später wurde Pastor Reck in die Sowjetunion verschleppt, aus der er nicht zurückkam. Mietschek brachte mich am nächsten Tag zurück zur Bahnstation. Es war ein bitterkalter Morgen gewesen, als ich mich von Mutter und Bruder vor der Haustür verabschiedete und zu ihm auf den Wagen stieg. Mir war nicht bewusst, dass ich Wartenberg für immer verlassen hatte.

Aber Mietschek sollte ich wiedersehen.

Zweiundvierzig Jahre später im Herbst 1987 – ich arbeitete in einem Entwicklungsprojekt in Jamaika – wurde mir in der Deutschen Botschaft

ein zerknitterter Brief übergeben. Er war mehrere Monate zuvor in Polen aufgegeben worden und ›an die geehrte Herrschaft aus Wartenberg‹ gerichtet. Nach einer monatelangen Irrfahrt über meinen früheren Dienstort in Lesotho hatte er mich endlich in Kingston erreicht. Mietschek hatte ihn geschickt, und sein Schreiben an mich endete mit dem liebenswürdigen Nachsatz: ›ganze Familie Tresckow für uns gewesen sehr gut‹.

Plötzlich diese Mitteilung aus Polen. Welche Freude, von Mietschek zu hören! Sofort schrieb ich zurück, und ein Briefwechsel zwischen Poznan und Kingston bahnte sich an. Ich erfuhr nun, dass Mietschek viele Jahre nach meiner Anschrift gesucht hatte – über Arbeitskollegen seiner Baufirma, die jahrelang in der DDR gearbeitet hatte, über das Rote Kreuz und deutsche Besucher in Polen. Alle Bemühungen, mich aufzufinden, waren erfolglos gewesen, weil ich mit meiner Frau Renate seit Jahrzehnten nicht in Deutschland gelebt hatte und hier nicht gemeldet war. Ich war nach Paraguay ausgewandert, und später hatte ich in den verschiedenen Projekten der Entwicklungshilfe gearbeitet.

Schließlich hatte sich Mietschek selbst von Poznan nach Wartenberg aufgemacht. Dort brachte ihn ein Zusammentreffen mit der rotblonden Johanna Gregorek auf meine Spur.

Johanna kannte ich schon von der Dorfschule her, wo wir einst die ersten Schuljahre gemeinsam die harten Bänke gedrückt hatten. Als Deutschpolin war sie der Vertreibung aller Bewohner aus unseren Dörfern entgangen und durfte in ihrer Heimat Hohenwartenberg – inzwischen Chelm Gorny – verbleiben. Zu keiner Zeit hatte sie aber die Verbindung zu ihrer ehemaligen Gutsherrschaft abreißen lassen, und das waren die guten alten Nachbarn Krahmer, mit denen auch ich in Verbindung stand. So erfuhr Johanna schließlich, dass ich damals in Lesotho arbeitete, und umgehend gab sie die Nachricht an Mietschek weiter.

Jetzt erhielt ich Mietscheks Nachricht aus Poznan, wo er als Pensionär lebte. Herzlich lud er uns ein: »Sobald du wieder in Deutschland bist, musst du mit deiner Frau zu uns kommen. Ich werde euch dann nach Wartenberg fahren.«

Nach Wartenberg hatte ich nicht mehr fahren wollen. Der Gedanke, die alte Heimat wiederzusehen, war mir gar nicht gekommen. Nächste Verwandte hatten Wartenberg besucht und Fotos geschickt, auf denen nicht viel mehr als die verbliebenen Grundmauern unseres Hauses und ein eingeebneter, verwahrloster Friedhof zu sehen waren. Nichts trieb mich, dem Verfall und Niedergang unseres Dorfes zu begegnen! Die Menschen, die jetzt dort lebten, kannte ich nicht, und sie sprachen eine Sprache, die

ich nicht beherrschte. Ich hatte nichts mit ihnen gemeinsam. Wartenberg war für mich abgeschrieben. Es gehörte einer anderen Zeit an – und, wie ich annahm, auch einer anderen Welt. Die Länder, in denen ich in den letzten vierzig Jahren gelebt hatte, lagen mir da näher.

Mit Mietscheks Einladung nach Polen begann sich meine Einstellung zu ändern, und die schon verschüttete und überlagerte Erinnerung an Wartenberg nahm wieder festere Konturen an. Auf das Wiedersehen mit ihm freute ich mich, und da auch meine Frau Renate darauf drängelte, meine Heimat kennen zu lernen, kam unser Besuch in Poznan bald nach meiner Rückkehr aus Jamaika zustande.

In seiner kleinen Wohnung in einer Posener Mietskaserne standen wir uns gegenüber. Dreiundvierzig Jahre waren seit unserem Abschied am Bahnhof Blankenfelde vergangen. Wir guckten uns an, und jeder versuchte, Bekanntes im Gesicht des anderen zu entdecken. Beide waren wir grau geworden. Obwohl es uns vor freudiger Erwartung erst einmal die Sprache verschlagen hatte, stellte sich bald heraus, dass Mietschek sein Deutsch nicht verlernt hatte. Auch Jadwiga, seine blonde Frau, stand ihm darin kaum nach. Während des Krieges hatte sie gute Deutschkenntnisse erworben und nahm sogleich lebhaft an unserer Unterhaltung teil. Fast dankbar berichtete sie von ihrer ›Stellung‹ bei einem Bäckermeister in Hessen, wohin sie für mehrere Kriegsjahre ›verschlagen‹ worden war.

»Die Zwangsverpflichtung nach Deutschland hatte auch eine gute Seite«, meinte sie und deutete damit an, dass sie damit vielen Schrecknissen in ihrer Heimat entgangen war.

Auf Anhieb breitete sich unter uns Herzlichkeit aus, und es hätte gar nicht der vielen Wodkas bedurft, um ein endloses Erzählen in Gang zu halten. Jetzt erfuhren wir von Mietschek aus erster Hand, was sich in Wartenberg – fast ein halbes Jahrhundert war seit meiner Abfahrt im Januar 1945 vergangen – abgespielt hatte.

»Als du in Blankenfelde in den Zug gestiegen warst, bin ich gleich zurückgefahren, sehr schnell, muss ich sagen, denn die Pferde waren wie wild. Kaum im Dorf angekommen, musste ich erneut anspannen«, begann er. »Die russischen Kriegsgefangenen mussten abtransportiert werden, und ihr deutscher Wachmann bestand darauf, dass ich sie zu einem Sammelplatz nach Vietnitz bringen sollte. Es waren ja die einzigen Arbeiter in unserem Betrieb, wie du weißt.

Die Russen weigerten sich zunächst, auf den gummibereiften Wagen zu steigen, der schon mit Strohballen zum Sitzen beladen war. Sie wollten sich erst von deiner Mutter verabschieden.

Der Reihe nach kamen sie zum ›Schloss‹, wo deine Mutter vor der großen Haustür stand. Einer nach dem andren trat vor und küsste ihr die Hand. Derweil konnte ich den Pferden noch etwas Futter vorwerfen. Kurz vor Mittag bin ich dann losgefahren und musste die beiden Schwarzen, die sich nur mühsam bewegen wollten, kräftig antreiben. Erst spät in der Nacht war ich zurück.

Als ich am nächsten Morgen in den Stall zum Füttern ging, hörten wir Schüsse, und Panzer rasselten auf der Dorfstraße.

Dass es russische waren, erkannten wir zunächst gar nicht, da es ja noch dunkel war. Sie kamen aus Babin und rollten im dichten Schneegestöber durch das Dorf und weiter in Richtung Belgen. Die Panzer kannten kein Halten. Ein Fahrer der Russen, dessen Panzermotor heißgelaufen war, meinte, sie hätten Befehl, die Oder so schnell wie nur möglich zu erreichen.

Erst nachfolgende Russen entdeckten anderntags die Spiritusbestände in der Brennerei, die in dem allgemeinen Durcheinander vom Zoll noch nicht abgenommen worden waren. Sofort begannen die Ausschreitungen. Boleslawa, meine Schwester, war bei euch in der Küche, als die betrunkenen, grölenden Russen auf das Haus zu wankten, und hat alles mit angesehen. Deine Mutter trat vor die Tür, um die Russen freundlich zu empfangen. Pastor Reck aus Warnitz, mit dem – fast unglaublich – kurz zuvor noch eine Telefonverbindung zustande gekommen war, muss es ihr geraten haben.

Sicher war das kurze Gespräch mit dem Pastor ein Trost, aber der freundliche Empfang hat nichts genutzt. Als deine Mutter die Taschenuhr deines Vaters nicht sofort herausgeben wollte, wurde sie erschossen. Dein Bruder Rüdiger, der oben auf dem Flur hinter dem großen Vorhang stand, stürzte herbei, als er die Mutter bedroht sah. Er hielt eine Pistole in der Hand. Sie erschossen ihn sofort. Wir glauben, dass beide, deine Mutter und dein Bruder, ihre Ruhestätte im ›Schloss‹ gefunden haben. Am nächsten Tag brannte es ab.«

Mietschek hielt inne. Er hatte mit großer Klarheit erzählt. Was ich erfahren hatte, erschien mir wie das letzte Kapitel der Wartenberger Tresckows.

Wir hören weiter: »In den nächsten Tagen zogen ununterbrochen Russen durch das Dorf. Sie hielten sich kaum auf. Auf Pferdewagen und Panzern zogen sie gleich weiter. ›Richtung Oder, Richtung Berlin‹, grölten sie. Deutsche Soldaten, die sie aufgegriffen hatten, wurden in aller Eile am Friedrichsberg erschossen. Liesbeth Ückermann hatte aus ihren Sold-

büchern die Namen aufschreiben müssen. Unsere Pferde waren wir sogleich los. Die Russen spannten sie vor ihre ›Panje‹-Wagen. Wir Polen mussten die abgedroschenen russischen Pferde in die Ställe führen und sie zusammen mit dem Vieh füttern, das schon fürchterlich zu brüllen begann. Von den Wartenbergern war niemand zu sehen. Niemand traute sich auf die Straße.

Etwa eine Woche nach der ›Besetzung‹ Wartenbergs wurden wir Polen im Dorf von den Russen aufgefordert, in unsere Heimat zurückzukehren. Es war ja noch Krieg, und die Russen befürchteten einen erneuten deutschen Angriff. Wir machten uns einen Wagen zurecht und spannten die letzten drei Pferde ein, die uns die Russen gelassen hatten. Die beiden Ukrainermädchen, die immer so schön gesungen hatten – ich glaube dein Onkel, der General, hatte sie nach Wartenberg zur Arbeit geschickt – wollten wir nicht zurücklassen. Wir nahmen sie auch auf den Wagen, der nur sehr langsam gegen den Strom der vorrückenden Roten Armee vorankam. Es dauerte mehrere Tage, bis wir den Stadtrand von Landsberg erreichten. Überall brannte es, und es gab kein Durchkommen mehr. Viele Stunden mussten wir halten, und ich suchte – oft vergeblich – nach Futter für unsere Pferde.

Bei den ständigen Plünderungen und Durchsuchungen unserer Sachen wurden die beiden Ukrainermädchen unter dem Stroh entdeckt und vom Wagen gezerrt. Vor unseren Augen wurden sie erschossen.

Posen mussten wir in großem Bogen umfahren. Russische Artillerie beschoss pausenlos die eingeschlossene Stadt, die Hitler zur Festung erklärt hatte, und in der sich die Reste der deutschen Besatzung noch viele Wochen in der Zitadelle gehalten haben.«

An dieser Stelle von Mietscheks Bericht fiel mir ein, dass der berüchtigte Gauleiter Greiser, der von dieser Stadt aus seine radikale Polenpolitik betrieben hatte – so etwa die Enteignung der Polen, das Verbot der polnischen Sprache in der Öffentlichkeit, die Eindeutschung aller Ortsnamen und die Bekämpfung der katholischen Kirche – von hier aus auch zum Durchhalten bis zum letzten Atemzug aufgerufen hatte, bevor er sich kurz vor der Einschließung mit seinem Stab nach Westen abgesetzt hatte. Bei den Nazigrößen hatte sich der Ostlandritt in die Gegenrichtung gewandt.

Mietschek fuhr fort: »Schließlich erreichten wir unseren Hof, den ein Nachbar im Dorf während unserer jahrelangen Abwesenheit schlecht und recht mitversorgt hatte. Vieh gab es nicht mehr. Aber wir waren am Leben geblieben und konnten erneut anfangen.«

Nach Wiedereröffnung der Schulen konnte Mietschek wieder am Unterricht teilnehmen und seine für mehrere Jahre unterbrochene Schulbildung mit dem Abitur beenden.

»Und danach habe ich studiert und bin Bauingenieur geworden«, fuhr er fort. »Als Bauleiter habe ich in mehreren Städten Polens am Wiederaufbau gearbeitet. Später war ich mit einer polnischen Firma in der DDR tätig und ging mit dieser auch für mehrere Monate nach Indien. Am längsten habe ich hier in Poznan gearbeitet. Die Stadt war durch die monatelangen Kämpfe besonders stark zerstört. Gern zeige ich euch einige Gebäude in der Innenstadt, die ich als Bauleiter erstellt habe.«

Mir großem Engagement hatte Mietschek uns seinen beruflichen Weg beschrieben und nicht ohne Stolz über seine Bauten und Projekte gesprochen. Ich konnte dabei nicht umhin, ständig an meinen Freund, den jungen polnischen Landarbeiter zu denken, der einst in Wartenberg mit seinen kleinen Schwarzen am Bahnhof gestanden hatte und stets Anfang und Ende von Ferien und Urlaub gewesen war.

Anderntags machten wir uns auf den Weg, wie Mietschek es angekündigt hatte. Es war ein heißer Julitag 1990, als wir uns am Ausgang der Stadt in den noch spärlichen Verkehr einfädelten. Auf der guten Chaussee Poznan-Stettin kamen wir gut voran. Irgendwo zwischen Pniewy und Skwierzyna mussten wir die ehemalige deutsch-polnische Grenze überquert haben. Es war die Staatsgrenze, über die am 1. September 1939 Hitlers Armeen nach Polen einfielen. Mir stand da plötzlich ein Bild vor Augen, das uns die damaligen Zeitungen präsentiert hatten: Deutsche Soldaten beseitigen gewaltsam einen Schlagbaum. Die makabre Szene mochte sich hier abgespielt haben, nachdem Hitler gerade mit überspannter Stimme verkündet hatte, dass »seit heute früh um 5 Uhr 45 zurückgeschossen« wird.

Wenigen war wohl damals bewusst gewesen, dass erneut ein Weltkrieg begonnen hatte, der in seinem Verlauf sogar noch als der ›Totale Krieg‹ benannt werden würde. Und konnte sich wohl jemand vorstellen, dass nur sechs Jahre später die deutsch-polnische Grenze an der Oder verlaufen würde – von dieser Stelle 70 Kilometer weiter im Westen?

Nicht mehr weit von Wartenberg fuhren wir durch dichte Kiefernschonungen. Die Schönfließer Straße, auf der die Königin Luise – Legende oder Wahrheit – 1807 vor den Franzosen nach Tilsit geflohen sein soll, ist fast zugewachsen. Und nur wenig weiter, dort wo sich der Babiner Weg und die Warnitzer Chaussee treffen, steht das Ortsschild Chelm Dolny. Wir waren in Wartenberg, und es meldeten sich Erinnerungen.

Mietschek fragte nach Frau Szopik, und wir trafen sie in ihrem kleinen Gemüsegarten. Die Witwe des letzten polnischen Schulleiters lebte jetzt allein in der Lehrerwohnung. Freundlich begrüßte sie uns in fast akzentfreiem Deutsch. Als einzige Dorfbewohnerin beherrschte sie unsere Sprache beinahe fließend und erzählte: »Jetzt gibt es in Wartenberg keinen Schulbetrieb mehr. Hier sind fast nur noch ältere Menschen ansässig. Das Volkseigene Gut wurde 1989 aufgegeben, da der leichte Boden hier eine Beackerung nicht mehr lohne, wurde gesagt. So verloren die Leute ihre Arbeitsplätze. Viele Familien sind weggezogen; einige haben auf der anderen Oderseite in Deutschland Arbeit gefunden.

Meine vier Kinder sind hier geboren. Sie sind Wartenberger, auch wenn sie längst woanders leben. Aber in den Schulferien kommen sie meistens mit meinen Enkelkindern her. Sie lieben den See und kommen zum Baden und Angeln. Die Geschichte dieses Dorfes und seiner näheren Umgebung, die mit der Familiengeschichte der von Tresckows eng verbunden ist, habe ich, so gut ich es konnte, für Sie aufgeschrieben.«

Frau Szopik hat noch mehr getan. Sie hat sich dafür eingesetzt, dass die herausragende Rolle, die General Henning von Tresckow im Widerstand gegen das Naziregime gespielt hat, durch das polnische Fernsehen bekannt wurde.

Frau Szopek führte uns auf den Friedhof, der einer ungemähten Wiese gleichkommt. Weder Grabsteine noch Kreuze erinnern daran, dass darunter Tote ruhen. Einsam inmitten einer trostlosen Kahlheit steht allein der graue Stein des Kriegerdenkmals, der an die Gefallenen des Ersten Weltkrieges erinnert.

Mietschek trat mit uns an eine Stelle der zerbröckelnden Kirchhofsmauer, hinter der im Sommer 1944 der Sarg von meinem Onkel Henning wieder freigelegt und abtransportiert worden war.

»Mit dem Wagen kam ich mit deinem Vater vom Feld, als wir den LKW sahen, der rückwärts an dieser Mauer stand. Wir hielten an, und dein Vater wollte einschreiten, als wir gewahr wurden, dass SS-Männer dabei waren, den Sarg des Generals auszugraben. Die Leute befahlen uns, sofort weiterzufahren und zu verschwinden. Sie handelten im Auftrag der Reichsregierung, und niemand dürfe sich der Grabstelle nähern, wurde uns im barschen Ton aufgetragen.

Und doch war dieser geschändete Platz am nächsten Tag mit Tannengrün belegt! Es waren die beiden Ukrainermädchen, die das getan hatten. Dein Onkel hatte sie 1942 nach Wartenberg geschickt. Die wussten genau wie wir, was er mit seiner Widerstandsgruppe vorgehabt hatte.«

Mietschek hielt inne, fuhr dann aber fort: »Der General war doch erst vor wenigen Wochen beerdigt worden. Wartenberg und die ganze Gegend hatten daran teilgenommen. Wehrmachtssoldaten – aus Küstrin waren sie gekommen – hatten über dem offenen Grab geschossen – um den toten General zu ehren.

Die deutsche Regierung wusste an diesem Tage noch nicht, dass er den Widerstand organisiert hatte. Aber wir wussten schon mehr, wie natürlich auch deine Eltern.

Viele Kränze lagen später auf dem Grab. Sie waren nicht nur von Verwandten, von den Wartenbergern und von uns mitgebracht worden. Auch die Leute von der Kreisleitung aus Königsberg und der Partei hatten Kränze mit roten Schleifen und dem Hakenkreuz gestiftet. Dein Vater hat am Abend meinen Vater rufen lassen und ihm aufgetragen, die Schleifen mit dem Nazisymbol zu entfernen. ›Die gehören nicht auf das Grab meines Bruders‹, hat er zu ihm gesagt.

Einem Polen, der gezwungen war, das diskriminierende große P an seiner Jacke zu tragen, einem loyalen Arbeiter des Betriebes, der sich damit als Subjekt einer niederen Klasse ausweisen musste, hat er das gesagt. Er konnte ihm vertrauen.«

Wir verdankten Mietschek das Wiedersehen mit Wartenberg. Es war eine Reise in die Vergangenheit gewesen, bei der uns die Realität der Gegenwart ständig begleitete.

Nachdenklich verließen wir Chelm Dolny. Wovon die Menschen in unseren Dörfern jetzt eigentlich lebten, wurde mir nicht klar. Frau Szopik hatte von Rente und Arbeitslosengeld gesprochen, aber ich wusste, dass eine Rente in Polen kaum das Existenzminimum deckt und Arbeitslosenunterstützung nur für eine sehr begrenzte Zeit gewährt wird.

Ich sagte schon, dass der Entschluss, mich in Polen zu engagieren, auch einiges mit Mietschek zu tun hatte. Auf jeden Fall würde ich ihn wiedersehen und seinen Rat einholen, wenn es dazu kommen würde, ein Projekt zu entwickeln. Bei den verschiedenen Vorhaben in der Entwicklungshilfe hatte ich ja gelernt, dass nur erfolgreich sein kann, wer mit den Menschen des Gastlandes eng zusammenarbeitet.

Es schien mir ein Vorteil, dass Polen unser Nachbarland war und in Zentraleuropa lag. War die Chance da nicht größer, dass sich alles schneller und effektiver entwickeln würde als früher in Übersee? Da war ich sicher zu blauäugig, denn ich hatte in Dritte-Welt-Ländern meistens

Projekte bearbeitet, die vom Gastland gewünscht und vorgegeben waren. Da waren fast immer sehr klar definierte Regierungsabkommen abgeschlossen worden, und die vielen Hilfsorganisationen hatten Projektinhalte und Ziele festgelegt. Jetzt war es anders. Ein Projekt musste von uns gesucht, geplant und entwickelt werden. Und dafür hatten wir nicht einmal einen finanziellen Sponsor. Es blieb das Handikap, dass die Stiftung, falls sie das Projekt genehmigte, nur Zuschüsse gewährte. Das hieß im Klartext, dass wir, die Antragsteller, eigene Mittel nachweisen mussten, um eine volle Finanzierung des Objektes sicherzustellen. Mir war bewusst, dass diese Bedingung mir noch Probleme bereiten würde. Ich hatte kein eigenes Geld, und es würde immer Jahre dauern, bis Rückflüsse auch aus dem rentabelsten Projekt zu erwarten waren. Hinzu kam, dass Zuschüsse für den Agrarbereich zunächst nicht einmal vorgesehen waren.

Für Herrn Kanner und mich kam aber nur ein landwirtschaftliches Projekt in Frage. Wir glaubten, dass eine Stärkung und Modernisierung dieses Sektors auf breite Zustimmung treffen würde, da in Polen mehr als zwanzig Prozent seiner Bevölkerung in der Landwirtschaft tätig sind. Also auf nach Polen zur Standortsuche!

Die unter dem deutschen Namen Posen bekannte Stadt an der Warthe lag verkehrsgünstig und im Zentrum einer verhältnismäßig dicht besiedelten und entwickelten Region. Und was die Posener anbelangt, so sagen ihnen ihre Landsleute aus anderen Gegenden manche Tugenden nach. Sie sollen vor allem fleißig und geschäftig sein. Wie es heißt, sei dieses ein Erbe aus der Zeit, als Posen unter preußischer Herrschaft gewesen war. So gelten die Posener als ›deutsche‹ Polen, und das ist ausnahmsweise als Kompliment gedacht. Wer durch Posen und sein Umfeld fährt, gewinnt den Eindruck, als gäben sich die Menschen hier alle Mühe, diesem Urteil gerecht zu werden.

Wir gehen zu dem mächtigen Dom, der auf einer Flussinsel der Warthe steht. Es ist ein wahrhaft historischer Ort. Der slawische Fürst Mieszko hatte sich im Jahr 966 an dieser Stelle taufen lassen – für viele Polen der Beginn ihrer Geschichte schlechthin. Mieszko baute an der Taufstelle eine Kirche, die Vorgängerin des heutigen Doms.

Manchmal können auch Tote die Hauptattraktionen eines Bauwerks sein. In der Düsternis der Altarnische liegen die Gräber von Mieszko und seinem Nachfolger Bogislaw, dem Tapferen, dem ersten polnischen König. Wir blickten auf zwei Skulpturen, die beide als muskulöse, tatkräftige

Helden ausweisen. Geschaffen wurden sie von Christian Rauch, dem preußischen Staatsbildhauer, der das Reiterstandbild Friedrichs des Großen in Berlin unter den Linden erbaut und die Königin Luise modelliert hat. Die Geschichte unser beider Länder erklärt es. Im Jahre 1830, als Rauch die Grabmäler in Posen schuf, gehörte die Provinz zu Preußen und war Teil des Deutschen Reiches. Das Miteinander von Polen und Deutschen wird von Historikern als freundlich und unverkrampft bezeichnet.

Dem Blick auf die deutsch-polnische Geschichte der Stadt kann man nicht ausweichen. Es sind nicht nur die Überbleibsel alter Bauten, die alle Kriegszerstörungen überdauert haben oder auch im alten Stil erneuert wurden – eine Kunst, die den Polen immer wieder gut gelingt. Es sind mehr noch die Menschen, die man hier trifft und die dabei sind, diese Jahrhunderte alten Beziehungen weiterzuführen, ungeachtet der jüngsten tragischen Entwicklungen zwischen unseren Völkern.

Es war von Vorteil, dass Herr Kanner in Poznan schon ein kleines Büro eingerichtet hatte, über das Wildfleischexporte abgewickelt wurden. Nun sollte es für weitere Aktivitäten genutzt werden.

Dazu waren wir gefordert.

Die bisher angefallenen Büroarbeiten in Poznan wurden von Maria Markowska trefflich versehen. Die junge polnische Witwe war von Herrn Kanner vor einigen Monaten eingestellt worden und sie hatte sich in kurzer Zeit schon gute Deutschkenntnisse angeeignet. Sie war von ihm in Dienst genommen worden, als er von Geschäftsfreunden erfahren hatte, dass sie sich für die Einrichtung eines deutschen Kriegsgräberfriedhofes einsetzte. In der Tat hatte die aktive Polin, die in einem kleinen Dörfchen außerhalb der Stadt mit zwei schulpflichtigen Jungen lebt, für die deutsch-polnische Zusammenarbeit schon erhebliche Vorarbeit geleistet.

Mit nationaler Glorifizierung hatten die kommunistischen Funktionäre bald nach Kriegsende am Stadtrand von Posen aufwändige Soldatenfriedhöfe eingerichtet. Neben den Polen und Russen waren auch die Gefallenen anderer kriegsbeteiligter Nationen und ehemaliger Gegner Deutschlands auf einen Zentralfriedhof umgebettet worden. Große Bronzetafeln wiesen auf Franzosen, Engländer, Amerikaner und weitere Alliierte hin, die in Posen und seinem weiteren Umfeld gefallen oder in Lazaretten verstorben waren.

Nur den gefallenen deutschen Soldaten war hier eine gemeinsame Ruhestätte verweigert worden. Das widersprach Marias christlicher Ein-

stellung, die selbst einen Bruder im Krieg gegen Deutschland verloren hatte.

Sie nahm es zunächst selbst in die Hand, sich um deutsche Gefallene zu kümmern. Durch Freunde und Verwandte in den Dörfern des Posener Umfeldes waren ihr Stellen bekannt geworden, wo deutsche Soldaten bei den schweren Kämpfen im Winter 1945 gefallen und in aller Eile verscharrt worden waren. Sie begann damit, diese Stellen zunächst selbst zu markieren oder markieren zu lassen. Schließlich wurden auf einem Plan alle bezeichneten Plätze festgehalten.

Als die Parlamentswahlen 1989 der Opposition, dem Bürgerkomitee ›Solidarnosc‹, einen überwältigenden Sieg brachten, sah Maria die Zeit für gekommen, sich mit dem ›Volksbund Deutsche Kriegsgräberfürsorge‹ in Verbindung zu setzen und die Umbettung der deutschen Gefallenen anzuregen. Der Volksbund handelte schnell und war dankbar für die bereits geleistete Vorarbeit.

Am Volkstrauertag 1992 stand ich mit Maria und Herrn Kanner auf der neu errichteten Gräberstätte vor einer großen Bronzetafel, auf der die Namen der vielen jungen deutschen Soldaten kein Ende nehmen wollten. Marias Initiative und Beharrlichkeit hatte dazu beigetragen, dass nun auch Deutsche auf dem gemeinsamen Soldatenfriedhof ihre letzte Ruhestätte gefunden hatten.

Maria Markowska war uns eine unentbehrliche Hilfe. Herr Kanner hatte bei früheren Besuchen in der Woiwodschaft Poznan schon einige Kontakte geknüpft und Hinweise über Betriebe erhalten, die zur Verpachtung angeboten wurden. Um unseren Antrag zu stellen und uns bekannt zu machen, fuhren wir nach Warschau und verbrachten tagelange Wartezeiten in den Vorzimmern der Ministerien und der Agencia, einer der deutschen Treuhand ähnlichen Behörde. Wir eilten durch die Stadt, um Termine einzuhalten, was uns nur selten gelang und erstaunlicherweise auch nie beanstandet wurde. Wir waren in Polen, und was Gelassenheit angeht, lässt sich dort viel lernen.

Maria zeigte auf den Kulturpalast im Zentrum der Stadt, das architektonische Monster, das die Polen von den Russen als Symbol sowjetisch-polnischer Freundschaft zum Geschenk erhielten. Als wir vorübergingen, stellte sie uns die Frage, die alle Polen gleichermaßen beantworten. »Warum ist der schönste Platz Warschaus die Aussichtsterrasse des Kulturpalastes?«

»Weil man von dort den Kulturpalast nicht sehen kann.« Ich freute mich, dass die Polen es so sehen wie ich.

Maria kannte die Büros der regionalen Dienststellen im Posener Raum. Wir besuchten mit ihr die Landwirtschaftskammer, den Woiwoden an seinem beeindruckenden Amtssitz und die landwirtschaftliche Fakultät der Universität Poznan, um unsere Pläne bekannt zu machen.

Ohne Maria wären wir nicht weit gekommen. Sie kannte die Arbeitsweise der Behörden und schaffte mit ihrer freundlichen Art immer eine gute Atmosphäre. Dass Polen gegenüber Frauen fast immer höflich und zuvorkommend sind, lernte ich bei diesen Begegnungen schätzen.

Unbezahlbar war ihr Einfallsreichtum in aussichtslosen Situationen. Als wir einmal nach einem endlosen Meeting mit hängender Zunge den Bahnhof erreichten und den letzten Zug nach Poznan verpasst hatten, resignierte sie keineswegs. Schnell hatte sie herausgefunden, dass noch ein Truppentransporter erwartet wurde, der täglich zwischen Moskau und Liegnitz pendelte, um russische Besatzungssoldaten aus der Zentrale des Warschauer Paktes in ihre Heimat zurückzuholen. In Warschau würde er immer einen kurzen Halt einlegen, wurde ihr gesagt.

In den auf der Fahrt nach Liegnitz leeren Zug einzusteigen und bis Poznan mitzufahren, sei natürlich streng verboten, aber gegen ein kleines Backschisch würde ein Bahnbeamter uns dieses wohl nicht verwehren, meinte sie.

›Natürlich stiegen wir ein, als der Militärtransportzug kurz anhielt, und wir wurden nach Zahlung der ›Gebühren‹ an einen Beamten fragwürdiger Nationalität in ein verdunkeltes Abteil eingewiesen. Tatsächlich erschien uns der Zug leer, aber offensichtlich war dem nicht so. Es war wohl etwa auf der Höhe der Stadt Kutno gewesen, als ein markerschütternder Schrei uns unsanft alarmierte. »Hilfe, Hilfe, wir werden überfallen« und ähnliche Angst erregende Laute auf Deutsch und Polnisch schreckten uns auf. Waren hier Räuber am Werk. Was war los?

Am Knistern von Zlotyscheinen konnte ich wahrnehmen, dass meine beiden Mitreisenden zur Vorsorge griffen. Im Handumdrehen verschwanden die graugrünen Lappen in Herrn Kanners Wollstrümpfen, während Maria ihre kleine Barschaft sicher an ihrem Busen verwahrte. Trotz größter Besorgnis meiner beiden Reisegefährten unternahm ich nichts. Schließlich musste ich nach diesem fürchterlichen Geschrei wohl annehmen, dass die Zugwache alarmiert war und die ›Räuber‹ uns bis Poznan in Ruhe lassen würden. Zum Glück war es auch so. Wir erfuhren von einem Schaffner – oder gab sich dieser nur sehr leger uniformierte Pole nur dafür aus? –, dass Schwarzfahrer im Zug entdeckt worden wären, die sich erst mit einem beträchtlichen Obulus – dieses Mal an die russische Zug-

wache selbst – ihre Weiterfahrt erkauft hätten. Ausfindig zu machen, wer da wohl der Wahrheit am nächsten kam, unterließen wir vorsichtshalber. Erleichtert stiegen wir gegen Mitternacht in Poznan aus.

Es ergab sich, dass wir bei unseren Erkundigungen auch das Staatsgut Owinsk ansteuerten. Dieser großzügig angelegte landwirtschaftliche Besitz gehörte bis 1945 einer Familie von Treskow. Mit dem K-Zweig meines Namens bin ich nur weitläufig verwandt, und ich hatte bisher auch noch keinen Namensträger dieser bis Kriegsende in Polen ansässigen Treskows kennen gelernt. Aber es interessierte mich einfach, das einstmals stattliche Schloss zu besichtigen, das von dem berühmten preußischen Architekten Schinkel erbaut worden war. Wir erfuhren, dass Kaiser Napoleon auf seinem fluchtartigen Rückzug von Moskau im Winter 1812 im Schloss gerastet haben soll. Hof und Schloss befanden sich jetzt in einem total vernachlässigten Zustand, hatten angeblich mehrmals die Besitzer gewechselt und ließen nur noch wenig ihrer historischen Vergangenheit erkennen.

Unter den älteren Mitgliedern der Landwirtschaftskammer Poznan waren die Owinsker Treskows gut bekannt, und es dauerte nicht lange, da wurde mein Besuch des Schlosses schon als Versuch gedeutet, einen alten Familienbesitz zurückzuerwerben. Die Sache ging bis in das Parlament, den Sejm in Warschau, und ich musste mehrmals erklären, dass ich mit unserem ck im Namen nicht zu dem Zweig der Owinsker Treskows gehörte und mit meinem Engagement in Polen keinen Eigenbesitz anstrebte.

Beileibe nicht jedem Polen wollte einleuchten, dass ich mehr oder weniger uneigennützig ins Land gekommen war und mit Herrn Kanner landwirtschaftliche Entwicklung in Gang bringen wollte, die den Polen zugute kommen sollte. Aber das schreckte uns nicht ab. Ich erinnerte mich an manche Projekte in der ›Dritten Welt‹, die erst nach viel Unverständnis und mancher Eifersüchtelei realisiert werden konnten.

Uns beiden Deutschen allein war es nicht erlaubt, eine Pachtung zu übernehmen. Nur in Verbindung mit polnischen Staatsbürgern war es uns möglich, einen Antrag zu stellen. Ob aber ein polnischer Partner an einem aufwändigen Schulungsbetrieb Interesse haben und sich mit unseren Plänen hierfür einverstanden erklären würde, war mehr als ungewiss. Wir waren aber guten Mutes und sahen es als gutes Omen an, dass wir entgegen mancher Ankündigung bei unseren Erkundungsfahrten nichts von

irgendeiner Aversion oder von Ressentiments gegenüber Deutschen wahrgenommen hatten. Wir hatten eher den Eindruck, dass sich die Polen von den ›reichen Nachbarn im Westen‹ verstärkte Investitionen in ihrer Landwirtschaft versprachen.

In näherer und weiterer Umgebung von Poznan hatten wir mehrere Betriebe besichtigt, die zur Verpachtung standen, und vielleicht wäre der eine oder andere auch für unsere Zwecke infrage gekommen. Erfolgversprechender war aber ein Wink, den wir von der Agencia in Warschau erhielten, und der uns in eine andere Richtung wies.

Nicht weit von Inowroclaw – vor dem Ersten Weltkrieg hieß die Stadt Hohensalza – wurde ein 1800 ha großer Vieh- und Saatzuchtbetrieb zur Verpachtung angeboten. Wir sollten uns das Gut Lipie und sein Umfeld einmal ansehen.

Lipie lag in der Kujawka, die als eine der fruchtbarsten Regionen Polens bekannt ist. Auf dem 140 Kilometer langen Weg in nordöstlicher Richtung durch üppige Weizen- und Rübenfelder konnten wir uns bereits ein Bild davon machen. Dass der Betrieb auch verkehrgünstig lag, bestätigte uns eine gut ausgebaute Straße zwischen Gnesen und Thorn.

In unmittelbarer Nähe einer Kleinstadt befand sich das Gut, das bis zum Ende des Zweiten Weltkrieges einer deutschen Familie gehört hatte. Das erfuhren wir aber erst sehr viel später, als einige der dort ansässigen Arbeiter sich nach dem Verbleib ihrer früheren Gutsherrschaft vergeblich bei uns erkundigen wollten.

Lipie gefiel uns auf Anhieb. Der arrondierte Betrieb besaß 1400 ha Ackerfläche bester Bodenqualität und über 300 ha guter Wiesen und Weiden. Zum Zeitpunkt unserer Bestandsaufnahme gehörten 150 Milchkühe mit Nachzucht und etwa 1000 Schweine zur Viehhaltung. Die Stallgebäude, Getreidelager und Scheunen entsprachen dem Standard von etwa 1912, einer Zeit, in der man in den damaligen deutschen Provinzen Posen und Westpreußen sehr solide, bestimmt nicht für baldiges Verlassen und Abschiednehmen gebaut hatte. Der Gerätebestand war veraltet, und die Traktoren und Erntemaschinen zumeist russischen Fabrikats bedurften einer kompletten neuen Ausstattung.

Freimütig erklärte Herr Zbigniew, der Verwalter des Staatsgutes, dass Lipie hochverschuldet sei und seit längerer Zeit schon keine Mittel mehr für Neuanschaffungen zur Verfügung ständen. Die vergleichsweise niedrigen Flächenerträge, die zur Zeit erwirtschaftet wurden, führte er auf Geldmangel zurück.

»Es geht uns sehr schlecht. Wir wissen, dass wir höhere Düngergaben

anwenden müssten. Der Betrieb muss intensiviert werden. Wir hatten schon vor, den Gemüsebau in die Fruchtfolge einzubeziehen, da eine französische Firma in unserer Nähe eine Konservenfabrik errichtet hat. Wir mussten es wieder aufgeben. Wir bekamen auch Krankheiten und Schädlinge in unsere Bestände und waren auf Pflanzenschutzmittel angewiesen, die wir uns nicht leisten können. Überall hapert es am Geld.«

Herr Zbigniew, der uns durch den Betrieb geführt hatte, machte keinen Hehl daraus, dass er eine Verpachtung von Lipie an eine Institution, die von der deutsch-polnischen Stiftung gefördert wird, begrüßen würde. Er sprach gleich von Investitionen und Modernisierung, und sicher dachte er dabei auch an seine eigene Position, die damit aufgewertet würde. Er schien uns ein tüchtiger Landwirt und Organisator zu sein.

Unser Entschluss, Lipie zu pachten und mit Hilfe der Stiftung zu einem Schulungsprojekt für den landwirtschaftlichen Bereich zu entwickeln, basierte auf folgenden Überlegungen: Durch Investitionen würde sich die Ertragskraft von Lipie schnell steigern lassen. Die gesteigerte Produktion und die damit erzielten Überschüsse würden nach einer Investitionsphase die geplante Schulung ermöglichen können. Das Projekt würde zur Weiterbildung an einem Wirtschaftszweig beitragen, in dem noch über zwanzig Prozent der Polen tätig waren, und Lipie würde zu einem Musterbetrieb für moderne landwirtschaftliche Methoden ausgebaut werden. Das Projekt entsprach den Interessen der Deutschen und Polen. Davon waren wir überzeugt.

Mit Herrn Kanner arbeitete ich einen detaillierten Antrag aus, in dem wir das geplante Vorhaben beschrieben und die Projektziele angaben. In dem beigefügten Finanzierungsplan mussten wir von einer verhältnismäßig hohen Summe ausgehen, um die notwendigen Investitionen für den Betrieb und die Schulungsaufgaben realisieren zu können. Dieser Zuschuss, den wir nun von der Stiftung beantragten, sollte in Teilbeträgen über drei Jahre gewährt werden. Bei der Frage nach finanzieller Eigenbeteiligung gaben wir unsere eigene Leistung, nämlich die Pachtung an, durch die sich das Gut Lipie nach einer Anlaufsphase zu einem Überschussbetrieb und zu einem selbsttragenden Schulungsprojekt entwickeln würde. Auf unsere Anfrage bei der Kreditanstalt für Wiederaufbau konnten wir mit einem ansehnlichen Überbrückungskredit rechnen, wenn die Stiftung dem Projekt generell zugestimmt hatte.

Jetzt glaubten wir, soweit zu sein; der Antrag konnte ins Polnische übersetzt werden. Dafür sorgte eine junge Studentin, die wir in einer Warschauer Panzerkaserne ausfindig machten, als sie gerade polnischen Fähn-

richen deutschen Sprachunterricht gab. Es überraschte mich, denn von einer NATO-Mitgliedschaft war Polen damals noch weit entfernt.

Im Januar 1992 überbrachten wir unseren Antrag dem Stiftungsbüro. Seit Beginn unserer Projektsuche war ein gutes Jahr vergangen, und ich muss zugeben, dass meine Begeisterung für eine neue Aufgabe in Polen mich auch einiges gekostet hatte.

Der Sekretär der Stiftung, Dr. Gorzysca, nahm unser Gesuch ungerührt entgegen, zeigte sich aber an der Höhe der beantragten Zuschusssumme interessiert. »Kein Antragsteller hat bisher mehr als eine halbe Million DM Zuschuss beantragt, und in dieser Größenordnung gab es auch nur zwei prominente Projekte. Im Durchschnitt liegen die Anträge bei fünfzigtausend Mark«, gab er uns zu verstehen. Wir hatten Mühe, ihn zu überzeugen, dass ein großangelegtes, modernes Schulungsprojekt die veranschlagten Mittel benötigen würde. Nach langem Palaver, bei dem Maria uns kräftig unterstützte, war er schließlich bereit, dem Stiftungsrat unseren Antrag vorzulegen. Wir würden aber einige Wochen warten müssen.

Zwei Monate später erfuhren wir, dass unsere Chancen fifty-fifty standen. Die deutschen Mitglieder des Stiftungsrates hatten sich mehrheitlich für ein Schulungsprojekt erklärt, während es bei den Polen noch große Vorbehalte gab. Es wurde uns mitgeteilt, dass ein erneuter Antrag von einem noch zu gründenden gemeinnützigen Verein polnischer und deutscher Mitglieder gestellt werden müsste. Ein wissenschaftlicher Beirat sollte das Projekt überprüfen und begleiten. Unsere Projektpartner sollten ihre Kooperationsbereitschaft schriftlich bekunden. Ein polnisches Stiftungsratsmitglied machte seine Zustimmung von einer Besichtigung und Besprechung mit uns auf dem Betrieb Lipie abhängig.

Es musste schnell gehandelt werden. Wir gründeten den gemeinnützigen Verein ›Borgstedt‹ mit acht Mitgliedern, in dem Herr Kanner und ich als Präsident und Vizepräsident den Vorstand bildeten. Als Vertreter der polnischen Seite konnten wir den Direktor eines landwirtschaftlichen Beratungszentrums, den Betriebsleiter von Lipie sowie zwei im Umfeld anerkannte polnische Landwirte gewinnen. Der Verein wurde registriert, und mehr und mehr hatten wir das Gefühl, für die deutsch-polnische Zusammenarbeit nun schon einiges getan zu haben.

Auch in Deutschland antichambrierten wir. Es gelang mir, frühere Kontakte zur DLG wieder aufleben zu lassen und die Gesellschaft zur Mitwirkung in Lipie zu gewinnen. Mit ihrer schriftlichen Zusicherung, in partnerschaftlicher Zusammenarbeit mit polnischen Instituten Fach-

ausstellungen, Feldtage und Lehrschauen zu organisieren, verließen wir Frankfurt am Main. Ein Besuch bei der Firma Bayer in Leverkusen resultierte in der schriftlichen Zusage, Lipie zum Stützpunkt für Demonstrationen im Pflanzenschutz auszubauen und alle erforderlichen Mittel bereitzustellen. Weiter freuten wir uns, mit dem Polish Business Advisory Service, einer in Warschau ansässigen Hilfsorganisation der Weltbank, einen Partner gefunden zu haben, der sich anbot, Schulungsprogramme durchzuführen.

Nach mehrmaligen Besprechungen mit deutschen und polnischen Stiftungsratsmitgliedern definierten wir als Projektziele den Aufbau eines Schulungszentrums mit Demonstrationsbetrieb, die Durchführung eines Schulungsprogramms für Führungspersonal landwirtschaftlicher und verwandter Institutionen und die Einbindung polnischer und deutscher staatlicher und privater Organisationen in das Förderungsprogramm.

Zum Treffen in Lipie hatte der Woiwode, der dem Projekt wohlwollend gegenüberstand, eine Anzahl lokaler landwirtschaftlicher Interessensvertreter geladen. Wir hatten auch erstmalig den Leiter der Deula in Nienburg hinzugezogen. Die Anstalt für agrartechnische Ausbildung und Fortbildung aus Niedersachsen hatte bereits mehrfach polnische Landwirte und Lehrlinge zu ihren Ausbildungsprogrammen nach Deutschland eingeladen. Die stark auf praktische Schulung ausgerichtete Institution zeigte sich bereit, ein Programm für Lipie zu erarbeiten und die theoretische und praktische Schulung zu übernehmen, sobald die Stiftung dem Vorhaben ihre Zustimmung erteilt hatte.

Hatten wir nun alles getan, um zum Erfolg zu kommen? In Posen informierte ich Mietschek über unser Vorhaben und alle bisher erfolgten Schritte. Um ganz sicher zu sein, die Belange der polnischen Stiftungsratsmitglieder bei dem geplanten Projekt genügend berücksichtigt zu haben und deren Vorschlägen und Einwendungen auch sprachlich gerecht zu werden, bat ich ihn, mit uns nach Lipie zu kommen.

Am Ende der Ortsbesichtigung und unserer Besprechungen glaubten wir, dass unsere Vorschläge, den Betrieb zum Zentrum landwirtschaftlicher Aktivitäten auszubauen, auch den zögerlichsten Polen von der Stiftung überzeugt hätten. Ich fragte Mietschek, was er von der Sache hielte, und erfuhr sogleich von einer Wendung der Dinge, die ich am wenigsten erwartet hatte.

»Der polnische Vertreter eurer Stiftung hat zu mir gesagt, dass er das Schulungsprojekt gut findet. Er ist ja selbst Landwirt und ihm fällt die Aufgabe zu, Zuschussanträge für landwirtschaftliche Vorhaben zu beur-

teilen. Er kennt die Probleme der arbeitslosen Landarbeiter. Aber er ist auch Politiker und kandidiert für die einflussreiche Bauernpartei. Sein Wahlkreis liegt südöstlich von Posen, und er meint, dass das kleine Städtchen Sroda ein guter Platz für euer Projekt wäre. Dort gäbe es auch schon eine Landwirtschaftsschule, die man in Lipie erst erstellen müsste. Sollte das Projekt bewilligt werden, stünde er bei seinen Wählern in hohem Ansehen. Sicher spekuliert er darauf und wird die anderen Mitglieder versuchen zu beeinflussen.« Mietschek zögerte nicht, hinzuzufügen, dass wir noch einen schweren Stand haben würden. Wie recht er hatte!

Weitere Wochen vergingen, bevor wir etwas hörten. Wir nutzten sie, um Pläne bezüglich Anbauflächen und zukünftiger Fruchtfolgen zu machen und das Schulungsprogramm auf Hieb- und Stichfestigkeit zu überprüfen.

Die Rationalisierung auf den größeren landwirtschaftlichen Betrieben hatte jetzt auch in Polen eingesetzt und überall zu großer Arbeitslosigkeit unter den Landarbeitern geführt. Diese Leute mit Hilfe der Deula auf technische Berufe umzuschulen, war jetzt eines unserer weiteren Programmpunkte, für die wir uns Zustimmung erhofften.

Zu unserer großen Freude erfuhren wir, dass die deutsche Firma Pfanni im nur wenige Kilometer entfernten Torun vor einiger Zeit eine Kartoffelverarbeitungsanlage übernommen hatte und dabei war, diese zu modernisieren. Natürlich machten wir uns sofort auf in die alte Stadt Thorn, die mit ihren roten Backsteinhäusern und -mauern ihre deutsche Vergangenheit nicht verheimlichen kann.

Unser Besuch bei diesem Ableger der Münchener Firma hätte uns sogleich einen Anbauvertrag über 300 ha Kartoffeln eingebracht, denn an Lieferanten im nahen Umfeld der modernen Anlage waren die Kartoffelverarbeiter sehr interessiert. Wenn wir nur schon gekonnt hätten! Aber so weit waren wir noch nicht. Weder hatten wir das Land noch einen Pachtvertrag. Die dauernde Verschiebung auf einen späteren Zeitpunkt nagte an den Nerven, und eine Kostprobe der hier hergestellten großartigen Kartoffelprodukte wie Chips und Kartoffelbrei tröstete nur vorübergehend.

Endlich kam die Antwort von der Stiftung. Unser Vorhaben wurde nicht abgelehnt, aber wir mussten uns mit weiteren Rückfragen befassen. Das lief vor allem auf eine Verzögerung des Projektbeginns hinaus, und unsere Tätigkeit wurde erneut verteuert. Ich war versucht, sie als ›ehrenamtlich‹ einzustufen, denn bisher hatte sie uns von keiner Seite etwas Greifbares eingebracht. Die Vorarbeiten erstreckten sich inzwischen schon

auf mehr als zwei Jahre, und meine Mittel für diese Extravaganz schmolzen dahin. War ich einer Fata Morgana nachgelaufen? Es gab längst Leute, die mich für blauäugig, wenn nicht für töricht hielten.

Der Stiftung ging es nach wie vor um den Nachweis von Eigenmitteln, die wir aufbringen sollten. Ein naher Vetter, der unserem gemeinnützigen Verein beigetreten war und sich intensiv mit der weiteren Planung des Vorhabens befasst hatte, brachte es auf den Punkt, als er klar formulierte, dass der Tenor nicht Eigenmittel, sondern Eigenleistungen heißen müsste. Schriftlich betonte er diesen Standpunkt gegenüber der Stiftung und erinnerte daran, dass die Vorstandsmitglieder des Vereins bereits viele Vorarbeiten für das Gesamtprojekt geleistet hatten. Er versuchte klarzumachen, dass der Verein Managementaufgaben übernehmen wird. Die Funktionen hierfür seien mit der Wahrnehmung der Pacht, der Bewirtschaftung des landwirtschaftlichen Betriebes, dem Aufbau, den Investitionen und den Arrangements für die Ausbildungsprogramme klar vorgegeben. Die ordnungsgemäße Mittelversorgung bei der Realisierung des Gesamtvorhabens würde gemäß unseres Antrags von einer unabhängigen Fachinstitution kontrolliert werden.

Aber es kam erst mal wieder anders. Wie aus heiterem Himmel verbreitete sich das Gerücht, dass die Agencia das Gut Lipie baldmöglichst verpachten oder verkaufen wollte. Es blieb nicht bei einem Gerücht. Die Agentur wollte Betriebe, die noch im Staatsbesitz waren, möglichst bald loswerden. Auf unseren Verein konnte sie oder wollte sie nicht mehr warten. Zu unsicher war es, ob die deutsch-polnische Stiftung unserem Vorhaben zustimmen und in welcher Höhe sie einen Zuschuss gewähren würde. So wurde Lipie jetzt öffentlich zur Pachtung ausgeschrieben. Da Lage, Bodenqualität und Verkehrsanbindung dieses großen Betriebes fast optimal waren, gab es sehr viele Interessenten, die sich bei der Ausschreibung in ihren Angeboten überboten. Unser Verein konnte nicht mithalten.

Wieder war viel Zeit vertan. Aufgeben wollten wir nicht, obwohl sich ein neues Hindernis auftat. Da Mietschek mich nach der Besichtigung von Lipie durch ein polnisches Mitglied des Stiftungsrates schon vorgewarnt hatte, fiel ich nicht aus allen Wolken, aber unserem Verein wurde klar gemacht, dass wir mit unserem angestrebten Projekt den falschen Standort gewählt hatten. So sah es jedenfalls die polnische Innenpolitik. Ein neues Objekt wurde uns schmackhaft gemacht, und es wurde geraten, den Antrag neu zu stellen. Der 1400 ha große Betrieb Kornik bei Poznan könnte mit der nahe gelegenen Landwirtschaftsschule in Sroda zu einem Schu-

lungszentrum plus Demonstrationsbetrieb ausgebaut werden. Wir sollten uns die Sache ansehen.

Erneut zogen wir los, dieses Mal Richtung Sroda. Es erwies sich als ein Glücksfall, dass Dr. Willer, ein Abteilungsleiter aus dem Landwirtschaftsministerium in Bonn, zur Mitarbeit gewonnen werden konnte. Endlich hatten wir einen Mitstreiter aus dem offiziellen deutschen Bereich. Mit großer Energie setzte er sich für die Realisierung unseres Projektes ein und reiste mit uns zum neuen Projektstandort Sroda und Kornik.

»Sroda war doch mal eine deutsche Garnisonstadt, die alten Kasernen bestehen noch«, meinte der Woiwode, bei dem wir uns zunächst vorstellten. »Das ist zwar schon eine lange Zeit her, aber die schlechteste für diese Stadt kann sie nicht gewesen sein, denn nach 1870 errichteten die Deutschen hier prächtige Bauten. Gucken Sie mal aus dem Fenster. Der schöne Giebel gehört zu unserem Rathaus. Es wurde von den Deutschen gebaut. Und Sie können auch noch einmal, wenn Sie wollen, nach der andren Seite hin schauen. Da sehen Sie schöne alte Bürgerhäuser. Die stammen auch aus der deutschen Zeit. Die anderen Gebäude dazwischen wurden später von Polen gebaut. Die haben doch wohl nicht den gleichen Charme, oder was meinen Sie?«

Die alten, gut restaurierten Bürgerhäuser waren eine Zierde der Stadt. Sie gefielen mir natürlich sehr, und ich dachte auch sogleich an die Kunst des Restaurierens, in der die Polen weltweit bekannt sind. Aber ich beschloss, gar nichts zu meinen, und biss mir auf die Zunge, denn dann fiel mir die 700-jährige polnische Geschichte ein, die nach Ansicht polnischer Historiker unsere verlorenen Ostprovinzen einschloss. Ich hörte gern, dass es unterschiedliche Meinungen gab.

Die Besichtigung der bereits bestehenden Landwirtschaftsschule und die erste Besprechung mit ihrem Direktor verliefen positiv. Auch der Verwalter des nahegelegenen Gutes Kornik, Herr Jankowiak, präsentierte uns einen hervorragend bewirtschafteten Betrieb und erklärte sich sofort zur Zusammenarbeit bereit.

Beide Beamten bestärkten uns in der Ansicht, dass sich in dieser Region ein kombiniertes Produktions- und Schulungsprojekt durchführen lassen würde. Zur Realisierung unseres Vorhabens wurde ein wesentlich geringerer Finanzierungszuschuss veranschlagt, der zur Erneuerung des veralteten Maschinenparks, vor allem aber für die Einrichtung moderner Klassenräume und zur Beschaffung von Unterrichtsmaterial für die Landwirtschaftsschule benötigt würde.

Dr. Willer gelang es nach seiner Rückkehr bald, sein Ministerium zu

einer positiven Einstellung für unser Projekt zu bewegen. Wir sahen es als großen Erfolg, dass sich damit auch eine deutsche Regierungsstelle eingebunden hatte, und hofften, der endgültigen Zustimmung der Stiftung näher gekommen zu sein.

Der von polnischer Seite immer wieder erhobenen Aufforderung, Eigenmittel einzubringen, glaubten wir mit der Einbeziehung eines bedeutenden Partners begegnen zu können. Dr. Willer war es nämlich gelungen, die Thüringer Unternehmensgruppe TUPAG-AG für unser Vorhaben zu gewinnen. Die ehemalige Agrargenossenschaft Thomas Müntzer aus Mühlhausen war in der DDR landwirtschaftliches Vorzeigeprojekt gewesen, aus der erst vor wenigen Wochen eine Rechtsnachfolgerin und Aktiengesellschaft hervorgegangen war. Unter ihrem Dach waren zwanzig eigenständige Betriebe versammelt, die mit Gemüseanbau und -verarbeitung eine Spitzenstellung einnahmen. Mit einem jährlichen Umsatzvolumen von ca. 150 Millionen DM gehörte dieser Verband zu den größten landwirtschaftlichen Unternehmen in Nordthüringen. Die TUPAG hatte bereits ihre Fühler nach Osteuropa ausgestreckt und versprach sich mit ihrem geplanten Engagement in Kornik eine kostengünstige Produktion von Gemüse und ihrer Verarbeitungsprodukte. Da sie sich zu Investitionen und zur Modernisierung des polnischen Betriebes bereit erklärte, war die Firma uns sehr willkommen.

So schnell wie es uns nur möglich war, produzierten wir einen neuen Antrag auf Zuschussgewährung. Das Gesamtvorhaben wurde in zeitliche Abschnitte eingeteilt und ein Finanzierungsplan erarbeitet. Wir hatten errechnet, dass der landwirtschaftliche Sektor mit den zu erwartenden Produktionssteigerungen den Lehrbetrieb in der Schule innerhalb von drei Jahren mittragen würde. Wir glaubten, dicht vor dem Ziel zu stehen. Endlich wollten wir mit der Arbeit beginnen. Auch unsere Partner in Kornik und Sroda drängten, und die Firmen und Sponsoren, die ihre Mitarbeit im Projekt angekündigt hatten, wurden unruhig.

Es kam wieder anders. Die deutsch-polnische Stiftung sprach ein Machtwort. Ein Zuschuss für unser Projekt in Sroda und Kornik wurde abgelehnt, weil die Stiftung nicht bereit war, unsere erbrachten und zu erbringenden Eigenleistungen anzuerkennen. Die Finanzmittel, über die sie verfügte, und die sie in den ersten Jahren ihres Bestehens noch etwas großzügiger vergeben hatte, waren wohl abgeschmolzen. Diese sollten nun, wie es hieß, auch wegen ihrer optischen Wirkung in Polen breiter gestreut werden. Es ging also um möglichst zahlreiche Projekte kleinerer Größenordnung mit geringerem Finanzbedarf. Und genau so ein Projekt

wurde uns jetzt schmackhaft gemacht. Es war die Agrarschule in Trzcianka bei Posen.

Sollten wir nun wirklich noch einmal antreten? Vielen Mitstreitern verging die Lust. Herr Kanner, mit dem ich von Beginn an eng zusammengearbeitet hatte, überlegte nicht mehr lange. Seine Gesundheit war durch ständige Ungewissheit, Reiserei und das strapaziöse Hin und Her stark angeschlagen und er zog sich zurück. Mit ihm verließen weitere Mitglieder unseren gemeinnützigen Verein ›Borgstedt‹. Es blieb nichts anders übrig, wir mussten ihn auflösen. Da die Übernahme von Kornik durch unsere Pachtung nicht zustande kam, suchte sich die TUPAG AG ein neues Aufgabengebiet, dieses Mal in Ungarn, wo sie bessere Bedingungen vorfinden sollte.

Blieb mir etwas anderes übrig, als weiterzumachen? Dr. Willer bestärkte mich, und nachdem wir den neuen Standort Trzcianka gemeinsam mit dem Direktor der Deula in Nienburg besucht hatten, wurde noch einmal ein Förderprogramm erarbeitet. Diesmal ging es um die Modernisierung eines bereits bestehenden landwirtschaftlichen Ausbildungs- und Schulungszentrums. Das Jahr 1996 war heraufgezogen, als es schließlich gelang, gemeinsam mit der Woiwodschaft Poznan ein Projekt zu beginnen.

Unsere ersten Gespräche mit Dr. Janicki, dem Leiter der Lehranstalt, waren gedeihlich und offen, und es entwickelte sich bald eine Atmosphäre vertrauensvoller Zusammenarbeit. Polen bereitete sich auf den Eintritt in die EU vor, und ihre Politiker waren sich jetzt einig, dass in der Landwirtschaft modernisierte Ausbildungsstätten benötigt wurden. Für die Schule Trzcianka war das Ziel klar: Eine grundlegende Verbesserung des Schulangebotes und die Modernisierung des Lehr- und Versuchsbetriebs musste in Angriff genommen werden.

Die Schule, in der etwa hundertzwanzig Jungen und Mädchen nach dem zwölften Lebensjahr auf den landwirtschaftlichen Beruf vorbereitet wurden, verfügte bereits vor Projektbeginn über ein engagiertes Team von Lehrern und Ausbildern. Sie waren unter der Leitung von Dr. Janicki darauf bedacht, in der agrarischen Ausbildung neue Wege zu gehen und die neuen Erkenntnisse und Lehrmethoden durch Schulung und Training in der Woiwodschaft zu verbreiten.

Da uns die modernen Standards im Schulwesen und in der Landtechnik vertraut waren, fiel uns der große Nachholbedarf in Trzcianka sofort auf. Die Schulungs- und Aufenthaltsräume waren veraltet, schlecht

beleuchtet und schlecht beheizt. Es fehlte Anschauungsmaterial, und an Personalcomputer wagte man bis dahin noch gar nicht zu denken. Die Agrartechnik des landwirtschaftlichen Versuchsbetriebs mit der stattlichen Größe von 340 ha Nutzfläche war völlig veraltet. Die knapp hundert Kühe wurden noch in Anbindeställen gehalten, die vorhandene Melkmaschine besaß keine Absaugleitung und keinen zentralen Milchtank, und in den Schweineställen wurde das Futter noch in Eimern herangetragen.

Ein derart rückständiges landwirtschaftliches Erscheinungsbild auf einem Lehrbetrieb konnte die polnische Landjugend sicher nicht für ihren erwählten Beruf begeistern. So stimmten alle an dem neuen Förderkonzept Beteiligten darin überein, dass eine effiziente Aus- und Fortbildung nur gelingen kann, wenn sie von moderner Technik begleitet wird. Ohne umfangreiche Investitionen würde in Trzcianka der Sprung ins 21. Jahrhundert nicht gelingen.

Das Lehrerkollegium wie auch die verantwortlichen Repräsentanten der Woiwodschaft zeigten sich dankbar für unser persönliches Engagement und unseren Kooperationswillen. Wir spürten eine unausgesprochene Übereinstimmung und waren positiv überrascht, als angelegentlich eines Arbeitsbesuchs in Trzcianka Dr. Janicki voller Respekt von der Aufbauleistung des ehemaligen deutschen Eigentümers dieses Betriebes, einer Familie Jacobi, erzählte, und uns den historischen Hintergrund der Region um Posen erläuterte. Einen detaillierten Fruchtfolgeplan aus der Zeit vor dem Ersten Weltkrieg konnten wir auch bestaunen und erfuhren von dem Schulleiter, dass vor 1919 dort Polen und Deutsche zum Wohle des Landes und der Menschen friedlich miteinander gelebt und gearbeitet hatten. Aus dieser Zeit stammen auch die meisten gut erhaltenen Wirtschaftsgebäude und das repräsentative Gutshaus.

Die an die Stiftung für Deutsch-Polnische Zusammenarbeit gestellten Förderanträge fanden bald Zustimmung, so dass Mittel für die Neugestaltung des Lehrangebots und grundlegende Investitionen für einen Zeitraum von sieben Jahren bereit gestellt wurden. Diese wurden in Form der Eigenfinanzierung aus Zuschüssen der Öffentlichen Hand und Finanzüberschüssen des Versuchsbetriebes ergänzt.

Im Schulungsbereich konnten nun Innovationen verwirklicht werden. So wurden in Zusammenarbeit mit der Deula Nienburg bei den Lehrmethoden Theorie und Praxis eng verzahnt. Dazu wurden Curriculare erstellt und in speziellen Lehrgängen angewandt. An diesen beteiligten sich in Bezug auf eine Höherqualifizierung vor allem landwirtschaftliche Praktikanten, von denen einige schon kurzfristig in Deutschland gearbeitet

hatten, dazu Landwirte mit Lizenz, Lehrlinge auszubilden, und die Fachlehrer aus Trzcianka.

Einen weiteren Förderungsschwerpunkt bildete die Erweiterung des Deutschunterrichts. Mit diesem sollten vor allem die polnischen Schüler und Schülerinnen – ihre Zahl beträgt jährlich dreißig bis vierzig Abgänger mit steigender Tendenz – auf ihre landwirtschaftliche Praktikantentätigkeit in Deutschland vorbereitet werden. Wie wir erfuhren, förderten die deutschen Sprachkenntnisse bei den polnischen Jungen und Mädchen nicht nur das intensive Erlernen landwirtschaftlicher Praktiken, sondern erleichterte ihnen auch einen schnellen Zugang zu den Familien auf ihren Praktikantenstellen. »Da bahnt sich so mancher Austausch und manch feste Beziehung bei den jungen Leuten an«, lächelte Direktor Janicki. Auch wir konnten uns gut vorstellen, dass manchen deutschen Landwirten eine engagierte polnische Bäuerin nicht ungelegen kommen würde. Für die angestrebte deutsch-polnische Verständigung konnte es nur gut sein.

Im Zeitalter moderner Informationstechnologien war es naheliegend, auch die jungen Landwirtschaftsschüler mit dem Computer vertraut zu machen. So wurde in der Schule ein Computerlabor mit einer Anzahl von Geräten eingerichtet, das sich sofort größter Beliebtheit erfreute.

Am liebsten hätten wir den landwirtschaftlichen Versuchsbetrieb auf den neuesten Stand der Technik gebracht, so wie er in seiner großen Vielfalt auf der Agritechnica in Deutschland immer wieder zu bestaunen ist.

Mit der zugestandenen bescheidenen Förderungssumme für Trzcianka mussten wir aber haushalten und Prioritäten setzen. Da die Mehrzahl der jungen Schüler und Landwirte aus kleinen Betrieben mit Milchviehhaltung stammte, galt allen die Neustrukturierung des Milchviehstalles als vorrangig. Durch einige geschickte Umbaumaßnahmen wurde aus Alt Neu gemacht. Der frühere Anbindestall für Kühe verwandelte sich zu einem Laufstall mit Liegeboxen, und der Futtergang wurde für Traktoren befahrbar gemacht, um die Fütterung zu mechanisieren. Eine moderne Melkanlage, bestehend aus zweimal sechs Melkständen, wurde erstellt, die sich inzwischen als besondere Zugnummer für junge interessierte Poznaner Landwirte erwies. Sie besitzt in der ersten Etage des Gebäudes einen Rundgang mit verglasten Wänden, die den Besuchern sowohl einen Blick in den Stall als auch in das Melkzentrum erlauben. Anschauungsunterricht aus dem Olymp, meinten inzwischen die vielen Besucher.

Die Einweihungsfeier der ›erneuerten‹ Anstalt im März 1999 vollzog sich in Anwesenheit der Schülerschaft, der Dorfbewohner und offizieller

Vertreter aus Verwaltung und Politik. In den verschiedenen Ansprachen wurde der deutschen Unterstützung immer wieder dankbar gedacht. Als dann die Blasmusiker schließlich ›Noch ist Polen nicht verloren‹ intonierten, konnten wir dieser Zeile der Nationalhymne ohne weiteres beistimmen, da wir auch einen kleinen Beitrag geleistet hatten.

Von offensichtlichen Fortschritten konnten wir uns in den Folgejahren überzeugen. Die Milchqualität hinsichtlich Hygiene und Leistung wurde verbessert und erreichte bald ein Niveau, das sich mit gut geführten Betrieben in Deutschland vergleichen lässt.

Die strukturelle Weiterentwicklung der Schule zu einer höheren landwirtschaftlichen Fachschule eröffnet jetzt den Schülern die Möglichkeit, den Realschulabschluss oder das Abitur zu erreichen. Ende der neunziger Jahre erhielt Trzcianka vom polnischen Staat die Bezeichnung ›Zentrum für ständige Bildung‹. Wir freuten uns mit unseren polnischen Freunden über diese Anerkennung.

Hat sich der Einsatz gelohnt? Die Antwort hängt davon ab, welche Maßstäbe zugrunde gelegt werden. Es war ein langwieriger, mühsamer Weg. Letztlich freue ich mich aber darüber, dass es schließlich gelungen ist, an einer polnischen Lehranstalt – es sollte Trzcianka und nicht Lipie sein – einen deutschen Beitrag für junge Landwirte einzubringen. Darüber hinaus haben meine vielen Reisen und wochenlangen Aufenthalte in Polen zu vielen persönlichen Begegnungen mit Menschen geführt, die mein Leben bereichert haben. Und dass unsere Bemühungen nicht ins Leere gestoßen sind, lässt sich vielleicht auch an den verbesserten nachbarschaftlichen Beziehungen zwischen Deutschland und Polen ableiten, mit denen ich das Kapitel beende.

»Ihr Deutschen könnt euch auf uns Polen verlassen.« Die bedeutungsschweren Worte sprach kein anderer als Alexander Kwasniewski, der polnische Staatspräsident, der zu einer Vereidigungsfeier deutscher Rekruten nach Berlin gekommen war. Die Veranstaltung fiel auf den Jahrestag des Hitlerattentats am 20. Juli 2003, zu der ich als Verwandter und Namensträger von General von Tresckow eingeladen war. Neben Bundeskanzler Schröder und unserem Verteidigungsminister Struck trat der Präsident vor deutsche Rekruten und eine Ehrenkompanie polnischer Elitesoldaten. In seiner Ansprache schlug er einen eindrucksvollen Bogen jüngster deutsch-polnischer Geschichte. Er erinnerte an den Kriegsausbruch 1939 und die deutschen Soldaten, die dem Angriffsbefehl Hitlers gefolgt wa-

ren, aber auch an den deutschen militärischen Widerstand, der nicht in Vergessenheit geraten dürfe. Er verglich beide Ereignisse mit dem Jahr 2003, in dem Polen dem Natobündnis beigetreten ist. »Dieses Bündnis ist der beste Garant für den Frieden unserer beiden Völker.«

Nach allem, was wir Deutschen seit 1939 erlebt haben, zurücklassen und aufgeben mussten, erschien mir diese Ansprache des Polen wahrhaftig und historisch.

Und kürzlich konnte ich mich erneut freuen. Mir fiel ein Bild in die Hände, auf dem die Präsidenten beider Länder, Horst Köhler und Aleksander Kwasniewski, das deutsch-polnische Jahr 2005 eröffneten. Auf dem Berliner Gendarmenmarkt fanden sie gute Worte:

»Es darf nicht sein, dass das historische Gedächtnis ausschließlich der Abrechnung von Unrecht und Leid dient, dass es nicht ewig im anderen einen Gegner sieht, der doch längst aufgehört hat, einer zu sein«, meinte der polnische Präsident. Und auf die dunklen Stellen im beiderseitigen Verhältnis eingehend, fügte unser Bundespräsident hinzu: »Wir waren uns nicht immer bewusst, dass wir – wie Papst Johannes Paul II einmal sagte – uns als Nachbarn von Gott gegeben sind.«

Der Autorität eines Katholiken Ratzinger, des Papstes Benedikt XVI., gelingt es vielleicht am ehesten, restliche Ressentiments zu mildern, wenn nicht abzubauen. Vor vielen hunderttausend Polen sprach er im Mai 2006 in Auschwitz – dieser Stätte des Grauens – auch von der Versöhnung. Und er vergaß nicht hinzuzufügen: »Ich stehe hier als Sohn des deutschen Volkes.«

Da ich dieses Kapitel mit »Begegnungen in Polen« überschrieben habe, so darf ich eine letzte nicht unerwähnt lassen, die sich auf mein Heimatdorf Wartenberg bezieht, und die mich daher ganz besonders freut. Da hat sich die polnische Historikerin Kazimiera Kalita-Skwirzyska aus dem heutigen Szczecin (ehemals Stettin) mit ihrem Mann, einem Architekten, vor einigen Jahren in Wartenberg ein Grundstück gekauft. Es ist mehrere Hektar groß und schließt einen kleinen Hof ein, der die Kriegszerstörungen überdauert habt. Hier wohnen die Skwirzynskas an vielen Wochenenden, wenn sie in Wartenberg dabei sind, ihr Land von Gestrüpp zu befreien und den Blick auf den See wieder freizulegen. Es ist der Blick, der jeden Wartenberger stets fasziniert hat. Als ich im Sommer 2006 mit meiner Cousine Uta Wartenberg besuchte, wurden wir eingeladen, uns an der Verschönerung der Seelandschaft zu beteiligen. »Es soll wieder so werden, wie Sie es kennen«, meinten die Leute, die jetzt zu unseren Freunden gehören.

# Gespräche zwischen Soldaten

An der Gedenkstätte war ich schon mehrmals vorbeigefahren. Dabei war das große, auffällige Hinweisschild am östlichen Ortsausgang der kleinen märkischen Stadt Seelow gar nicht zu übersehen, denn gleich dahinter kam etwas versteckt hinter grünen Lindenbäumen ein kleines Arsenal schwerer sowjet-russischer Waffen zum Vorschein. Der T34, die Stalinorgel und die Panzerabwehrkanone, die jedem Soldaten der Ostfront in bleibender Erinnerung sind, hatten ihren Schrecken für mich verloren, sollten aber die Vorüberfahrenden darauf hinweisen, dass hier vor mehr als einem halben Jahrhundert die größte Schlacht des Zweiten Weltkrieges auf deutschem Boden stattgefunden hatte. Ich hatte davon gehört, dass sich hinter dem weißen Schild »Gedenkstätte Seelower Höhen« auch ein Museum befindet, in dem der letzte sowjetische Großangriff auf Berlin im April-Mai 1945 eindrucksvoll dokumentiert sein sollte.

Meine Zeit als Soldat lag lange hinter mir. Es war mir kein Bedürfnis, die Rückzugskämpfe an der Ostfront und das letzte Kriegsjahr und all seine Folgen für mich und viele meiner Kameraden wieder aufleben zu lassen. So hatte ich bislang auch keinen Grund gesehen, die Seelower Gedenkstätte zu besuchen.

Auf der Strecke zwischen Seelow und der deutschen Ostgrenze befand ich mich im Oderbruch. Schon oft war ich bei meinen vielen Fahrten für ein polnisches Entwicklungsprojekt auf der schnurgeraden Bundesstraße No. 1 dahingeflitzt, stets etwas in Sorge, den Oderübergang in Küstrin noch rechtzeitig vor Schließung der Grenze am Abend zu erreichen. Die Fruchtbarkeit der Gegend war augenfällig. Ich fuhr vorbei an tiefgepflügten, lehmigen Ackerschollen, gelegentlich auch durch wogende Kornfelder, die reiche Ernte ankündigten. Als Brandenburger und einigermaßen bewandert in Heimatkunde wusste ich, dass Friedrich der Große nicht nur ein vielbewunderter Sieger auf Schlachtfeldern gewesen war. Hier war es dem ›Alten Fritz‹ vor gut zweihundert Jahren gelungen, ein weitläufiges Sumpf- und Bruchgebiet in blühendes Ackerland zu verwandeln. Mit einer fortschrittlichen Siedlungspolitik, die auch Hugenotten aus Frankreich sowie holländische und flämische Siedler einbezog, hatte dieser Preußenkönig weite Landstrecken kultiviert und landwirtschaftlicher Produktion zugeführt. Von dem blühenden Gemüsegarten bei Berlin, der hier entstanden war, hatte man schon zu seiner Zeit voller Anerkennung gesprochen.

Napoleon, der französische Kaiser und gefürchtete Kriegsheld, hatte sich auch als Straßenbauer einen Namen gemacht, und ihm war es wohl zu verdanken, dass auf meinem jetzigen Fahrweg eine gute ›Verkehrsan-

bindung‹ bis hin zur Oder und vielleicht auch noch weiter geschaffen wurde. Zuerst als Aufmarschweg durch deutsche Lande für die Grande Armee vor ihrem Russlandfeldzug nach Moskau 1812 geplant und erbaut, mussten nur wenig später die zerlumpten Reste französischer Glorie hier dem russischen Winter entfliehen. Ihre Bedeutung für Truppenbewegungen von West nach Ost und umgekehrt behielt die Reichsstraße No. 1 während zweier Weltkriege, bis dann im April 1945 in diesem Oderland die größte Feldschlacht des Zweiten Weltkriegs ihren Anfang nahm und die Straße in gewaltige Aufmarsch-, Rückzugs- und Fluchtbewegungen einbezog.

Gedanken dieser Art konnte ich selten verscheuchen, wenn ich auf der jetzt hervorragend renovierten Bundesstraße meinem Ziel in Polen zustrebte, von dem ich in einem anderen Kapitel berichtet habe. Gleich hinter den Oder- und Warthebrücken in Küstrin war ich ja in der heimatlichen Neumark, in der ehemaligen jedenfalls. Hier begann der Kreis Königsberg in der Neumark, der in den letzten Januartagen 1945 von der Roten Armee überrannt wurde. Die sowjetischen Panzer, die damals im dichten Schneetreiben auch durch unser Dorf gerollt waren, und mehr noch die ihnen folgende Soldateska hatten den Wartenberger Tresckows ein Ende bereitet. Sie hatten in meiner Heimat Tod und Elend verursacht, bis ihnen an der Oder erstmalig wieder für kurze Zeit Halt geboten wurde.

Ich war recht froh, dieses Mal nicht allein fahren zu müssen. Ein junger Freund hatte darum gebeten, mich auf der Fahrt gen Osten begleiten zu dürfen. Mit großem Interesse hatte Klaus Berger unsere jahrelangen Bemühungen verfolgt, mit Hilfe der deutsch-polnischen Stiftung ein landwirtschaftliches Projekt auf die Beine zu stellen. Irgendwie hatte er sich dabei auch ein Mitwirken erhofft, und uns wäre der begeisterungsfähige praktische Landwirt, der als dritter Sohn keinen eigenen Hof erben konnte, sicher sehr willkommen gewesen. Herr Berger hatte ein landwirtschaftliches Studium abgeschlossen und war Berufsschullehrer in Niedersachsen geworden. Oft hatte er sich nach unseren Fortschritten in Polen erkundigt, die sich in die Länge gezogen hatten, und war dann immer sehr enttäuscht gewesen, dass wir noch kein fertiges Projekt vorweisen konnten.

Es kam mir sehr gelegen, als er einmal darum bat, einen Arbeitsurlaub auf ›unserem‹ polnischen Betrieb in Lipie zu verbringen. Er wollte sich selbst da mal umgucken, hatte er gemeint. Als praktischer Landwirt und Lehrer wollte er den großen Vieh- und Saatzuchtbetrieb kennen lernen, den wir von der polnischen Regierung pachten wollten und den wir für

Schulungen junger Landwirte vorgesehen hatten. Ein guter Begleiter war mir sehr willkommen.

Herr Berger hatte mir erzählt, dass er in der Bundeswehr gedient hatte und sich als Oberleutnant der Reserve weiter an Wehrübungen beteiligte. Dass er aber mit unserer Fahrt zur Oder und nach Polen, die uns durch Seelow führen musste, noch eine andere Absicht verbinden wollte, hatte er zunächst nicht erwähnt.

Als wir am großen weißen Schild ›Gedenkstätte Seelower Höhen‹ vorübergefahren waren, kam er damit heraus. »Mein Vater war Soldat bei der Wehrmacht und ist irgendwo zwischen Weichsel und Oder vermisst. Der letzte Feldpostbrief, den wir erhalten haben, ist vom November 1944. Meine Mutter hat nichts unterlassen, um herauszufinden, wo er zuletzt eingesetzt sein könnte. Sie hat alle nur möglichen Nachforschungen unternommen, auch mit Spätheimkehrern gesprochen, denn lange hatten wir noch darauf gehofft, dass er in Gefangenschaft geraten war. Wir haben nie etwas erfahren.«

Herr Berger hielt inne und sprach erst nach kurzer Unterbrechung weiter.

»Mein Vater bleibt vermisst. Er zog in den Krieg, sicher nicht mit der gleichen Begeisterung wie noch mein Großvater 1914. Meine Mutter und drei kleine Kinder musste er auf dem Hof zurücklassen. Das war schwer genug, aber es war für ihn selbstverständlich, dass er dem Einberufungsbefehl Folge leistete, der ihn nach Neuruppin zu den Panzern beorderte. Das ist nun alles schon bald ein halbes Jahrhundert her. Gern würde ich die Gedenkstätte besuchen, wenn wir auf der Rückfahrt zeitig genug in Seelow sein können.«

Natürlich würden wir sie besuchen. Ich hatte jetzt auch keine inneren Einwände mehr. Die mir bekannte Strecke nach Poznan war dieses Mal alles andere als eintönig. Für Klaus Berger war es der erste Besuch eines osteuropäischen Landes. Er beobachtete genau, und als technisch versierter Landwirt erkannte er bald die großen Möglichkeiten, die in der polnischen Landwirtschaft noch vielfach brach lagen. Er sprach auch über seine Zeit bei der Bundeswehr, die er bei Panzergrenadieren in Schleswig-Holstein absolviert hatte.

»Die viele Gammelei dort gefiel mir gar nicht, und dass für die einzige Zerstreuung in dem abgelegenen Nest an der Ostsee nur die Kantine zuständig war, noch weniger. Aber ich mochte unseren Kompaniechef, der mich dann auch dazu ermunterte, Reserveoffizier zu werden. Ich trat mein Studium in Göttingen an und nahm während der Semesterferien an

Reserveübungen teil. Die Sache gefiel mir, und ich befand mich meistens unter Gleichgesinnten.

Aber dann fing eine Zeit an, in der Soldaten diffamiert wurden. Die Parole ›Soldaten sind Mörder‹ ging um und wurde als Kampfruf gegen die NATO aus der DDR gesteuert. Aber keineswegs ging Agitation nur von ›drüben‹ aus, wie oft gesagt wurde. Auch in der Bundesrepublik gab es erheblichen Widerstand, und an der Uni spotteten manche über mich. Die meisten hingen der ›Ohne Mich‹-Stimmung an und waren gegen jeden Wehrdienst, und wenn dann noch einer wie ich Offizier werden wollte, wurde er irgendwie als unverbesserlicher Außenseiter abgeschrieben. Aber ich habe es ja überlebt, und jetzt freue ich mich, wenn ich während meiner Übungen gelegentlich Kameraden treffe.«

Der junge Mann hatte in aller Kürze über seine Zeit bei der Bundeswehr berichtet, und ich fragte ihn, was ihn bewogen hatte, gegen die vorgebrachten offensichtlichen Widerstände Offizier zu werden.

»Ja, warum wollte ich überhaupt Soldat werden? Ich wuchs in einem geteilten Deutschland auf, und das deutsche Land hinter der Oder war nun der polnische Westen. Die Russen standen an der Elbe, und Berlin wurde von ihnen abgeschnürt. Der ›Kalte Krieg‹ hatte angefangen, und ohne die sprichwörtlichen amerikanischen ›Rosinenbomber‹ wäre sicher mancher verhungert. Nach dem verlorenen Krieg konnten wir Deutschen, zumindest wir Westdeutschen, unser Heil nur in einer festen Bindung an die Amerikaner sehen, die ja mit ihrer Marshallplanhilfe wesentlich zum Wiederaufbau beigetragen haben. Die Politik Adenauers ging auch in diese Richtung, und dieser erste Bundeskanzler erreichte, dass die Bundesrepublik 1954 der NATO beitrat, die unter Führung der USA zur Verteidigung der freien Welt gegründet worden war. Es waren Entwicklungen, die wir ja alle kennen.

Für mich stand fest, dass die Sowjetunion mit der zwangsweisen Eingliederung seiner Nachbarstaaten in den Warschauer Pakt eine expansive und aggressive Politik betrieb, der Einhalt geboten werden musste. Nur ein starker Westen war dazu in der Lage. Und zu dieser westlichen Gemeinschaft musste auch unser Land einen militärischen Beitrag leisten. So war es nur folgerichtig, dass Adenauer sich zur Wiederbewaffnung der Bundesrepublik entschloss und sie gegen starke Opposition, zu der auch viele alte Soldaten gehörten, durchsetzte.

Ich bejahte Adenauers Politik voll und ganz und wollte auch selbst nicht abseits stehen. So kam es, dass ich meinen Wehrdienst leistete und dann Offizier wurde. Ab und zu – wenn auch nur für kurze Zeit – nehme

ich an Reserveübungen teil, die dann meistens in die Zeit meines Urlaubs fallen; aber Lehrer haben ja, wie oft behauptet wird, eh zu lange Ferien.

Aber nun muss ich Ihnen etwas erzählen, was mich bis heute noch reichlich bewegt. Wir waren bei einer der Übungen auch zu einem Lehrgang in München gewesen, und es wurde uns nahegelegt, dort die Ausstellung ›Verbrechen der Wehrmacht, Dimensionen des Vernichtungskrieges 1941–1944‹ zu besuchen. Ich bin mit einigen Lehrgangsteilnehmern hineingegangen, und ich muss sagen, dass die Fotos dieser Ausstellung mich regelrecht erschüttert haben. Bisher galt bei mir die Wehrmacht, der mein Vater, mein Onkel und noch andere Verwandte und Nachbarn aus unserem Dorf angehört hatten, als eine Truppe, die zwar von Hitler in einen ungerechten Krieg geführt worden war, die sich aber stets ehrenhaft verhalten hatte.

Jetzt wurde die Wehrmacht großer Verbrechen beschuldigt und viele von ihr begangene Schandtaten auf Fotos dokumentiert. Das passte nicht in mein Bild, das ich mir von unseren Soldaten aus dieser Zeit gebildet hatte. Hatten wir es nach dem Krieg doch immer wieder gehört, dass es SS-Verbände gewesen waren, die sich zusammen mit SD und Feldgendarmerie an vielerlei Gewaltverbrechen beteiligt hatten. Das Zusammentreiben der Juden in die Konzentrationslager, der ganze Auschwitz-Komplex, die brutale Niederschlagung des Warschauer Aufstandes, Oradour, etc. kam doch auf das Konto dieser Verbände und ihrer Sonderkommandos. So hatte ich es gelesen und von anderen gehört. Mit meinen Lehrgangskameraden habe ich natürlich über die Fotodokumentation gesprochen. Viele von ihnen glaubten, was sie auf den Fotos gesehen hatten, andere bezweifelten deren Echtheit. Beeindruckt waren wir alle und sehr verunsichert.

Nun frage ich Sie, haben Sie diese Ausstellung auch besucht? Sie sind doch Soldat in der Wehrmacht gewesen. Es würde mich interessieren, wie Sie darüber denken.«

Herr Berger wollte das jetzt von mir wissen, und so musste ich versuchen, es ihm zu erklären. Um es verständlich zu machen, musste ich wohl erst mal etwas aus meinem eigenen Soldatenleben berichten. »Natürlich, ich kann Ihnen wohl sagen, wie das bei mir gewesen ist. Sie haben ja von dem Tucholski-Wort ›Soldaten sind Mörder‹ gesprochen. Als ich erstmalig von dieser Ausstellung hörte – die erste wurde, glaube ich, in Hamburg gezeigt – habe ich gleich gedacht, dass dort die Soldaten der Wehrmacht ganz in diesem Sinne angeklagt werden sollten. Es lag ja im Zug

der Zeit, und so ganz ist diese Zeit auch heute noch nicht beendet. Schließlich haben wir doch öfter gehört, dass Rekrutenvereidigungen nur hinter großen Mauern durchgeführt werden können, weil Demonstranten diese massiv stören. Deutsche Soldaten aus dem Zweiten Weltkrieg zu diffamieren und damit auch die Menschen der heutigen Generation zu verunsichern, gelingt nicht mehr so oft wie früher, aber gelegentlich eben doch wieder. So werde ich sicher nicht vergessen, was ich selbst bei einer Rekrutenvereidigung im Berliner Bendler-Block erlebt habe.

Eine Anzahl Chaoten hatten sich da unter die teilnehmenden Besucher und Angehörigen der jungen Soldaten gemischt. Plötzlich und wie auf Kommando stürzten sie unter Gejohle aus der Menge und versuchten die gesenkten Fahnen zu erreichen, über denen gerade in großem Chor die Eidesformel gesprochen wurde. Letztlich gelang es ihnen nicht, aber einer gewissen Komik entbehrte die Situation auch nicht, als die überraschten Feldjäger mit ihren Nagelstiefeln über den blanken Asphalt schlitterten und den flinken barfüßigen und barbusigen Randalierern – Männlein und Weiblein – hinterher jagten und sie zu packen versuchten. Nur mit Mühe konnten sie die Störer weglotsen und verhindern, dass ein feierliches Gelöbnis im Krawall endete. Es blieb ein lächerliches, trauriges Schauspiel, das sich meiner Meinung nach nur in einem Nachkriegsdeutschland ereignen kann, das über die Rolle der ehemaligen Wehrmacht verunsichert ist. Die heutige Bundeswehr bekommt es dann bei solchen Gelegenheiten manchmal auch noch zu spüren.

Und was die Wehrmachtsausstellung betrifft, dachte ich, da werden wir als Mörder und Verbrecher angeprangert, das brauchst du dir nicht anzutun, und dabei dachte ich an viele Kameraden, disziplinierte, hilfsbereite Menschen aus allen deutschen Gegenden, oft außergewöhnliche Persönlichkeiten, die ich als Soldat in der Wehrmacht und später auch in Gefangenschaft erlebt hatte. Etwas muss ich Ihnen über sie berichten. Sonst können Sie meine Einstellung kaum verstehen.

Freiwillig hatte ich mich gemeldet. Das war 1942. Es ist heute vielleicht nicht mehr zu verstehen, dass die meisten von uns Schülern es kaum erwarten konnten, endlich Soldat zu werden. Die schnellen Siege unserer Wehrmacht in den ersten Kriegsjahren hatten uns immer wieder stark begeistert, und wir wollten so bald wie möglich dabei sein. Über die weitere politische und militärische Entwicklung machten wir uns dabei erstaunlich wenig Gedanken, und die fatalen, beschämenden Entwicklungen im Nazi-Deutschland, den Rassenwahn, die Judenverfolgungen, den widersinnigen Kirchenkampf, sahen wir Jungen reichlich unbekümmert.

Ich weiß nur, dass ich in ständiger Angst lebte, der Krieg könnte ohne mein Zutun zu Ende gehen.

Einberufen wurde ich – ich war jetzt siebzehn Jahre alt – zu einer Elitetruppe des Heeres, der Division ›Großdeutschland‹, die aus dem Wachbataillon in Berlin hervorgegangen war. Das war mir sehr recht, obgleich ich mich zu einer anderen Einheit gemeldet hatte. Als aktiver Offiziersbewerber trat ich 1943 bei der Ersatzbrigade in Cottbus ein. Meine Ausbilder, alles hochdekorierte Unteroffiziere, Feldwebel und zwei junge Offiziere, hatten schwerste Einsätze in Russland hinter sich, und alle waren mindestens einmal verwundet worden. Es waren Leute, die uns in großem Ernst von ihren Erfahrungen berichteten und uns in ruhiger, bestimmter Art auf den bevorstehenden Einsatz vorbereiteten. Um die vorgeschriebene politische Schulung drückten sie sich am liebsten, und von Hurra-Patriotismus war da nichts zu spüren. Wenn ich heute an diese gar nicht so alten Soldaten denke, so erscheinen sie mir als Lehrmeister in Menschenführung beinahe vorbildlich.

In der Instruktionsstunde lernten wir die ›Pflichten des deutschen Soldaten‹ kennen, und humanes und faires Verhalten gegenüber dem Feind wurde uns geradezu eingehämmert. Das erste Gebot für den Einsatz, ›Der deutsche Soldat kämpft ritterlich für den Sieg seines Volkes. Grausamkeiten und nutzlose Zerstörungen sind seiner unwürdig‹, habe ich noch heute im Hinterkopf. Sehr klare Regeln für eine humane Kriegsführung hatten die weiteren Gebote zum Inhalt. So sollte es der Wehrmachtsführung damals ernst gewesen sein mit den zehn Geboten für die Kriegsführung des deutschen Soldaten. Uns wurde verfügt, diese im Soldbuch einzukleben. Und das Soldbuch musste der Soldat ja bekanntlich ständig mit sich führen.

Angesichts des unermesslichen Grauens und der Vernichtung von Städten, Dörfern und ›Verbrannter Erde‹ in den fünf Kriegsjahren überall auf der Welt können solche Sätze heute unglaubwürdig erscheinen, zumindest kann man nach all dem Elend, das die Menschen der Kriegsgeneration erfahren mussten, fragen, ob sie wohl wirklich Richtschnur für das Verhalten unserer Soldaten gewesen waren. Aber ich möchte in Erinnerung rufen, dass wir mit ihnen in den Krieg gegangen sind und sie nie infrage stellten, und dass ich auch niemand in meiner Einheit oder in meiner nahen und fernen Verwandtschaft kenne, der sie infrage gestellt hätte.

Zum Unteroffizier befördert wurde ich im Frühjahr 1944 und bald darauf nach kurzem Urlaub mit zwei anderen Kameraden zu einer Panzerjägerabteilung an der Ostfront in Marsch gesetzt – zur Frontbewährung – so hieß das damals.

Während der wenigen Urlaubstage, die mir noch verblieben, wurde zuhause über die ernste Situation, in der sich Deutschland befand, nicht viel gesprochen. Die Rückzugskämpfe an fast allen Fronten bedrückten meine Eltern nicht weniger als die ständigen Bombardierungen Berlins und anderer Städte. Dass jetzt mitten im Kriege auch noch der Kirchenkampf verschärft wurde und unser Pastor wegen einer mutigen Predigt erneut von der Gestapo verhaftet worden war, erbitterte sie. Sie wollten mir auch nicht erzählen, dass der junge Theologe Dietrich Bonhoeffer, der sich kürzlich erst mit unserer nachbarlichen Freundin Maria von Wedemeyer verlobt hatte, in Berlin-Tegel ins Gefängnis gebracht worden war. Die Bemühungen meiner Eltern waren offensichtlich: ihren Sohn, der an die Ostfront ging, nicht auch noch mit ihren großen Sorgen zu belasten.

Ganz unwissend über die Situation war ich natürlich jetzt nicht mehr. Einiges hatten unsere Ausbilder beiläufig erzählt, und manches hatte ich von den Verwundeten und Genesenden, die man in Cottbuser Restaurants beim Stadtausgang getroffen hatte, erfahren. Da hatten manche vom Wüten der Nazis in Polen und Russland gesprochen, und ich hörte erstmalig von besonderen Einsatzgruppen und einer Ausrottungspolitik.

›Durch solche Aktionen wird die Bevölkerung im rückwärtigen Gebiet – die Menschen in den Dörfern und an den Straßen hinter der Front, mit denen wir im allgemeinen bisher gut ausgekommen sind – doch geradezu provoziert. Die Leute, Männer wie Frauen, tauchen dann bei den Partisanen unter. Sie sprengen Depots und Gleise und beschießen oft ganz dreist die Züge, die uns Verpflegung und Ausrüstung bringen sollen‹, hatten sie erzählt. Nicht allzu laut natürlich, denn nicht jedem war zu trauen, und vor das Kriegsgericht wollte keiner.

Die Politisierung in der Wehrmacht schritt damals schnell voran, und nationalsozialistische Führungsoffiziere, die bei der Truppe wenig geschätzten, ja unbeliebten NSFOs, sollten dafür sorgen, dass keine ›defätistischen‹ Sprüche in Umlauf kamen. Bald würde ich mehr darüber erfahren.

Meine Panzerjägerabteilung war nach schweren Abwehrkämpfen bei Kamenenz-Podolski nach Ostpolen verlegt worden, um Ersatz, neue Waffen und Gerät zu empfangen. Wir trafen auf eine rheinländische Truppe, die in wechselvollen Kämpfen über viele Monate fast ununterbrochen im Einsatz gestanden hatte. Die ständigen verlustreichen Rückzugsbewegungen hatten die Abteilung vom Dnjepr bis zum Pruth und weiter bis zum Narew gedrängt. Ein spärlicher Ersatz hatte die großen Ausfälle nicht mehr wettmachen können. Das war die Situation. Die russischen Panzereinheiten stießen auch jetzt ständig weiter nach, blieben aber am Ostufer

der Weichsel noch einmal kurz stehen, um abzuwarten, bis der Aufstand der Nationalpolen in Warschau von deutscher Seite blutig niedergeschlagen wurde. Ein Ruhmesblatt für die Sowjets war es nicht, dass sie ihre verbündeten Polen im Stich ließen, nur weil diese für einen freien Nationalstaat eintraten, den Stalin in seinem Machtbereich nicht dulden wollte. Die Sowjetisierung der europäischen Oststaaten zeichnete sich ab. Aber davon wussten wir damals nichts.

Die Kämpfe mit russischen Panzerrudeln, fast ständiger Stellungswechsel mit sofortigem Eingraben, aber auch Schulung an neuen panzerbrechenden Waffen, das waren die ›Highlights‹ dieser Sommermonate. Staub und Dreck wechselten einander ab, und viel Energie mussten wir auf den ständigen Vernichtungskampf gegen Läuse und anderes Kleingetier verschwenden. Die Verluste durch Tote und Verwundete wurden kaum noch ersetzt. Mein Zugführer, ein Feldwebel aus Viersen, der das damals bei uns so beliebte Lied ›Barcelona, du bist die schönste Stadt im Süden dort in Spanien …‹ auch unter heftigem Feuer noch immer lauthals gesungen hatte, wurde abgeschossen, und der ›Hetzer‹, der zu den damals ›neuen‹ und gerade übernommenen Waffen der Panzerjäger gehörte, brannte, bis wir ihn aus den Augen verloren. Ein blutjunger Gefreiter, der in seinem Loch durch Splitter schwer verwundet und fast verblutet war, wollte sich nicht mehr mitnehmen lassen.

Die Leute in der Kompanie hielten fest zusammen, und unsere Integrierung in die Einheit altgedienter Soldaten gelang, ohne dass es uns überhaupt bewusst wurde. Alle wollten überleben, und jedem war klar, dass man sich unterstützen musste. Die oft genannte Kameradschaft wurde auch durch die Umstände erzwungen, unbeschadet dessen, dass schon immer Soldaten zur Kameradschaft als einer der wichtigsten Tugenden erzogen worden waren. Wenn ich heute an diese Soldatenkameraden im letzten Kriegsjahr denke, kann ich mir kaum vorstellen, dass viele da noch an einen glorreichen Sieg geglaubt haben; dafür erschien die Übermacht der Alliierten einfach zu groß. Eine Niederlage Deutschlands konnte und wollte sich aber auch niemand vorstellen. Es ging wohl nur noch darum, den ›Iwan‹ so lange aufzuhalten, bis die sagenhaften neuen Waffen, die Joseph Goebbels immer wieder mit frenetischer Stimme angekündigt hatte, zum Einsatz gelangen würden. Irgendwie sollten diese dann unsere vielen Gegner gesprächsbereit machen, und Deutschland würde in einem Patt überleben können. So wollte man es glauben, und manche glaubten es wohl wirklich. In den ständig kritischer werdenden Situationen schien es wahrscheinlich der einzige Ausweg zu sein.

Als Soldat fühlte man sich als Teil einer militärischen Institution, und irgendwie vertraute man dieser Einrichtung auch noch im vierten Kriegsjahr, wenn auch zunehmend mit Einschränkungen. Trotz schwerer Niederlagen hatte sich das Gefüge der Einheiten immer wieder erholt, allerdings auf stetig sinkendem Niveau.

Und dann hatten die Soldaten einen Treueid geschworen, den sie aus Ehrgefühl einhalten wollten und aus Angst vor Strafe nicht brechen konnten. Verunsichert waren schon viele, aber wahrscheinlich war nur einer Minderheit bewusst, dass wir einer Wehrmacht angehörten, die willfährig einer verabscheuungswürdigen Staatsführung diente.

Zur Weiterführung des Kampfes boten sowohl die Sowjets wie auch unsere westlichen Gegner keine erfreulichen Alternativen. Goebbels und sein geschickter Propagandaapparat konnte immer wieder erfolgreich damit argumentieren: bedingungslose Kapitulation, Zerstückelung Deutschlands und das ungewisse Schicksal der in russische Gewalt Geratenen.

Was die Wunderwaffen betraf, hatte ich den allergrößten Zweifel. Es fiel mir schwer, von diesen noch eine entscheidende Wendung des Kriegsgeschehens zu erhoffen. An allen Fronten ging es zurück, und unsere Waffenproduktion und Transportwege lagen unter pausenlosem Bombenhagel. Unter diesen Voraussetzungen konnte ich mir schwer vorstellen, dass sich die Kriegslage da noch einmal wenden würde. Es fehlte bei uns schon an Munition, und der Spritmangel machte sich mehr und mehr bemerkbar. Deprimierend war es, als uns befohlen wurde, Fahrzeuge, auch Jagdpanzer zu sprengen. Aber bald war es so, dass wir sie in aller Eile zurücklassen mussten.

Mir fielen die Ansichten meines Vaters ein, der am 3. September 1939 mit dem Eintritt Großbritanniens in den Krieg einen Sieg Deutschlands völlig ausgeschlossen hatte. ›Früher oder später werden die Vereinigten Staaten für England in den Krieg eintreten. Gegen diese gewaltige Wirtschaftsmacht hat unser Land keine Chance. Großdeutschland ist ein Name, den mancher wohl gerne hört, aber es ist keine Großmacht. Wir haben keine Ressourcen, weder Öl noch Kautschuk, und alle für unsere Rüstung benötigten Metalle müssen eingeführt werden.‹

So etwa hatte er sich wohl ausgedrückt, was ihn aber nicht davon abhielt, sich bei Kriegsbeginn sofort als Reserveoffizier zur Verfügung zu stellen und an den beiden Feldzügen gegen Polen und Frankreich teilzunehmen. Jetzt hatte für ihn – etwas pathetisch klingt das ja – das Vaterland gerufen. Man musste sich zur Verfügung stellen. Folglich zog er in einen Krieg, den er für falsch und aufgrund der Nazi-Politik auch für un-

moralisch hielt. Und so ist es sicher vielen gegangen. Es ist eine Einstellung oder Haltung, die man heute kaum noch jemandem erklären kann.

Meine Kameraden – viele von ihnen aus dem katholischen Umfeld von Köln und Neuss – waren sich einig, dass die Sowjets deutschen Boden nicht betreten durften, erhofften sich aber auch keinen Sieg der ›Goldfasanen‹, wie alle Parteileute verächtlich benannt wurden, die im rückwärtigen Kampfgebiet ihr Unwesen trieben. Heute sage ich Gott-sei-Dank, dass die meisten Landser vorne von diesen ›Aktionen‹ nicht viel mitbekamen, wenn ich auch nach vielen Publikationen, die uns heute zur Verfügung stehen, keineswegs ausschließen darf, dass sich der eine oder andere auch daran beteiligte oder dazu befohlen wurde.

Dass es aber einige unserer besten Soldaten miterleben mussten und nicht nur Zeitzeugen wurden, sondern sich aktiv dagegen auflehnten, erfuhren wir später von den ›Offizieren gegen Hitler‹. Nur ihrem Gewissen folgend, stellten sie sich gegen die staatlich verordnete Ausrottungspolitik unseres Regimes. Das war der militärische Widerstand, der am 20. Juli 1944 sein erschütterndes Ende fand. Aber darüber haben Sie sicher gehört oder gelesen.«

Ich wandte mich meinem Begleiter zu, der bisher geschwiegen hatte.

»Über das Attentat auf Hitler am 20. Juli sind wir in einem Lehrgang einigermaßen gut informiert worden. Ich habe selbst auch noch manches darüber gelesen. Sie sind ja ein Neffe des General Henning v. Tresckow, der viele Gleichgesinnte um sich scharte und als Zentralfigur des militärischen Widerstands nach dem Attentat auf Hitler sich selbst das Leben nahm. In mancher Hinsicht erinnert mich die Persönlichkeit Ihres Onkels an den General von der Marwitz, der dem ›Alten Fritz‹ den Gehorsam verweigerte und ›Ungnade wählte, als Gehorsam nicht Ehre brachte‹. Gleich ihm gehörte der General von Tresckow zu den Offizieren, die sich der großen Vergangenheit der preußisch-deutschen Geschichte sehr bewusst waren und entsprechend handelten.

Natürlich ging Ihr Onkel weiter. Er musste es ja auch, denn er hatte es mit einer verbrecherischen Staatsführung zu tun, die einen Vernichtungs- und Rassenkrieg führte. Hitler zu beseitigen wie einen ›räudigen Hund‹ war er fest entschlossen. Haben Sie damals etwas über die Absichten Ihres Onkels gewusst, und wie reagierten die Leute in der Abteilung, als das missglückte Attentat bekannt wurde? Vielleicht können Sie mir noch manches erzählen?«

»Dass mein Onkel ein entschiedener Gegner Hitlers war und das Regime der Nazis von Grund auf verachtete, wusste ich aus Gesprächen, die

er mit meinen Eltern geführt hatte. Nicht alles hatte ich mithören und erfahren sollen, aber an Urlaubstagen in meiner Heimat Wartenberg hatte ich doch mitbekommen, dass ihm bereits im Polenfeldzug Verbrechen gegen die Zivilbevölkerung durch die Aktionen sogenannter Einsatzgruppen bekannt geworden waren, die von der Obersten Heeresleitung nicht angeklagt, ja stillschweigend hingenommen wurden. Ich weiß, dass ihn diese passive Haltung eines Offizierscorps, das sich auf eine ehrenhafte soldatische Tradition berief, aufgewühlt hatte. Als ich über solche Dinge erfuhr, hat es mich stark bewegt, aber erst nach dem Krieg hat mir ein polnischer Freund aus eigenem Erleben bestätigt, dass damals viel polnische Intelligenz umgekommen ist.

Ebenfalls habe ich erst nach dem Krieg von Hitlers Ansprache an Kommandierende Generäle erfahren, die er auf seine Absicht einstimmte, gegen die Sowjetunion einen Rassen- und Vernichtungskrieg zu führen. Und wie es heute historisch belegt ist, erhielt er für seine Behauptung, dass die germanische Herrenrasse dann endgültig über die jüdisch-marxistisch-slawische Gefahr triumphieren werde, Beifall von diesen Kommandeuren in der deutschen Wehrmacht. Der totale Krieg war damit vorprogrammiert.

Innerhalb der Zivilbevölkerung sollte gegen Juden und Funktionäre der kommunistischen Partei ein Vernichtungskampf geführt werden, und die Gesetze des Völkerrechts sollten in diesem Feldzug keine Gültigkeit mehr haben.«

Herr Berger meldete sich. »Jetzt muss ich Sie auf einen Widerspruch aufmerksam machen. Sie sprachen vorher von den ›Pflichten des deutschen Soldaten‹ und den ›zehn Geboten für die Kriegführung‹, die Ihnen während der Ausbildungszeit eingehämmert wurden. Und Sie waren der Meinung, dass die Wehrmachtsführung voll hinter diesen Regeln stand und sie durchzusetzen gewillt war. Jetzt höre ich aber, dass die Kommandeure und Generale nicht widersprachen, als Hitler sie vor dem Russlandfeldzug auf einen Rassen- und Vernichtungsfeldzug einstimmte. Wie können Sie das erklären?«

»Ich kann mir nicht erklären, warum sich viele Kommandeure nicht an diese Regeln gehalten haben, die sie selbst einmal erlernt und verfochten hatten. Aber es ist wohl so, wie man es nach dem Kriege oft hörte, dass es Hitler durch seine Suggestivkraft immer gelungen ist, die Heerführer auf seine Linie zu bringen, und das gelang ihm offensichtlich schon vor Beginn des Angriffs auf die Sowjetunion.

Als das Ausmaß der Ausrottungsmaßnahmen im rückwärtigen Gebiet der Heeresgruppe Mitte bekannt wurde, hatte sich mein Onkel an seine

vorgesetzten Feldmarschälle gewandt, um sie zum Einschreiten zu bewegen und zu Protesten bei Hitler zu veranlassen. Wir wissen heute, dass es ihm nicht gelungen ist, und dass er sich daraufhin selbst zum Handeln entschloss.

Die Einstellung meines Onkels zum Nazi-Regime war mir sehr bekannt, aber von seinen Absichten, Hitler zu beseitigen, hatte ich während des Krieges nichts geahnt, und ich wusste auch nicht, dass mein Onkel selbst mehrmals ein Attentat auf Hitler geplant hatte.

Mit Bestürzung erfuhr ich am 21. Juli von den Ereignissen aus Berlin, die unserer Abteilung bei einem Appell bekannt gegeben wurden. Von einer Verbindung des gescheiterten Attentats des Grafen Stauffenberg mit dem Tod meines Onkels, der im Wehrmachtsbericht erwähnt worden war, gab es keinen Hinweis. Es war ja auch so, dass seine Beteiligung am Attentat erst nach weiteren Ermittlungen viele Tage später publik geworden war.

Das Attentat selbst verunsicherte natürlich die Soldaten. Die Stimmung schwankte zwischen kompletter Ablehnung und Angst vor weiteren Aktionen der Partei. Aber es gab auch einige, die der Meinung waren, dass Offiziere in hohen Kommandostellen wohl sehr klaren Einblick in die Lage haben mussten und das Blatt wenden wollten. Dass die Nazis mit ihren Organisationen im Hinterland bei der Truppe unbeliebt waren, war allgemein zu spüren. Und die Lage an den Fronten war ja auch alles andere als viel versprechend. Darüber konnten die großen Worte aus Berlin oder sonst woher nur noch wenige täuschen. Aber über diese Dinge zu sprechen, trauten sich auch nur sehr wenige, und das auch nur in vertrautem Kreis. ›Achtung, Feind hört mit‹ bezogen wir weniger auf Feindagenten als auf Spitzel in eigenen Reihen.

Im Sommer 1944 war über zurückgekommene Soldaten aus dem Heimaturlaub bekannt geworden, was der mutige Bischof Graf Galen in Münster über die Euthanasie gepredigt hatte. Viele Kameraden waren entsetzt darüber, dass sich in der Heimat in Deutschland solche Dinge ungesühnt zutragen konnten. Sie wurden als heimtückisch empfunden, und fast alle waren sehr nachdenklich gestimmt. Von dieser später viel genannten, ja berühmt gewordenen Rede hörte auch ich damals zum ersten Mal und wunderte mich, dass sich die Nazis mitten in einem noch nicht gewonnenen Kriege mit diesen Verbrechen zusätzlich belasteten. Die Predigt des Bischofs wurde unter den Kölner und Neusser Landsern von Hand zu Hand gereicht, gelesen und verschwand dann schnell wieder in einer Feldbluse.«

Ich hielt erst mal inne. In Polen sind die Straßen enger und in weiten Teilen nicht so gut ausgebaut wie bei uns in Deutschland. Belebt sind sie aber immer, und so hatten wir uns nur sehr langsam unserem Projektstandort in der Nähe von Inowroclaw genähert. Auf der langen Fahrt hatte ich versucht, meinem Begleiter mit einem kurzen Rückblick auf eine zurückliegende Soldatenzeit die Situation zu schildern, wie ich sie damals erlebt hatte. Aber seine Fragen hatte ich bisher nur halb beantwortet, und ich musste ihm jetzt sagen, dass ich auf Rat eines guten Freundes hin die besagte Wehrmachtsaustellung doch noch besucht hatte.

Vier Jahre war die Ausstellung nun schon durch deutsche Städte gezogen, als Historiker plötzlich gravierende Fehler an ihr entdeckten, und Herr Reemtsma, ihr Organisator, die Ausstellung erst einmal zurückziehen musste. Es wurde von mangelnder Redlichkeit und Einseitigkeit gesprochen, und man hielt sie für tendenziös und in der vorgestellten Form für unakzeptabel.

Dass es vor allem ausländische Historiker gewesen waren, die Widersprüche und falsche Exponate entlarvt hatten, gab für mich schließlich den Ausschlag, die Ausstellung doch zu besuchen, als sie durch unsere Städte ging. Warum ein polnischer und ein ungarischer Publizist der Wahrheit nähergekommen waren, die deutschen Chronisten diese Ausstellung aber nicht nachhaltiger beanstandet hatten, konnte ich nicht verstehen. Es kann wohl mit der oft zitierten political correctness erklärt werden, von der abzuweichen nur sehr wenigen Vertretern des öffentlichen Lebens ein echtes Anliegen ist. Nach monatelanger Unterbrechung und angeblicher Beseitigung aller Mängel hatte sie ihren fragwürdigen Siegeszug durch deutsche Städte fortgesetzt.

»Die Bilder, die ich in Bremen zu sehen bekam, waren scheußlich, und an ihrer Echtheit wollte ich auch gar nicht zweifeln. Eine Kommission von Wissenschaftlern hatte sie ja einer Prüfung unterzogen und bestätigt, dass auch Wehrmachtssoldaten an Verbrechen in Russland und Polen beteiligt waren.

Dies war für mich damals keine neue Erkenntnis mehr. Längst war allgemein anerkannt, dass man eine so große Organisation wie die Wehrmacht – etwa 18 Millionen deutscher Soldaten haben ihr angehört – nicht generell frei jeglicher Verbrechen, also als ›sauber‹ betiteln konnte, wie es – gut gemeint und ohne Sachkenntnis – bald nach dem Kriege geschehen war, um sich von SS-Verbänden, SD und anderen Sonderformationen abzugrenzen.

Man wusste, dass es der nationalsozialistischen Führung gelungen war

– ich erinnere an die Verkündigung des ›Totalen Krieges‹ durch Joseph Goebbels – auch die Einheiten der Wehrmacht und einzelne Soldaten so weit wie möglich in den ideologischen Vernichtungskampf, der in der Sowjetunion geführt wurde, zu verwickeln. Und der hat zweifellos bei manchen von ihnen zu inhumanem, ja verbrecherischem Handeln geführt. Das sind Tatsachen, die wohl nur noch von ganz Verbohrten abgestritten werden können.

Aus meiner Erinnerung muss ich hinzufügen, und ich sagte es auch schon, dass mir kein einziger Fall einer unwürdigen soldatischen Handlung und bestimmt keines Verbrechens – wie auf den Bildern der Ausstellung dargestellt – bekannt geworden ist, weder aus meiner Abteilung noch aus unserem gesamten Abschnitt. Auch Verwandte und Kameraden anderer Einheiten, die ich während meiner Gefangenschaft und später nach dem Kriege getroffen habe, bestätigten mir, dass sie Verbrechen und Gräuel, wie sie hier dargestellt wurden, in ihrem Bereich nicht erlebt hätten.

Somit handelt es sich um Einzelfälle, die dokumentiert wurden, und die, jeder für sich gesehen, schlimm genug waren. Sie berechtigen aber die Organisatoren der Ausstellung nicht, die Wehrmachtssoldaten generell als Verbrecher anzuprangern. Genau das aber besagt die pauschale Bezeichnung ›Verbrechen der Wehrmacht‹.

Die Ausstellung zeigt nur die halbe Wahrheit. Sollte die ganze Wahrheit über den Vernichtungskrieg im Osten dokumentiert werden, in den die Nazis schließlich auch unsere Soldaten hineingezogen haben, dann hätte sehr klar erwähnt werden müssen, dass die von ihnen verübten Verbrechen nicht die Regel waren sondern Ausnahmen blieben.

Selbstverständlich gehört zur Erklärung, dass der Krieg von Deutschland ausging, dass Deutschland ihn nach Russland hineingetragen hat. Man muss sich noch einmal vergegenwärtigen, dass die Sowjetunion gemeinsam mit Deutschland Polen besiegt und besetzt hatte, und dass der 1. Mai 1941 in Moskau noch im Zeichen der ›deutsch-sowjetischen Freundschaft‹ begangen wurde. Der deutsche Botschafter in Moskau, Graf von der Schulenburg, versuchte den Frieden bis zuletzt zu erhalten, und unterstrich in seinen Depeschen an das Auswärtige Amt in Berlin, dass Stalin und Molotow alles täten, um einen Konflikt zu vermeiden. Es nützte nichts, die Dinge nahmen ihren Lauf, und deutsche Armeen griffen am 22. Juni 1941 die Sowjetunion an. Um jetzt den äußersten Widerstand der mit Russland vereinigten Völker zu mobilisieren, musste sie sich trotz des seit langem proklamierten Zieles der Weltrevolution schnell zum ›Vaterländischen Krieg‹ entschließen.

Nun waren zwei Gegner aufeinander gestoßen, die sich an Menschenverachtung in nichts nachstanden. Diese unbedingte, schreckliche Verrohung des Krieges hat dann zu Handlungen geführt, die von Menschen einer nachfolgenden Generation verabscheut werden müssen, und man muss ihnen zugestehen, dass sie sich in das Geschehen nicht hineinversetzen können, in das ihre Väter verstrickt waren.

Auch der moralische Zwiespalt, unter dem viele unserer Soldaten in diesem Krieg gestanden haben, gehört zu einer ehrlichen Dokumentation über die Wehrmacht. Ich meine hier den Zwiespalt zwischen dem patriotischen Pflichtgefühl, für das Vaterland zu kämpfen und dabei eventuell auch zu sterben, auf der einen Seite – wie es damals für jede Nation wohl selbstverständlich war – und der klaren Erkenntnis oder einem vagen Gefühl, sich für eine ungute Sache hingeben zu müssen.

Ich selbst gehöre einer Familie an, die unter diesem moralischen Zwiespalt gelebt und sehr gelitten hat. Ich erzählte Ihnen von meinem Vater, der das Naziregime hasste, weil er es für unmoralisch hielt, aber keinen Moment zögerte, sich als Soldat zu stellen, als der Krieg ausbrach. Sein Bruder Henning, Organisator des militärischen Widerstandes, hat viele Jahre unter diesem Zwiespalt gestanden. Wie auch viele andere trug er sein Wissen über ein verbrecherisches Regime als Belastung und Verpflichtung zum Handeln. An vielen verantwortlichen Stellen des Heeres und letztlich als General und erster Generalstabsoffizier einer Armee hat er bis zuletzt seine ganze Kraft für die Soldaten der Ostfront eingesetzt und mit seinem Opfertod am 20. Juli 1944 der Welt ein Beispiel gegeben, dass es unter den Deutschen nicht nur willige Helfer gab. Wie er haben auch viele andere Soldaten gelitten. Aber man kann nicht erwarten, dass jeder von ihnen ein Held ist, und nicht alle konnten handeln.

Die Ausstellung regte zum Nachdenken an. Ich sah hier Bilder, die ich mir nicht gewünscht hatte, die aber zum schrecklichen Kriegsgeschehen gehörten, das sicher manche der ehemaligen Wehrmachtsoldaten schon verdrängt hatten. Leicht ließ sich das aus den Bemerkungen einiger Ausstellungsbesucher entnehmen.

Wie mir gesagt wurde, waren etliche der früher fälschlich gezeigten Fotographien ausgewechselt worden, aber von ihrer Grundhaltung – nämlich mit der Darstellung vereinzelter Verbrechen die Soldaten der Wehrmacht einseitig anzuklagen – waren Herr Reemtsma und seine Mitarbeiter nicht abgewichen. Das enttäuschte mich sehr. Die Ausstellung bewies nichts anderes als eine wissenschaftliche Unredlichkeit und Einseitigkeit, und sie zeugte von einer unwürdigen Selbstverachtung ihrer Organisato-

ren. Man wollte mit ihr die Verwerflichkeit der Wehrmacht aufzeigen und hat bewusst unterlassen, andere Aspekte einzubringen. Ich kann mir nicht helfen, aber mit der pauschalen Diffamierung haben sie die Ehre von Millionen toter und noch lebender Soldaten verletzt, und ich kann mir auch nicht vorstellen, dass eine so generelle Entwürdigung seiner Soldaten in einem anderen Lande möglich wäre.«

Herr Berger hatte bisher geschwiegen. Jetzt meinte er: »Ihre Ansicht habe ich gehört. Eine andere habe ich auch kaum erwartet. Aber was sagen denn unsere führenden Politiker zu der Ausstellung, was haben Bundespräsidenten und Kanzler dazu gesagt, die vorigen wie die jetzigen?«

»Da sprechen Sie einen Punkt an, der mich bis heute irritiert. Ich kann es auch nicht verstehen, dass sich unsere führenden Staatsorgane in Schweigen gehüllt haben. Mir ist jedenfalls nicht bekannt geworden, dass sich einer von ihnen öffentlich gegen die pauschale Diffamierung der Wehrmacht geäußert hätte. Als Vertreter unseres Volkes, in dem Millionen von Familien mindestens mit einem Angehörigen zur Wehrmacht gehörten, musste ihnen doch aufgefallen sein, dass die gezeigten Bilder sehr einseitig anklagen und keinerlei Dokumente gezeigt werden, die zur Verteidigung herangezogen werden konnten.

Natürlich mussten Verbrechen verurteilt werden – das steht doch außer Frage – aber Soldaten, die über viele Kriegsjahre tapfer gekämpft und oft in aussichtsloser Lage bis zum bitteren Ende durchgehalten hatten, um die Heimat zu schützen, gehörten ja auch zur Wehrmacht. Sie waren bestimmt die übergroße Mehrheit. Angesichts dieser Ausstellung hätte ihnen Anerkennung und Klarstellung in aller Öffentlichkeit von höchster Stelle gebührt.

Überrascht hat mich auch, dass die bekannten deutschen Historiker zu den pauschalen Anschuldigungen geschwiegen haben. Warum haben die Geschichtsprofessoren unserer Universitäten sich nicht laut zu Wort gemeldet, als sie gravierende Mängel an der Darstellung der jüngsten Zeitgeschichte entdeckten? War ihnen nicht bewusst geworden, dass die einseitig negative Dokumentation über die deutsche Wehrmacht die Gemüter vieler Menschen in unserem Land mehr bewegte als wohl jede andere Veröffentlichung über den Zweiten Weltkrieg?«

Wir hatten Hohensalza hinter uns gelassen – der alte deutsche Name für Inowroclaw ist mir noch geläufig – und befanden uns jetzt in einer der fruchtbarsten Regionen Polens. Diese Tatsache hatte den Ausschlag gegeben, als wir uns vor einem Jahr um einen landwirtschaftlichen Betrieb be-

worben hatten, um ihn zu einem deutsch-polnischen Schulungszentrum zu entwickeln.

Herr Berger wurde eingewiesen, wie ich es mit dem polnischen Verwalter schon bei meinem letzten Besuch abgesprochen hatte. Er sollte die einzelnen Betriebszweige auf ihre Wirtschaftlichkeit untersuchen und einen Betriebsspiegel anfertigen. Ich fuhr weiter nach Warschau zu Besprechungen in polnischen Ministerien.

Als ich nach wenigen Tagen zurückkam, berichtete mein junger Freund auf unserer Rückfahrt zur Oder voller Begeisterung über seine Tage auf unserem deutsch-polnischen Betrieb. Mit den Polen hatte er offensichtlich bereits ein gutes Verhältnis angebahnt. Vorschläge, die Produktivität des Betriebes zu steigern, hatte er sich notiert und las sie mir vor. Ich freute mich über seinen Enthusiasmus.

»Nun müssen Sie mir aber erzählen, wie Sie das Kriegsende erlebt haben? Sie waren doch im Sommer 44 in Ostpolen bei einer Panzerjägerabteilung. Wie ging das weiter? Sind Sie nicht in Gefangenschaft gekommen? Bei den Russen oder wo?« Herr Berger wollte es wissen.

»Das ist bald erzählt. Im Herbst 44 überraschte ich meine Eltern mit einem kurzen Urlaub, bevor ich zur Waffenschule kommandiert wurde. Erst zuhause erfuhr ich, was sich nach dem 20. Juli abgespielt hatte. Mein Onkel war zunächst mit allen militärischen Ehren in unserem Heimatort Wartenberg beigesetzt worden. Es war ja so, dass ein verdienter General an der Ostfront gefallen war, und ein militärischer Ehrensalut über seinem Grab und viele Kränze auch politischer Würdenträger bestätigten diese Lesart. Als nach kurzer Zeit sein Handeln gegen Führer und Staatsmacht ermittelt worden war, hatte sich die öffentliche Version geändert, und er wurde post mortem aus der Wehrmacht ausgestoßen. SS-Leute hatten seinen Sarg ausgegraben und nach Berlin überführt. Meine Eltern durften in dieser Situation niemand gefährden und mussten es schweigend hinnehmen.

Die Waffenschule in Wischau war nichts mehr als ein großes Soldatenlager. In diesem mährischen Nest wimmelte es von Ausbildern, Oberfähnrichen und angehenden Offizierssoldaten, die vor ihrer Beförderung standen und auf ihren neuen Einsatz warteten. In den wenigen ständig überfüllten Restaurants der nahen Stadt Brünn verbrachten wir unsere dienstfreien Abende, und mir ist eigentlich nichts weiter in Erinnerung geblieben als das hervorragende Bier, das dort im letzten Kriegsjahr in der ehemaligen Tschechoslowakei ausgeschenkt wurde. Wer das jetzt liest, verbindet meine Erinnerung vielleicht mit der damals so beliebten Soldatenschnulze ›Wovon kann der Landser denn schon träumen?‹.

Der Weihnachtsabend, zu dem wir bei einer deutschen Volksgruppe eingeladen waren, war das absolute ›Highlight‹ dieser Wochen. Die beiden Dörfer Hubitschau und Kutscherau lagen weit oben in den Bergen des Sudetenlandes. Die jungen Mädchen und alten Männer sangen uns Weihnachtslieder und verwöhnten uns mit Leckereien.

Wir erlebten einen Heiligen Abend unter Deutschen in der Diaspora, und ich werde nie vergessen, dass wir den Text des Liedes ›Hohe Nacht der klaren Sterne‹ – diesen strittigen Ersatz für ein christliches Weihnachtslied –, das unser NSFO mit uns anstimmen wollte, nicht beherrschten. Dem Parteisoldaten machten wir bestimmt keine Freude, dass wir keinen rechten Ton herausbrachten und das Lied schließlich in Disharmonie ausklang. Kaum parteikonform sangen dann aber die jungen Offiziersanwärter mit lauter Stimme die drei Strophen von ›O Du fröhliche‹, und es klang wie eine Demonstration und sollte es wohl auch sein, zusammen mit den deutschen Menschen in den Bergdörfern, die wohl schon ahnen konnten, dass ihnen bald ein schweres Schicksal bevorstand. So kam es auch, wie wir heute wissen.

Alles weitere ging dann schnell. Die Beförderung zum Leutnant erfolgte in den letzten Märztagen 45. Für großartige Feierlichkeiten war keine Zeit mehr, denn Deutschland war zur Rundumverteidigung angetreten, und die Armeen der Alliierten drängten von allen Seiten heran. Schon am nächsten Tag wurde ich mit einem Offizierskameraden auf die Bahn gesetzt, die uns nach Grafenwöhr in Bayern bringen sollte. Dort, so hieß es, würde gerade eine neue Division aufgestellt, die in Süddeutschland das schnelle Vorrücken der Amerikaner stoppen sollte. Glaubhaft schien uns überhaupt nichts mehr, aber wir meldeten uns befehlsgemäß vier Tage später in dem völlig überfüllten Militärlager ausgerechnet zur Stunde eines schweren Luftangriffs der Royal Air Force und wurden zusammen mit russischen Gefangenen sofort zu Löscharbeiten befohlen. Es dauerte mehrere Tage, da wir immer wieder von Jabos gestört wurden, die fast ungestört von deutscher Abwehr ihr Unwesen trieben.

Die neu aufgestellte Division entpuppte sich als Alarmeinheit in Kompaniestärke. Sie wurde geführt von einem Infanteriehauptmann, der sich gerade aus dem Lazarett zurückgemeldet hatte. Außer ihm, einigen Unteroffizieren und Obergefreiten hatten die Leute dieser ›Einheit‹ keinerlei Fronterfahrung. Sie bestand aus jungen Rekruten, die ihre Ausbildung noch nicht beendet hatten, und einigen bisher uk-gestellten älteren Herren, die vom Kriegshandwerk nicht mehr viel wissen wollten, was ich den Umständen entsprechend niemand verdenken konnte. Mit diesen Leuten

gegen die Amerikaner zu marschieren, erschien mir mehr als fragwürdig, und ich war daher freudig überrascht, als ich zu einer Sonderaufgabe kommandiert wurde.

Mit zwei Unteroffizieren und zwei Gefreiten sollte ich so etwas wie Aufklärung betreiben. Ein Kommandeur in Grafenwöhr wollte unbedingt wissen, welche amerikanischen Einheiten sich in welcher Stärke auf den Straßen der Fränkischen Alb Richtung Südwesten bewegten. Bis zur Autobahn – heute hat sie die No. 6 – sollten wir vorgehen.

So schnell wie möglich verließen wir das ungemütliche Militärlager. Die Amerikaner waren eigentlich schon überall, so schien es uns wenigstens, aber es gelang uns immer wieder, irgendwo im Unterholz der Fränkischen Alb unterzutauchen und ihnen auszuweichen, ständig auch des Nachts von ihren Fliegern verfolgt. Unser Auftrag erschien mir ziemlich sinnlos, aber wir stapften weiter.«

Ich musste einen Moment innehalten und nachdenken. Auf unserem Fußmarsch durch unbekannte Wälder und Auen hatten wir immer verschlungene Pfade gewählt, um den Amis zu entgehen, und an manche Ortsnamen konnte ich mich nicht mehr erinnern.

»Ich weiß, dass wir irgendwo westlich der kleinen Stadt Amberg plötzlich an einer steilen Böschung standen. Wir hatten die Autobahn erreicht. Wir warfen uns ins Gras und konnten weit hinunterschauen. Mehr noch, wir mussten Mund und Nase aufsperren. Was sich da in einer endlos langen Schlange der amerikanischen Kriegsmaschinerie heranwälzte, überwältigte uns. Die nicht abreißenden Kolonnen an Panzern, Lastwagen, Kanonen und Jeeps mussten den ungleichen Kampf gegen unsere deutschen Alarmeinheiten doch bald beenden können. Etwas anderes konnte man sich doch nicht mehr vorstellen.

Auftragsgemäß nahmen wir unseren Block zur Hand, zählten Panzer und Lastwagen, Jeeps und Tieflader, die in einer Zeit von jeweils fünf Minuten unter uns vorüber rollten, und schrieben es auf unsere Blocks. Dann sahen wir uns an. Das waren also die USA, mit denen wir immer noch im Kriege standen! Wie konnten wir jemals geglaubt haben, über sie siegen zu können. Wieder erinnerte ich mich daran, was mein Vater am ersten Kriegstag gesagt hatte.

Wir blickten noch einmal auf die Karte – und nun muss ich Ihnen eine kleine Geschichte erzählen, die mir zumindest im Nachhinein fast als heiter erscheint. Denn was ich jetzt berichte, sollte unvermittelt mein aktives Soldatenleben beenden. Das kam so.

Auf der Karte entdeckten wir in fast greifbarer Nähe den Ort Eber-

mannsdorf, in dem sich offensichtlich ein größerer Gutshof, mehrere Stallungen und ein Schloss befanden. Unserer Lage entsprechend wirkte der Ort irgendwie einladend, und nach der langen Marschiererei waren wir einem kräftigen Mittagessen nicht abgeneigt. Dieses in einer fränkischen Gutsküche einzunehmen, schien uns damals, wie es sicher auch heute sein würde, sehr verlockend, bevor wir den mühsamen, unsicheren Rückweg nach Grafenwöhr antreten mussten. Also machten wir uns daran – immer wieder kleine Wäldchen und Baumgruppen zur Tarnung ausnutzend – und standen bald reichlich verdreckt und bislang auch unerkannt vom Feind vor dem Schlossportal.

Das Leben schien hier stehen geblieben, und der Krieg hatte an Gutshaus und Gebäuden auch noch keinerlei Spuren hinterlassen. Da Eile geboten war, machten wir uns schnell bemerkbar, und es dauerte nicht lange, bis uns ein freundlicher älterer Herr – wie wir dann gleich erfuhren, war es ›der Baron‹ – vor der hohen Haustür begrüßte. Noch bevor wir unsere Bitte um etwas zum Essen anbringen konnten, erklärte uns der Gutsherr zu seinen Gästen. ›Wir gehen gerade zu Tisch, setzen Sie sich gleich dazu. Wahrscheinlich sind Sie die letzten deutschen Soldaten, die wir hier bewirten können. Wie ich gerade gehört habe, sind im Nachbardorf schon Amerikaner aufgetaucht, die per Lautsprecher versteckte Landser aus den Häusern hervorlocken.‹

Wir legten unsere leichten Waffen ab und wurden an einen großen ovalen Tisch im Obergeschoss des Gutshauses platziert, an dem bereits Kinder, Familienmitglieder und zahlreiche Flüchtlingsfamilien mit Kleinkindern saßen.

Die Gemütlichkeit dauerte nicht lange, und mit dem Essen sollte es auch nichts werden. Die Suppe wurde gerade aufgetragen, als plötzlich jemand rief: ›Die Amerikaner sind da.‹

›Na wo sind sie denn?‹ Der Baron und ich gleichzeitig mit ihm sprangen auf und traten ans Fenster. Tatsächlich fuhr gerade ein Radpanzer in langsamer Fahrt um das Blumenbeet vor dem Schlossportal. Meine Leute griffen zu den Waffen.

Das Rasseln von Panzerketten und einige nahe Schüsse waren jetzt laut zu hören und übertönten bald das Wimmern und Schreien der verängstigten Kinder um uns herum. Der Schlossherr reagierte prompt und der Situation gewachsen. Es gelang ihm im Nu, eine uns bisher verborgen gebliebene Tapetentür aufspringen zu lassen, hinter der sich, wie wir sogleich gewahr wurden, eine Wendeltreppe befand, die in die Kellerräume führte.

›Von dort gibt es einen unterirdischen Gang, der hinter dem kleinen Wäldchen dort einen Ausgang ins Freie eröffnet.‹ Der Baron wies in die Richtung. ›Beeilen Sie sich, vielleicht können Sie von dort noch wegkommen. Ich werde derweil hinuntergehen und die Amerikaner vor der Haustür empfangen. Die Herren kann ich vielleicht ein wenig aufhalten. Ich sehe, da kommen ja auch schon mehr Fahrzeuge. Für uns ist der Krieg hier wohl zuende.‹

Wir stürzten die verdunkelte Treppe hinunter, während hinter uns die Tapetentür zuschlug.

Wir wischten uns Dreck und Spinngewebe aus Gesicht und Haaren, als wir nach dunklen Kellergewölben und schmutzigen Wänden wieder im Freien, aber in dichtem Gestrüpp standen. Anhand des nahen und lauter werdenden Lärms von Fahrzeugen konnten wir feststellen, dass sich unser Ausstiegsloch nicht weit von einem befestigten Waldweg befand, der jetzt offensichtlich von den Amis als Vormarschstraße genutzt wurde. Panzerspähwagen sah man da flitzen, und das Kettengerassel verstärkte sich. Eine Panzerkolonne näherte sich bereits.

›Ich werde mich mal an den Straßenrand robben, um zu sehen, welche Panzereinheit da anrollt. Aus der Nähe lassen sich Zahlen erkennen. Bleibt nur still hier im Gebüsch. Ich bin gleich zurück.‹

Meine vier Leute duckten sich hinter die Büsche, und ich schlich mich langsam an den Straßenrand. In einem Graben voller Brennnesseln fand ich Deckung, um eine Kolonne abzuwarten, die sich rasselnd näherte.

Was sagt man, wenn man einem GI auf nächste Entfernung im Gefecht begegnet?, fragte ich mich selbst und gab mir eine instinktive Antwort. Nur ›Hands up‹ fiel mir da ein. Die beiden Worte hatte ich mir eingeprägt, und sie lagen mir auf der Zunge. Ich sprach sie auch laut aus, was jedem närrisch erscheinen muss, der sich einigermaßen in die Situation hineinversetzen kann, in der ich mich befand. Ein baumlanger amerikanischer Soldat hatte mir nämlich sein kurzes Gewehr ziemlich dicht und bedrohlich vor meine Nase gehalten. Den auf weichen Gummisohlen nahenden Krieger hatte ich in meiner geduckten Haltung nicht kommen sehen. Es war wohl ein sogenannter Nahsicherer, der den ersten Panzer abschirmen sollte. Jetzt war es zu spät. Jeden Moment würde er abdrücken.

Der lange Mulatte tat es nicht. Er ging auf meine albernen zwei Worte nicht weiter ein, sondern zog mich an meiner Tarnjacke aus dem Graben und gab mir ein paar kräftige Ohrfeigen, wie ich sie noch nie erhalten hatte. Damit war das Ende meiner militärischen Dienstzeit eingeläutet.

Ich musste mich in die lange Reihe der PoWs einreihen, die hinter der Panzerkolonne auftauchte und in loser Formation hinter den Panzern hertrottete. Gefangenschaft in den Rheinwiesen und in Frankreich waren die Folge, die dann weniger amüsant ausfiel.«

Lächelnd nickte Herr Berger und meinte, dass Gutes und Schlechtes beim Soldaten immer Hand in Hand marschieren. Na gut. Woanders sicher auch. Aber dann hatte er noch eine Frage auf dem Herzen.

»Sie sind ja kurz vor Kriegsende von den Amerikanern kassiert worden. Was haben Sie empfunden, als dieser Krieg plötzlich zu Ende war? Haben Sie ihn als Befreiung empfunden oder als Niederlage? Wir hören ja heutzutage die unterschiedlichsten Meinungen darüber.«

»An den 8. Mai habe ich überhaupt keine Erinnerung. Mit dem Eintritt in die Gefangenschaft hatte ich keinen Zeitbegriff mehr. Das lag nicht nur daran, dass mir ein Ami meine Uhr recht unsanft vom Arm abgezogen hatte. Es lag vor allem an dem jämmerlichen Lagerleben in Heidesheim, wo wir ab Mitte April ohne jegliche Unterkunft in aufgeweichten Erdlöchern dem ständigen Regen trotzen mussten und wir in geistloser Monotonie vegetierten. Ich kann es nicht anders ausdrücken. Es war ein schlimmer Monat, und vor allem die älteren Jahrgänge, von denen viele aus Kasernen und Schreibstuben direkt in die Schlammwüste eingeliefert wurden, litten besonders. Über die Verpflegung, die uns die Amis zubilligten, ist ja schon viel berichtet worden. Auch wir bekamen das pampige Weißbrot, das in ich weiß nicht mehr wie viele Teilstückchen zerschnitten werden musste, alles unter den Argusaugen der mitgefangenen Kameraden. Und wie man Kartoffeln gar bekommen sollte, wenn Feuerstellen nicht nur aus Sicherheitsgründen tabu sind, sondern auch aus Mangel an Zündhölzern und Brennmaterial, hat uns niemand gesagt. Wenn es einige unter den Offizierskameraden doch irgendwie fertig brachten, ein Feuer zu entfachen, wurde es bald von den polnischen Wächtern entdeckt, die rücksichtslos von ihren Türmen ins Lager schossen.

Wie Sie hören, waren diese Tage nicht gerade dazu angetan, uns über eine Befreiung zu freuen. Noch weniger natürlich, wenn ich an meine ostdeutsche Heimat dachte, über die jetzt die sowjetische Soldateska hergefallen war. Ich hatte keinerlei Nachricht von meinen Angehörigen, glaubte aber sicher zu wissen, dass aufgrund der Schnelligkeit, mit der die Neumark von den Sowjets überrannt worden war, kein Treck Richtung Westen mehr zustande gekommen war. Mir verblieb nur die Ungewissheit, die erst ein Jahr später nach Rückkehr aus der Gefangenschaft in Frankreich enden sollte.

Ihre Frage ist nicht leicht zu beantworten. Natürlich waren wir froh, dass die Kampfhandlungen beendet waren. Es wurde nicht mehr geschossen, und der Himmel war plötzlich Jabofrei. Dass Deutschland mit einer Niederlage aus diesem schrecklichen Krieg hervorgegangen war, berührte mich damals kaum. Das hatte ich längst vorausgesehen, und wohl die meisten meiner Kameraden auch. Aber was sollte nun werden? Der Rücktransport als PoW nach Deutschland über die Rheinbrücke mit tagelangen Aufenthalten in Aachen und Münster konfrontierte uns mit den Zerstörungen in unserem Land.

Erst nach und nach gewann der Gedanke einer Befreiung von den Nazis Oberhand. Mir wurde bewusst, dass wir Deutschen es allein nicht geschafft hatten, uns von unserer verbrecherischen Staatsführung zu befreien. Dass wir unseren fatalen Irrtum mit dem Naziregime mit vielen Millionen Toten und einem zerstörten Land zu bezahlen hatten, war zu offensichtlich, und ich dachte an alle Gespräche, die wir in diesem Kriege unter Soldaten und in der Heimat mit Eltern und Verwandten geführt hatten. Mehr dazu kann ich nicht sagen.«

Als wir uns in die lange Autoschlage am Grenzübergang eingefädelt hatten, erinnerte mich Herr Berger an unsere Abmachung, die Seelower Gedenkstätte zu besuchen. Natürlich, das hatte ich gesagt, und nach unseren langen Gesprächen über die Soldaten und ›Verbrechen der Wehrmacht‹ versprach ich mir von diesem Museum über die letzten Kriegswochen im Osten noch viele Ergänzungen. Wir hatten seltenes Glück. Die Grenzer beider Seiten winkten uns durch, und wir passierten am frühen Nachmittag die Oder- und Warthebrücken.

An dem martialischen russischen Kriegsgerät auf dem Vorplatz der Gedenkstätte drängten wir uns vorbei und standen bald in einem sehr düster wirkenden Ausstellungsraum, in dem Dokumente und sehr realistische Fotos aus den letzten Kriegswochen gezeigt werden. Die vielen schriftlichen Erklärungen können ja nur eine ungefähre Ahnung geben von den Kämpfen, die sich in dieser Region abgespielt haben.

›Nie wieder Krieg! Ich habe meinen Vater nie kennen gelernt.‹ Diese Sätze hatte eine Berlinerin in das Gästebuch des Museums Seelower Höhen geschrieben. Darunter hatten Besucher aus Polen vermerkt: ›Krieg schlecht. Viel tot Menschen. Das ist traurig.‹ Beim Durchblättern fanden sich Sätze wie ›Vergesst unsere Soldaten nicht‹ und ähnliches. Ein Album voller mitfühlender Gedanken an das Inferno an der Oder und ihrem Hinterland!

Von hier waren es ja nur wenige Kilometer bis zum Oderufer und

jenem Bunker am sogenannten Reitweiner Sporn, der Geschichte gemacht hat. Es war Marschall Georgij Schukow, der russische Stalingradheld, gewesen, der dort auf dem bewaldeten Hügel vor der großen Offensive über die Oder seinen Befehlsstand errichtet hatte. Gegenüber den Seelower Höhen war eine gewaltige Kriegsmaschine gegen das Restaufgebot der deutschen Wehrmacht aufgestellt, die er nach schwersten Kämpfen im Oderraum bis zum siegreichen Ende in Berlin führte.

Ich erinnerte mich. In ihrer Sommeroffensive 1944 waren die sowjetischen Armeen in schneller Folge durch Weißrussland, Ost- und Zentralpolen bis zur Weichsel vorgerückt und hatten unmittelbar mehrere Brückenköpfe am Westufer gebildet. Der nächste Vorstoß nach Westen erfolgte dann im Januar 1945 aus diesen Brückenköpfen, und bereits am ersten Tag brach eine geschlossene deutsche Verteidigung zusammen, und Schukows Gardearmeen befanden sich bis zu hundert Kilometer vom Ausgangspunkt entfernt auf dem Vormarsch.

Von einer gewaltigen Übermacht waren in wenigen Wochen viele deutsche Divisionen zersprengt oder total zerschlagen worden. Eingeschlossene Reste ihrer Truppenteile leisteten aber, wo immer noch möglich, erbitterten Widerstand. Sie mussten schließlich wegen Munitions- und Spritmangel ihr schweres Gerät aufgeben und auf die deutsche Reichsgrenze und weiter hinter die Oder zurückweichen. Die Verluste waren enorm, und Ersatz konnte nicht mehr herangeführt werden. Die Straßen, mit zurückflutenden Fluchtfahrzeugen und Trecks bereits rettungslos verstopft, lagen unter einem Hagel russischer Bomberflotten, die kaum noch auf Gegenwehr stießen.

Bodenfrost und die gefrorenen Flüsse hatten den sowjetischen Vormarsch begünstigt, und die von Schukow geführte erste Weißrussische Front erreichte Ende Januar mit ihren Panzerspitzen das östliche Oderufer. Einer kleinen Einheit gelang es sogar in den frühen Morgenstunden des 31. Januar 1945, die dünne Eisdecke des Flusses zu überqueren und einen ersten Brückenkopf auf dem westlichen Ufer zu bilden. Wenig später hatten die Sowjets weitere Brückenköpfe geschaffen, und es gelang ihnen, diese in den folgenden Wochen unter schwersten Verlusten für beide Seiten ständig zu erweitern.

Das war die Vorgeschichte zur beginnenden großen Feldschlacht zwischen Oder und Berlin, dem letzten großen Opfergang des deutschen Ostheeres, die in den Morgenstunden des 16. April 1945 ihren Anfang nahm.

Die erste Weißrussische Front, die jetzt auf mehr als 800 000 Soldaten angewachsen war, trat aus diesen Brückenköpfen zur ›Operation Berlin‹

an. Artilleriefeuer in einer noch nie dagewesenen Intensität war dem Angriff mehrerer Infanterie- und Panzerarmeen vorausgegangen. Auf engstem Raum standen sich achtzig Kilometer vor der Reichshauptstadt die übermächtige Rote Armee und eine eilig zusammengeschusterte deutsche Truppe gegenüber, die sich eine Woche lang wahrhaft heldenmütig verteidigte. Das barbarische Verhalten der sowjetischen Soldateska, das diese beim Betreten deutschen Bodens an den Tag gelegt hatte, ermutigte sie zu äußerstem Widerstand und Opfertod für Heimat und Angehörige. Der Übermacht der Roten Armee konnten sie schließlich nicht mehr standhalten.

Die Gedenkstätte, in der wir uns befanden, liegt inmitten des ehemaligen Kampfgeschehens. Ein weites russisches Gräberfeld, über dem auf hohem Sockel ein sowjetischer Soldat in erhabener Pose wacht, erinnert an den Blutzoll, den Schukows Garden hier vor ihrem Sieg noch einmal entrichten mussten. Die endlos langen Reihen der Kriegsgräber erinnern an die harten Kämpfe zwischen den ausgebluteten deutschen Bataillonen und den sowjetischen Armeen.

Offensichtlich war Herr Berger beeindruckt und meinte beim Verlassen des Museums: »Ich danke Ihnen, dass Sie mit mir die Gedenkstätte besucht haben. Über die letzten Kämpfe der Wehrmacht habe ich heute noch viel erfahren können. Nachdem ich all die Bilder gesehen habe, kann ich noch weniger verstehen, dass man in einer Wehrmachtsausstellung unsere Soldaten pauschal verunglimpft, und dass sich die Verantwortlichen in unserem Staat nicht bereit fanden, viele Dinge klarzustellen und damit zu einer ausgewogenen Berichterstattung beizutragen.

Hat Napoleon nicht das halbe Europa besetzt, und sicher gegen den Willen der meisten seiner Völker? Ich habe nicht gehört, dass sich Frankreich von seiner glorreichen Armee abgewendet hätte. Das haben auch die Engländer nicht getan, die Anfang des zwanzigsten Jahrhunderts die weit unterlegenen Buren in Südafrika niederkämpften und auch deren Familien brutal in die Unterwerfung hineingerissen haben. Ehrendes Gedenken wird ihren Soldaten auf zahlreichen Erinnerungstafeln bestätigt, auch wenn der Burenkrieg ein beschämendes Kapitel der britischen Geschichte war.

Es gibt viele andere Beispiele. Nur bei uns ist es anders. Wird über die Soldaten des Zweiten Weltkrieges berichtet, so erfährt die Öffentlichkeit nur von dem verbrecherischen Überfall auf die Sowjetunion, und so lässt sich leicht herleiten, dass die Wehrmachtssoldaten Verbrecher waren.

Zu diesem Thema möchte ich Ihnen gern einige Sätze vorlesen, die ich schon seit langem in meiner Brieftasche trage. Ich fand sie in dem Buch

›The Seven Pillars Of Wisdom‹ von Thomas Edward Lawrence. Deutschlands Gegner im Ersten Weltkrieg, ›Lawrence of Arabia‹, schreibt in einem Kapitel über den Rückzug der Osmanischen Armee aus Palästina. Für das deutsche Kontingent der geschlagenen Armee fand er folgende Worte, die ich nur in englischer Fassung besitze.«

Herr Berger zog einen zerknitterten Zettel aus der Tasche und las:

»Exceptions were the German detachments; and here, for the first time, I grew proud of the enemy. They were two thousand miles from home, without hope and without guides, in conditions mad enough to break the braves nerves. Yet their sections held together, in firm rank, sheering through the wrack of Turk and Arab like armoured ships, high faced and silent. When attacked they halted, took position, fired to order. There was no haste, no crying, no hesitation. They were glorious.«

»Ich würde gern wieder mitkommen nach Polen, wenn das Projekt weiter fortgeschritten ist. Ich habe noch viele Fragen, und auf der langen Fahrt kann man sich gut unterhalten«, meinte Herr Berger, als wir uns in Hannover am Bahnhof verabschiedeten.

# Freunde und »Brüder« in Afghanistan

*Alles braucht seine Zeit in Afghanistan. Es wird all die Dinge nicht zurückbringen, die uns lieb waren: die klaren Tage, der hohe Himmel, die Eiskuppen auf den Bergen, die weißen Pappeln, die der Wind bewegt, die langen weißen Gebetsfahnen, die Narzissen, die den Tulpen folgten, Wir werden nicht in der Roten Zitadelle auf dem Rücken liegen und die Geier beobachten, die über dem Tal ihre Kreise ziehen, in dem der Enkel Dschingis Khans ermordet wurde. Wir werden nicht Baburs Lebenserinnerungen in seinem Garten in Istalif lesen, oder bei den Bettlern von Gazar Gah im Frieden des Islam sitzen. Wir werden nicht auf den Kopf des Buddha von Bamyan klettern, der aufrecht in seiner Felsnische steht wie ein Wal im Trockendock. Wir werden nicht im Nomadenzelt schlafen und nicht das Minarett von Dscham besteigen. Und wir werden vergessen, wie alles schmeckte: das warme, grobe, bittere Brot, der grüne, mit Kardamom gewürzte Tee. Die Weintrauben, die wir im geschmolzenen Schnee kühlten, die Nüsse und die getrockneten Maulbeeren. Und oben in viertausend Meter Höhe wird uns nie wieder das harzig-süße Aroma von brennendem Deodara-Zedernholz begegnen. Nie, nie, nie.*

*Bruce Chatwin*

Die afghanischen Angestellten in der Landwirtschaftsbank hatte ich 1972 bereits als freundliche und loyale Mitarbeiter kennen gelernt. Außer den beiden offiziellen Landessprachen, dem ostafghanischen Pashtu und dem persischen Dialekt Dari, beherrschten sie fast alle ein solides Umgangsenglisch, und mit einigen konnte man auch eine deutsche Unterhaltung führen. Letztes überraschte mich zunächst, aber ich erfuhr bald, dass sie mit einer gewissen Hochachtung von ihrer Nedjatschule sprachen, die erst kürzlich in Amanischule umbenannt worden war. In diesem deutsch-afghanischen Begegnungsinstitut hatten sie unsere Sprache erlernt und nicht wenige von ihnen auch ihr Abitur gemacht.

Nicht alle von ihnen hatten danach Karriere machen können. Die Wirtschaft Afghanistans war nicht so weit entwickelt, dass allen Schulabgängern qualifizierte Jobs angeboten werden konnten. So mussten sich manche von ihnen weiter damit begnügen, Gemüse und Obst auf dem Bazar zu verkaufen. Aber auf ihre deutschen Sprachkenntnisse waren sie alle stolz, und wir hatten auch immer großen Spaß daran, wenn sie uns bei unseren Obsteinkäufen als Deutsche ausgemacht hatten. Dann lugten sie zwischen ihren aufgetürmten Orangen und Melonen hervor, riefen uns fröhlich ›Katschalu‹ zu und begannen eine Konversation anzubahnen.

Es kam nicht von ungefähr. Gute Beziehungen zwischen Deutschland und Afghanistan bestanden schon seit langem. Im Vorwort eines Standardwerkes über Afghanistan, das uns 1972 erstmalig in die Hände fiel, wird von einem deutschen Herausgeber recht euphorisch berichtet, dass »von jeher eine starke Faszination von Afghanistan ausgeht, die uns immer wieder fesselt. Das Zauberhafte dieses Landes, seine einzigartige Schönheit, seine liebenswerte Bevölkerung, aber auch seine schwierigen wirtschaftlichen und sozialen Probleme sind uns besonders durch enge, seit vielen Jahrzehnten bestehende kulturelle und wissenschaftliche Kontakte bewusst geworden«.

Schon seit Mitte des neunzehnten Jahrhunderts hatten deutsche Wissenschaftler Afghanistan bereist, und ihre Arbeiten über kulturhistorische Sehenswürdigkeiten, die bewegte politische Geschichte und die Lebensformen seiner Bevölkerung hatten bei den Deutschen großes Interesse geweckt. Gute Beziehungen zwischen beiden Ländern begannen sich anzubahnen und entwickelten sich weiter positiv.

Bald nach dem Beginn des Ersten Weltkrieges muss sich die deutsche Regierung eine gewisse Chance ausgerechnet haben, Afghanistan zum Kriegseintritt gegen Großbritannien zu bewegen, sonst hätte sie nicht eine spezielle Mission nach Afghanistan entsandt. Die Diplomaten unter dem Legationssekretär Werner Otto von Hentig stießen zwar auf abenteuerlichen Wegen nach Kabul vor, aber es gelang ihnen nicht, den Herrscher Afghanistans, Emir Habibullah, auf die Seite des Deutschen Reiches zu ziehen. Immerhin mussten die britisch-indischen Kolonialherren, die der wahren Einstellung der Afghanen nicht recht trauten, zahlreiche Truppen an der indisch-afghanischen Grenze stationieren, die dann an anderen damaligen Fronten fehlten. Deutsche Offiziere, von denen vor allem Oskar Niedermeyer bekannt wurde, setzten sich für die Ausbildung der afghanischen Armee ein und begründeten damit eine erste lang andauernde deutsch-afghanische Zusammenarbeit.

Stark erweitert wurde diese dann, als 1928 Berlin den glanzvollsten Staatsbesuch nach dem Ersten Weltkrieg erlebte. Da kam ein prächtiges Königspaar aus dem fernen Morgenland und besuchte unsere Hauptstadt, die nach Deutschlands Niederlage und dem Versailler Vertrag von den meisten Staatsoberhäuptern bisher weitestgehend boykottiert worden war. Als Reichspräsident Hindenburg mit seinen Gästen, dem König Amanullah und dessen Frau Soraya, in offener Staatskarosse an jubelnden Menschen die Lindenallee hinunterfuhr, vergaß man in Deutschland für einige Zeit die Tristesse der Nachkriegszeit. Und die Berliner wären eben keine

Berliner gewesen, hätten sie nicht in Windeseile einen Schlager in Umlauf gebracht, der dieses erhebende Ereignis zum Inhalt hatte. Bald trällerte man in der deutschen Hauptstadt den Refrain ›Amanullah, Amanullah‹. Der Rest ist mir nicht bekannt. Vielleicht gab es auch gar keinen.

Natürlich war Amanullah kein Märchenkönig, sondern ein aufgeklärter Herrscher, der sein rückständiges Land möglichst schnell ins zwanzigste Jahrhundert führen wollte. Dafür nahm er gern deutsche Unterstützung entgegen, und es zeigte sich bald, dass sein spektakulärer Besuch in Berlin sich für das Land am vorderasiatischen Hindukusch ausgezahlt hatte. Deutschland stiftete eine Oberschule für Jungen, die dem König zu Ehren später die schon erwähnte Amanischule genannt wurde. Hier wurde der Grundstein für deutsche Sprachschulung gelegt und erste deutsche Lehrer wurden in das Bergland entsandt. Ich erinnere mich, dass etwa vierzig Jahre später, als wir in Kabul arbeiteten, einige zwanzig aus Deutschland vermittelte Pädagogen an dieser Begegnungsschule ihren Dienst taten. Mit über 3000 Schülern war es damals die größte deutsche Auslandsschule überhaupt.

Aber nicht nur das. Auf Einladung König Amanullahs kamen deutsche Ingenieure ins Land und es entstanden Staudämme und Elektrizitätswerke, und als besondere Anerkennung wurde dem König eine Residenz erbaut. Ganz offensichtlich hatte eine besondere deutsch-afghanische Freundschaft und Zusammenarbeit auf mehreren Ebenen ihren Anfang gemacht.

Leider währte diese für Afghanistan so bedeutende Entwicklungsphase nicht lange. Wie sich herausstellte, war der König mit seinen Modernisierungsvorhaben zu schnell vorgegangen, als er die Frauen im Land aufforderte, den Schleier abzulegen, und auch den Männern nahe legte, westliche Kleidung zu tragen. Die modernen Schulen, auch für Mädchen, waren für viele Afghanen Neuerungen, die strikt abgelehnt und von den einflussreichen orthodoxen Mullahs verteufelt wurden. Diese scharten sich um einen Abenteurer, den berüchtigten ›Sohn des Wasserträgers‹, der als Aufrührer bereits nach einem Jahr Regierungszeit am Galgen endete. Amanullah aber, der von den Deutschen bewunderte fortschrittliche König der Afghanen, wurde vertrieben und verbrachte den langen Rest seiner Tage im italienischen Exil, wo er 1960 starb.

Aber was einmal begonnen hatte, verblieb. Der deutsche Einfluss und die deutsch-afghanische Zusammenarbeit hatte auf vielen Gebieten Bestand. Die guten Verbindungen führten dazu, dass Afghanistan sich im Zweiten Weltkrieg für neutral erklärte und dem massiven Druck der Alli-

ierten standhielt, die eine sofortige Auslieferung der deutschen Diplomaten, Lehrer, Ärzte und Ingenieure gefordert hatten.

Auch der Kalte Krieg konnte die Verbindung zwischen unseren beiden Ländern nicht langfristig unterbrechen. Dem zu unserer Zeit in Afghanistan regierenden König Zahir Shah gelang es durch geschicktes Lavieren zwischen den Großmächten, das labile Gleichgewicht der Kräfte in Asien einigermaßen zu erhalten. In dieser Zeit hatten die Industrienationen begonnen, Entwicklungsländer bei ihrem Wirtschaftsaufbau zu unterstützen. Auch die Bundesrepublik Deutschland – nach dem Zweiten Weltkrieg wirtschaftlich gerade erst wieder einigermaßen erholt – beteiligte sich an den weltweiten Hilfsmaßnahmen. Die in den früheren Jahrzehnten gewachsenen Beziehungen führten dazu, dass Afghanistan als eines der ersten Länder technische und finanzielle Entwicklungshilfe von der Bundesrepublik Deutschland erhielt. In den sechziger Jahren wurden mehr Partnerschaften als mit jedem anderen Land, vor allem auch zwischen der Kabuler Universität und deutschen Universitäten gegründet. Die Polizei wurde nach deutschem Vorbild ausgebildet.

Das größte einzelne Entwicklungsvorhaben, das Paktia Projekt, wurde 1964 vom deutschen Entwicklungsminister Walter Scheel mit den Afghanen vereinbart. Es hatte sich zum Ziel gesetzt, eine der rückständigsten Provinzen des Landes in ein intensiviertes Produktionsgebiet zu überführen. Schulen wurden gebaut, Land-, Waldwirtschaft und Wasserbau betrieben, und es entstand eine holzverarbeitende Industrie.

Ich gehörte damals zu einem Team von Bankern und Agrarfachleuten, denen von der Weltbank die Aufgabe gestellt worden war, mit Finanzmitteln, technischer Förderung und Beratung die zum großen Teil archaischen landwirtschaftlichen Verhältnisse im Land zu verbessern. Dazu bedienten wir uns der bereits bestehenden Landwirtschaftsbank in Kabul, die mit ihren vierundzwanzig Filialen in allen Regionen des Landes eng in die ländlichen Strukturen eingebunden war.

Um gleich am Anfang meines Einsatzes in Kabul einen Eindruck von den Mitarbeitern der Bank und unseren Kreditkunden zu gewinnen, hatte ich bald die meisten Filialen der Bank aufgesucht. Überall war ich auf williges, aufgeschlossenes, wenn auch nicht gut geschultes Personal gestoßen. Letzteres hatten wir erwartet. Schließlich gehörte es zu unseren Aufgaben, aus dem Mitarbeiterstab sachkundige Fachleute heranzubilden, die den kleinen und größeren Khans zu produktiven Investitionen verhelfen sollten.

Einige von den Projekten, vor allem die landwirtschaftlichen und was-

serbaulichen Maßnahmen, die mit deutscher Hilfe durchgeführt wurden, hatte ich kennen gelernt. Die monatlich stattfindenden Besprechungen in der Deutschen Botschaft – die beliebte ›Märchenstunde‹ – gaben mir gute Gelegenheit, mit den Projektleitern und Mitarbeitern aus anderen deutschen Hilfsvorhaben Erfahrungen auszutauschen.

Afghanistan schien zu unserer Zeit eine friedliche Region zu sein. König Zahir Shah hatte es nach dem gewaltsamen Tod seines Vaters fertiggebracht, über dreißig Jahre fast unangefochten zu regieren. Er hatte dabei sein Land aus größeren Konflikten mit Nachbarstaaten herausgehalten und auch die großen ethnischen Gegensätze der afghanischen Volksgruppen immer wieder unter Kontrolle bringen können. Dass die Regierungszeit dieses letzten afghanischen Monarchen sehr bald einem Ende zugehen würde, war uns nicht bewusst. Wie wohl die meisten Afghanen selbst wurden auch wir von diesen plötzlich eingetretenen Ereignissen total überrascht, die 1978 mit der afghanischen Modell-Revolution ihren Anfang nahmen und über die ich in einem Kapitel meines Buches ›Arbeit in Entwicklungsländern‹ berichtet habe.

Wir fühlten uns bald sehr wohl in Kabul. Vor allem wegen der nahe gelegenen Schule waren wir mit unserer Tochter Beatrice in die Share Nau gezogen und hatten uns in diesem Stadtteil in einer sehr internationalen Gemeinschaft etabliert. Um uns herum wohnten Amerikaner, Engländer, Briten und Holländer, aber auch deutsche Familien, die im diplomatischen Dienst standen oder in Entwicklungsprojekten arbeiteten.

Wie überall in der moslemischen Welt standen freitags die afghanischen Arbeitsräder still. Außer den mehrmaligen, durchdringenden Gebetsrufen des Muezzin in der nahen Moschee war in der Share Nau Feiertagsruhe eingekehrt. Um den Mitgliedern der deutschen Community Gelegenheit zu einem Gottesdienst zu geben, hatte der sehr engagierte evangelische Pfarrer auch den heiligen Freitagabend dafür bestimmt.

Die Treffen im Pfarrhaus waren längst zu einer ständigen Einrichtung für interessierte Landsleute geworden, und auch wir nutzten gern diese christliche Oase in der stark vom orthodoxen Islam beherrschten Welt um uns herum. Wie es sich oft fügte, und wie wir es auch gern wahrnahmen, konnte man nach Predigt und Gesang mit Freunden, Nachbarn und bekannten Leuten noch Unterhaltungen führen und sich manchmal auch in hitzige Diskussionen verwickeln lassen. Gelegentlich gab es Neulinge, die man gern kennen lernen wollte. Immer gelang es den gastfreien Pfarrersleuten, eine anregende, wohltuende Atmosphäre zu schaffen, die auch

gelegentlich mit Gitarrenmusik untermalt und mit Diavorträgen angereichert wurde.

An einem dieser geselligen Abende wurden wir mit zwei jungen deutschen Männern bekannt gemacht, die wir in diesem Kreis bisher noch nicht getroffen hatten. An Sprache und Engagement erkannten wir bald, dass sie sich im Lande auskannten, und hatten das Gefühl, es mit ›Oldtimern‹ zu tun zu haben, obwohl sie erst vor drei Jahren ins Land gekommen waren. Sie stellten sich als Schorsch und Reto vor und gaben an, in einer Leprastation zu arbeiten, die sich irgendwo weit außerhalb von Kabul befand. Für längere Gespräche hatten sie keine Zeit mehr, da es schon spät geworden war. Mit ihrem Landrover wollten sie noch vor Mitternacht in ihrer Station sein.

»Wir werden Ihnen gern unsere Arbeitsstätte in Jalrez zeigen. Das kleine Dorf liegt etwa vierzig Kilometer von hier. Wenn Sie nach Bamyan fahren – und sicher werden Sie doch bald die Buddhas dort besuchen wollen – dann kommen Sie an der Station vorbei. Man kann sie nicht verfehlen.«

Ich glaube mich zu erinnern, dass es Bruder Hugo war, der uns einige Wochen später in Jalrez einführte. Weitere drei oder vier Mitglieder der Leprastation, unter denen wir Reto und Schorsch erkannten, standen vor uns.

»Ihr wollt doch wissen, was wir hier tun«, und nicht von ungefähr beschrieb der Leiter der Station den deutschen Ausdruck für Lepra – ›Aussatz‹ – nach ihrem sozialen Stigma: »Immer waren die von dieser Krankheit Befallenen auch Ausgegrenzte. Das war schon zu Christi Zeiten so, und das ist auch heute noch so. Die Lepra gehört zu den ältesten Geißeln der Menschheit. Zunehmende Hygiene, bessere Ernährung und günstigere Wohnbedingungen haben ihr in Europa und den entwickelten Industriestaaten den Nährboden entzogen. Anders ist das noch in den Ländern, wo Armut vorherrscht. Dort haben wir unsere Aufgabe gefunden, und wir nennen uns Christusträger Bruderschaft.«

Wir erfuhren, dass die vier jungen Leute einer ordensähnlichen Gemeinschaft der evangelischen Kirche angehörten, die sich 1963 in Bensheim an der Bergstraße zu einer Bruderschaft zusammengeschlossen hatte. Ohne Umschweife erklärte Bruder Hugo:

»Wir haben keine Verpflichtung, für eine eigene Familie zu sorgen. Wir sind frei, unser Leben zu verschenken, um es zu gewinnen. Unsere Ehelosigkeit macht uns verfügbar für Aufgaben im Rahmen unserer Bruderschaft. Um praktische diakonische Aufgaben zu übernehmen, sind un-

sere Leute in Regionen gegangen, die sich heute Dritte-Welt-Länder nennen. Wir sind 1963 nach Afghanistan gegangen und haben hier in Jalrez eine Basisstation mit kleinem Krankenhaus zur Behandlung von Leprakranken aufgebaut. ›Lepra ist heilbar‹ ist unser Motto, denn wir wissen, dass mit Hilfe von Medikamenten diese Geißel seit etwa zehn Jahren eine heilbare Krankheit geworden ist. Man muss sie nur rechtzeitig erkennen und sich behandeln lassen. Aber darin gerade liegt unser Problem. Die Dörfer weit oben im Gebirge sind schwer zugänglich und abgeschlossen. Noch weiß nicht jeder im Land von unserer Station; und eine Behandlung ist teuer und kann lange dauern, nach unseren Erfahrungen mindestens sechs Monate, manchmal aber auch bis zu vier Jahren.«

Die kleinen Krankenzimmer waren einheitlich mit soliden Betten ausgestattet. Menschen, die vom ›Aussatz‹ gezeichnet waren, lagen hier. Menschen mit großen Wunden an Händen und Füßen, mit Verkrüppelungen, mit entzündeter Haut über den ganzen Körper, mit Gesichtern von Beulen überzogen, auch fast Blinde und Beinamputierte. »Wenn sie nur Geduld haben, können sicher die meisten geheilt werden«, hörten wir, und das fast grenzenlose Vertrauen der Brüder in ihre Arbeit beeindruckte uns.

In einer großen Halle wurden uns Patienten gezeigt, die ambulant behandelt werden. Man konnte deutlich erkennen, dass die Wundmale sich zurückgebildet hatten und die Haut trockener und straffer wurde. »Die Behandlung schlägt an«, meinte Bruder Hugo. »Die Leute müssen nur wiederkommen.«

Sechs Jahre hatten wir in Kabul gearbeitet. Gelegentlich trafen wir den einen oder anderen der Brüder auf dem Postamt, im Pfarrhaus oder auf dem Basar. Da sie die afghanischen Sprachen beherrschten und sich auch manchmal wie Paschtunen kleideten, waren sie nur an ihren blitzenden Augen zu erkennen, die ständiges Engagement erkennen ließen. Immer waren sie gerade dabei, eine neue Aufgabe zu übernehmen oder ein neues Projekt zu beginnen. Mit ihrem unermüdlichen Einsatz erreichten sie, dass in Kabul zwei kleine Kliniken für Lepra- und Tuberkulosekranke entstanden, die von Bruder Reto zusammen mit afghanischen Ärzten betrieben wurden. Bruder Schorsch baute eine Werkstatt mit einheimischen Mitarbeitern auf, in der alle technischen Geräte aus den Krankenhäusern gewartet und repariert wurden, und Bruder Gerolf leitete ein einheimisches Mitarbeiterteam als Bauabteilung für Gebäudereparaturen und ein ›Brot für Arbeit‹ Programm. Nur ganz grob beschreibe ich damit einige der vielen Aufgabenbereiche der Brüder, die mir damals bekannt wurden.

Bis 1978 haben wir das Engagement der Brüder miterleben können.

Dann beendeten Regierungsumsturz und Krieg unsere Arbeit in der Landwirtschaftsbank von Kabul, da wir unseren Aufgaben unter den Wirren nicht mehr nachkommen konnten. Wir wurden aus Afghanistan abberufen und setzten unsere Arbeit im südlichen Afrika und in Jamaika fort.

Aber die Brüder blieben in Kabul. Sie hatten das Ende der afghanischen Monarchie erlebt, und sie blieben vor Ort, als Präsident Daud, der sie herbeigeführt hatte, mit seiner Familie und Gefolgschaft ermordet wurde. Unter den wechselnden kommunistischen Machthabern, die viele Jahre von einer sowjetischen Invasionsarmee unterstützt wurden, setzten sie ihre Arbeit fort und gaben sich ständig neue Aufgaben, um den geschundenen Afghanen zu helfen, wo sie nur konnten und durften.

Als wir 1990 nach unserer Rückkehr in Deutschland wieder Verbindung mit ihnen aufnahmen, war die zehnjährige sowjetische Intervention mit dem Abzug der russischen Soldaten gerade beendet worden. Aber die Kämpfe gingen weiter. Teilweise untereinander rivalisierende Rebelleneinheiten islamischer Widerstandsorganisationen, die ›Mujaheddin‹, kämpften mit Unterstützung der USA, Saudi-Arabiens, Pakistans und Irans einen weiteren jahrelangen Bürgerkrieg gegen die sowjetisch unterstützte Zentralregierung unter dem Präsidenten Nadschibullah.

Wir erhielten beeindruckende Berichte von den Brüdern, und ich gebe hier gern wieder, was sie erlebt und zu sagen haben.

April 1991. »Verehrte, liebe Freunde, ich grüße Sie herzlich aus Kabul. Die hochgelegene Stadt ist immer noch von einem steilen, blendenden Schneekranz umstrahlt. Wesentlich glanzloser und bohrender dunkelt einem die Akustik ins Gemüt. Pausenlos fliegen Militärmaschinen von ›Nirgendwo‹ nach ›Irgendwo‹. Die Stadt Khost wurde in Trümmer gelegt. Oft hören wir den Abschuss von Raketen wie rollendes Donnern. Nur dann und wann kommt es zu Explosionen in der Stadt – die Stadt, die uns in dreizehn Jahren Krieg dennoch zur Heimat wurde, weil sie ja voller Menschen wimmelt. Menschen wie Sie und wir – Brüder.

Noch im letzten Jahr mussten wir uns in die allgemeine Depression einreihen und mitleiden, denn kein Haus war vom Kriegsgeschehen verschont geblieben, und die Zukunft hieß ›keine Aussicht auf Besserung‹ – jeglicher Erwartungshorizont fehlte. Auch in diesem Frühjahr sieht es nicht viel besser aus, aber die Menschen scheinen asiatisch gelassener zu sein. Kann man womöglich mit dem Krieg leben? Die Moslems halten jetzt ihre Fastenzeit. Die ganz strengen Vertreter getrauen sich nicht einmal, ihren eigenen Speichel hinunterzuschlucken. Erst nach Sonnenunter-

gang beginnt das große Essen. Die Bettler verstehen sich auf ihre Branche mindestens so gut wie die Geschäftsleute auf den Handel. ›Keiner kommt zu kurz‹ (nach Bruce Marshall) trifft gewiss auch auf Bettler zu. Sie empfinden ihre ›Arbeit‹ ebenso wenig demütigend wie die Händler die ihre.

Nach verantwortlichem Ringen um unser Konzept in Kabul entschlossen wir uns in diesen Tagen, eine kleine Krisenambulanz-Klinik zu bauen. Wir sind, mit unserer Lepraklinik nur als ungeliebte Gäste geduldet, zu oft von einem Krankenhaus der Stadt ins andere herumgeschubst worden. Leprakranke sind gefürchtet und geächtet wegen ihrer entstellenden Krankheit. So beantragten wir beim Gesundheitsministerium ein Stück Land, um darauf zu bauen. Wir könnten warten, bis der Krieg zu Ende ist – aber es gibt bis jetzt gerade keine Anzeichen einer Lösung.

Die Existenzprobleme der Leprakranken, die man vor dem Asyldasein retten will, kann man auf sehr schlichte Weise lösen. Mit einigen Kranken kam Bruder Hugo auf die Idee, die großen Könner im orientalischen Feilschen auf ihrem ureigenen Gebiet tätig werden zu lassen. Man gab ihnen einen ›Laden vor dem Bauch‹. Sie gehen umher und bieten Kleinkram mit Erfolg an. Oder sie breiten Tüchlein auf einer der Brücken des Kabulflusses aus. Auf diesen liegt der gleiche Krimskrams. Sicher kaufen die Passanten auch aus Mitleid, aber für beide Seiten ist das ›Geschäft‹ mit mehr Charme verbunden als der blanke und sehr gekonnte Bettel.

Viele Leprakranke, aber auch Patienten im Krankenhaus, nehmen es für selbstverständlich, dass wir hier sind. So unrecht haben sie ja nicht, denn wir tun nur unsere Pflicht. Die meisten werden nachdenklich, wenn wir sagen, dass wir persönlich schon zwanzig Jahre in Afghanistan sind. Wir dienen und bleiben in Afghanistan, weil wir damit Glauben, Hoffnung und Liebe ausdrücken können, und wenn es sein muss oder darf, auch in den nächsten zwanzig Jahren.

Obwohl die politische Lage noch gespannt ist, gedenken wir ein neues Behandlungsgebäude zu bauen. Es wird äußerst bescheidene Ausmaße haben, aber einen größeren Raum für den Unterricht der Studenten und einheimischen Ärzte über das Problem ›Lepra‹ erhalten. So hat es der Gesundheitsminister gewünscht.«

April 1994. »Verehrte, liebe Freunde, wir haben schlimme Tage hinter uns. Große Teile Kabuls liegen in Schutt und Asche. Menschenleer sind ganze Stadtviertel, Tod und Verwüstung überall. Es gibt praktisch kein Gebäude in Kabul, das nicht durch kriegerische Auseinandersetzungen in Mitleidenschaft gezogen wäre. Dieses Mal wurde nicht n u r mit Tau-

senden von Raketen gearbeitet, sondern es wurde auch von Flugzeugen aus bombardiert. Kein Mensch kann die Toten zählen, niemand die Verletzten, niemand die Krüppel. Wer nach solchen Angriffen mit dem Leben davonkam, hatte nicht viel Grund sich zu freuen, denn seine Frau, seine Kinder, seine Freunde liegen unter den Trümmern. Und morgen? Vielleicht wird morgen nicht gekämpft, vielleicht ist morgen ein kurzer Waffenstillstand, um Leichen auf beiden Seiten der rivalisierenden Parteien auszutauschen. Leichen und manchmal auch Gefangene. Doch dann wird weiter gekämpft. Es wird nicht zugelassen, dass durch Feuerpausen unnötig Zeit verschwendet wird.

Die Straßen sind voll von umherirrenden Flüchtlingen; in Kälte, Regen und Schnee suchen sie irgendwo Unterschlupf. Wo immer die Möglichkeit vorhanden ist, ein Dach über dem Kopf zu haben, hausen eng zusammengepfercht Unmengen von Menschen mit ihren wenigen geretteten Habseligkeiten. Manchmal in Kellerräumen, in denen knöcheltief das Wasser steht, oft ohne Nahrung und immer ohne Möglichkeit, es sich durch ein Feuer etwas warm zu machen. Wir haben alles mit eigenen Augen gesehen und miterlebt, und oft bricht es einem das Herz, weil man nur so wenig helfen kann. Was innerhalb unserer Möglichkeiten liegt, haben wir versucht zu tun: Wir haben Wolldecken verteilt, die wir vom Roten Kreuz bekamen, Weizen und Mehl abgegeben, das uns die UNO zur Verfügung gestellt hatte, Verwundete in die verschiedenen Hospitäler gefahren und Tote zurück in die Häuser ihrer noch verbliebenen Angehörigen gebracht. Wir haben Flüchtlinge aus gefährlichen Gebieten evakuiert und mancherlei Arbeiten verrichtet, die einem nur ein Krieg aufzwingen kann. Und wenn ich das alles hier in der Vergangenheitsform geschrieben habe, so denken Sie bitte nicht, dass das alles inzwischen vorbei ist. O nein, es wird von Tag zu Tag schlimmer. Beten Sie!

Wer ist denn das eigentlich, der ein solches Verderben anrichtet? Was für Typen sind das, die ein ganzes Land ins Unheil stürzen? Wilde aus den Bergen Afghanistans, ohne jegliche Bildung, ohne Benehmen, verroht durch den langjährigen Krieg, die nichts anderes kennen als plündern, vergewaltigen, morden und brandschatzen? Bezahlt von einer Handvoll Machtgieriger, denen unbegrenzte Geldmittel zur Verfügung stehen und die getrieben sind von dem Wahn, die Ersten hier im Lande sein zu wollen? Ja, das sind sie, doch zum Glück nicht nur.

Durch unser langjähriges Hiersein kennen wir einige näher. Da stehen sie auf ihrem Posten und tun ihre Pflicht. Junge, starke Kerle im besten Alter, bis an die Zähne bewaffnet, oft Hunderte von Kilometern von zu-

hause fort. Sie kennen sie durch Presse und Fernsehen unter dem Namen ›Mujaheddin‹, das heißt Glaubenskämpfer. Monat für Monat und Jahr für Jahr sind sie auf den Bergen und hausen in Erdlöchern. Selten nur haben sie Urlaub, um zu ihren Familien zu gehen.

Seit den Kämpfen im letzten Jahr hat unser Röntgen-Ingenieur Kabul verlassen. Er war der letzte kompetente Mann in diesem Fach. Nur zu gerne hatten wir ihn in unsere eigene Werkstatt aufgenommen, denn dadurch konnten wir auch weiterhin Röntgengeräte reparieren. Jedes Krankenhaus, das noch arbeitete, durfte unsere Dienste in Anspruch nehmen. Doch nicht lange. Der Krieg wütete weiter, und dann wurde das Haus dieses Freundes von drei Raketen getroffen und zerstört. Vierzehn Jahre kommunistischer Herrschaft hatte er mit heroischer Geduld ertragen; er war im Gefängnis und sollte erschossen werden. Mit knapper Not entronn er diesem Schicksal. Nun hat er mit gebrochenem Lebenswillen seine Heimat verlassen.«

April 1995. »Verehrte, liebe Freunde, dadurch, dass wir einmal im Jahr einen Rundbrief an Sie schreiben, sind wir gezwungen, einen Blick zurückzuwerfen. Das ist gut, weil uns die Gegenwart derart im Griff hat, dass uns ein Rückwärtsschauen gar nicht so ohne weiteres in den Sinn kommen würde. Leider vergisst man die Wohltaten und Bewährungen nur allzu schnell. Es waren wirklich Monate ununterbrochener Bewährung!

Einiges hat sich geändert: Die Fronten der um die Macht in Kabul kämpfenden Mujaheddin-Parteien sind zugunsten der Regierung verschoben, also auch zu Gunsten der Sicherheit der Stadt. Allerdings erst seit ein paar Wochen. Die Regierung hat dazu schwerste Kämpfe geführt, die riesige Trümmerfelder in einigen Stadtteilen hinterlassen haben. Auch eine strategisch wichtige Hochburg, siebzehn Kilometer außerhalb Kabuls, wurde von der Regierung eingenommen, so dass nun zunächst keine Raketen mehr Kabul erreichen können. Diese Kampfmonate waren mit Abstand die schlimmsten in den vergangenen Jahren; es gab so viele Tote, so viel Leid und Elend, dass man es nicht beschreiben kann. Und trotzdem steht die derzeitige vermeintliche Sicherheit auf äußerst wackeligen Beinen, und das Bild kann sich sehr schnell ändern.

Seit fast anderthalb Jahren gibt es in Kabul keinen elektrischen Strom mehr. Nur diejenigen, die einen Generator haben, können ihr Licht leuchten lassen, und das sind nicht sehr viele. Vor einer Woche wurden wieder die Schulen geöffnet, die ebenfalls anderthalb Jahre geschlossen waren. Die städtische Wasserversorgung ist auch noch nicht wieder in Gang ge-

bracht worden, weil dazu Strom erforderlich ist, und so hilft man sich weiterhin mit Eimer, Strick und gegrabenen Ziehbrunnen aus. An einigen Stellen wird das Trinkwasserproblem gelegentlich von ausländischen Hilfsorganisationen gelöst, von denen es inzwischen einige gibt. Sie sind ein großer Segen für die Bevölkerung. Es wird dabei nicht nur ausgeteilt, sondern – und das ist eigentlich das Bessere – auch Arbeitsmöglichkeiten gegeben.

Unserer Arbeit konnten wir trotz schwerer Kriegshandlungen recht gut nachkommen. Bruder Jac auf der Intensivstation eines städtischen Krankenhauses, Bruder Reto ebenfalls dort im OP der Orthopäden und verantwortlich für unser Lepra- und TB-Programm mit einigen Mitarbeitern; Bruder Schorsch in seiner Schlosserei bzw. mit seinem Team.«

April 1996. »Verehrte, liebe Freunde, wir grüßen Sie herzlich aus Afghanistan, dem Land, in dem wir seit siebenundzwanzig Jahren sind, und das wir mit Hoffnung und Gebet im Herzen tragen. Das ist eine lange Zeit, fast eine Generation lang! Wenn wir uns heute umschauen, dann haben wir doch leider nur das eine vor Augen: Krieg und Zerstörung, nichts anderes – f a s t nichts anderes.

Denn da gibt es doch wohl zwei Welten neben- und vielleicht ineinander: Die Welt des Krieges, des Schreckens und des unendlichen Leides auf der einen Seite und die uns unsichtbare, beinahe schweigende Welt mit ihrem Liebes- und Friedensangebot, leise und unaufdringlich, Gottes Welt. Doch hochmütig greifen die Menschen nach der Welt der Lüge und des Todes. Und immer wieder fragt man sich: Wie ist das möglich? Was sind die Ursachen, dass sich die Menschen in den Hass derart verlieben, dass sie mit wehenden Fahnen und aufpeitschenden Tiraden untergehen? Die Antwort liegt in unserem eigenen Herzen. Denken wir fünfzig Jahre zurück, ist uns klar, dass Afghanistan überall, auch bei uns, sein kann.

Erinnern ist von jeher eine heilsame Pflicht.

Nach der Ablösung des Königtums in Afghanistan wurde 1978 die kommunistische Revolution inszeniert. Fremde Welten stießen aufeinander! Für uns Brüder hieß das, zwischen den Fronten zu pendeln, denn die ganze Versorgung unserer Station kam aus der kommunistischen Hauptstadt. Dort hatten wir eine Ambulanzstation für Leprakranke in der Stadt.

In Jalrez wurde 1980 unsere Station von Panzern umstellt, zwei Brüder wegen Spionageverdacht festgenommen, von russischen Offizieren verhört, nach Kabul geflogen und dort festgehalten.

Weil in den Kriegswirren das nationale Tuberkulose-Programm mit

seiner Klinik zusammenbrach, sprangen wir notgedrungen ein. Da die Behandlung ebenfalls ambulant über einen Zeitraum von acht Monaten bis zu einem Jahr dauert, konnten wir hier unsere Erfahrung aus der Leprabehandlung einbringen. Als 1994 der Frontverlauf quer durch die Stadt ging, hatten wir für ein halbes Jahr eine zweite Klinik im jenseitigen Stadtteil, bis auch dort die Arbeit unter Gewehrkugeln eingestellt werden musste.

Allein im letzten Jahr kamen über 15 000 Menschen zur TB-Untersuchung, seit Juli haben wir über 3000 Tuberkulose-Kranke aus achtzehn Provinzen zur Behandlung angenommen, und rund 600 stehen noch in Behandlung. Im Lepraprogramm gehen wir auf unseren 18 000sten Patienten zu, 654 sind noch registriert, 278 kommen jeden Monat zur Kontrolle als Sozialfälle, teils mehr oder weniger stark verstümmelt und gezeichnet …

Wie Sie wohl gemerkt haben, haben wir es auch mal mit Zahlen zu tun. Aber hinter jeder Zahl steht ein Mensch, ein Familienschicksal. Wir mussten lernen, dass es unerhört schwer ist, wirklich recht und fair zu helfen.

Was wir in einem Vierteljahrhundert nicht zuwege brachten, schaffte der Krieg und die Not in zwei Jahren: Unsere beiden afghanischen Laboranten untersuchen, ohne mit der Wimper zu zucken, Hautabstriche der Leprösen. Unser junger Arzt packt bei der Neuuntersuchung und beim Wundenausschneiden fest mit zu, zwei weitere Ärzte verlieren die Scheu vor dieser Krankheit.

Mit unseren Mitarbeitern verstehen wir uns als Familie quer durch alle ethnischen Gruppen und auch unsere von der Lepra gezeichneten Mitarbeiter zählen hier nicht zur zweiten Klasse.«

April 1997. »Verehrte, liebe Freunde, Ihnen allen möchten wir herzlich danken für Ihr inneres Mitgehen an unseren Aufgaben. Es ist gut zu wissen, dass man Rückendeckung hat, wenn man auf einsamem Posten draußen steht.

Bisher hatten wir immer aus u n s e r e m Afghanistan geschrieben, einem Land, das wir kennen, lieben und in dem wir zu Hause sind. Doch diesmal ist es anders. Diesmal schreiben wir ü b e r Afghanistan, über ein Land, das uns plötzlich fremd geworden ist, das wir nicht mehr richtig verstehen. Die Menschen sind die gleichen, die Nöte sind die gleichen. Man lacht, man weint, man trinkt Tee mit ihnen, wir gehen unserer Arbeit nach, und doch ist alles anders. Nicht nur für uns, auch für die Afghanen.

Bleibt das so? Ist das nur vorrübergehend? Wieso scheinen auf einmal alle hier Fremde unter Fremden zu sein?

Im September wurde die Lage für Kabul immer bedrohlicher. Weit über die Hälfte des Landes war bereits in den Händen der Taliban, diesen sogenannten Koranschülern. Aus dem Nichts schien diese ungewöhnliche Gruppe vor etwa drei Jahren aufzutauchen, doch entpuppte sich dieses Nichts bald als das Nachbarland Pakistan. Nicht nur mit Waffen, auch mit Großzügigkeit und viel Geld nahmen sie nach und nach Dörfer, Städte und ganze Landstriche ein. In vielen Fällen spielte allein das Geld die entscheidende Rolle bei der Einnahme.

Militärische Posten wurden gekauft, Kommandanten mit harten Dollars überschüttet, und auf diese Weise rücken sie Schritt für Schritt vor. Kandahar, im Süden des Landes gelegen und ungefähr hundertzwanzig Kilometer von der pakistanischen Grenze entfernt, machten sie zu ihrem Hauptsitz. Als die Stadt Herat, etwa hundertdreißig Kilometer von der iranischen Grenze entfernt, eingenommen wurde – auch hier war mehr das Geld als die militärische Macht ausschlaggebend –, ging man in Kabul auf die Barrikaden. Demonstrationen wurden eingefädelt, ›Nieder mit Pakistan‹ schrie man. Zu Tausenden zog man Richtung pakistanische Botschaft. Trotz friedlicher Demonstration ging sie in Flammen auf, und es gab Tote. Nichts half, denn Pakistan war trotz dieses Zwischenfalls am Sieg der Taliban interessiert.

Weiter ging es, immer weiter. Jalalabad im Osten fiel und dann die allerletzte Hürde vor Kabul, der strategisch wichtige Posten Sorubi. Den Tag danach werden wir nie vergessen.

Allen war nun klar, dass Kabul nicht zu halten war. Zahllose Fahrzeuge, auf denen es von Menschen nur so wimmelte, flüchteten Richtung Norden, da die Straße noch offen war. Dorthin flüchtete auch das Massud-Militär. Alles machte einen gespenstigen Eindruck, und die Stadt vibrierte vor Spannung.

›Sie kommen, sie kommen‹, schrieen immer wieder die flüchtenden Soldaten, und so ging es bis in die Nacht hinein. Um 24.00 Uhr war die Stadt gefallen, d.h. ›gefallen‹ ist eigentlich gar nicht richtig, denn alles ging friedlich über die Bühne. Kein einziger Schuss wurde abgefeuert.

Wir waren alle froh, dass die ›große Schlacht um Kabul‹ nicht stattgefunden hatte, und es zu keinem Blutbad kam.

Der kommende Morgen war für ganz Kabul voller Spannung. Was würde geschehen? Wie würden sich die neuen Herren gebärden? Wir Brüder überlegten, ob wir das Haus verlassen sollten, und ob es gut wäre,

zur Arbeit zu gehen. Wir sprachen mit unseren Nachbarn, wir hörten die Nachrichten und wagten uns vorsichtig auf die Straße. Alle schienen froh, dass nichts Schlimmes geschehen war.

An einer Straßenecke war ein riesiger Menschenauflauf. Was war da los? Ich fuhr hin, ich wollte es wissen. Dann sah ich es: Da hingen zwei Personen am Galgen! Es war Najibullah, der ehemalige Präsident Afghanistans unter den Kommunisten, und sein Bruder. So begann die neue Ära unter den Taliban, den Koranschülern, die einen rein islamischen Staat aufbauen wollen.

Was ist mit uns, was ist mit unserer Arbeit, was für Folgen hat der Umschwung in Bezug auf unser langjähriges Wirken in Afghanistan? Unter der alten Rabbani-Massud-Regierung konnten wir noch ungehindert unseren verschiedenen Arbeiten nachgehen. Noch kann Bruder Schorsch mit seinem Team die Krankenhäuser am Laufen halten, eine sehr wichtige Arbeit. Wir sind dankbar, dass wir das machen können. Im technischen Bereich sind wir nach wie vor tätig, denn sonst würde in Kürze alles zusammenbrechen. Auch arbeiten wir weiterhin in unserer Lepra- und Tuberkulose-Klinik.

Seitdem die Taliban die Macht in Kabul übernommen haben, gibt es keine Kriegshandlungen mehr in der Stadt. Gelegentlich kam ein Flugzeug aus dem Norden und bombardierte die Innenstadt und den Flugplatz. Jetzt hat es aufgehört, nachdem Bagram im Norden von den Taliban eingenommen wurde. So haben wir Mut bekommen, an den Wiederaufbau unserer Klinik im völlig zerstörten Stadtteil Darwaze Lahori zu denken.

Um uns herum erhebt sich aus diesem Trümmerhaufen-Stadtteil auch ganz zaghaft das eine oder andere Geschäft. Einige Strohverkäufer sind zurückgekehrt, und hin und wieder macht einer ein Teehäuschen auf. Die Gegend wird wieder belebt, und wir alle haben mit unseren afghanischen Freunden ein wenig Hoffnung. Nicht viel, aber immerhin …

Angesichts der großen Not unter der Bevölkerung hat sich das Schwergewicht unserer Arbeit verschoben. Wir verteilen auch Lebensmittel an hungernde und kranke Menschen, was neben unserer medizinischen und technischen Arbeit geschieht. Dieses Ernährungsprogramm wird von der UNO finanziert, und zwar vom World Food Programme. Darüber hinaus gibt es ein Winterhilfsprogramm, das die Deutsche Welthungerhilfe finanziert, und, wie der Name schon sagt, nur für die Winterzeit bestimmt ist. Man bat uns, die Austeilung der Lebensmittel vorzunehmen. Es ist eine heikle Angelegenheit und sollte von Leuten durchgeführt werden, die sich im Lande auskennen.

Bruder Gerolf hat alles mit deutscher Gründlichkeit gemacht und ist mit unseren einheimischen Mitarbeitern den Leuten in ihre Wohnungen, oder sagen wir besser Hütten und Trümmerhaufen, nachgestiegen, um herauszukriegen, ob sie wirklich bedürftig sind. Denn es kommt leider immer wieder vor, dass Betrüger auftauchen, die sich in unser Hilfsprogramm einschleichen wollen. Bruder Gerolf mit seiner Spürnase konnte da manch einen entlarven. Wir sind dankbar, dass wir mit dieser Aktion viele Menschen vor krasser Not bewahren konnten.«

April 1998. »Liebe Freunde, herzliche Grüße aus dem Mittelalter. Sie werden lachen, wir lachen nicht!

Gestern, Palmsonntag, wurde wieder einem Mann die Hand abgehackt. Das Fußballstadium war voll besetzt, und was diesmal auffällig war: In der Hauptstraße vor dem Stadium standen 10 LKWs mit Flak-Geschützen. Diese waren aber nicht in die Luft gerichtet, um Luftangriffe abzuwehren, sondern mit gesenkten Läufen auf den Ausgang des Stadions.

Fleisch ist für die Menschen teuer geworden. Seit Wochen werden viele Kamele geschlachtet, weil Schafe knapp geworden sind. Ein Metzger hat Hundefleisch verkauft. Er wurde angezeigt und empfing folgendes Urteil: Ein Hund wurde eingefangen und an den Metzger gekettet. Zusammen wurden sie aus dem 8. Stock des Cinemoi Pamir geworfen. Ganz Kabul fragt sich nun, was der Hund wohl verbrochen hat …

Vor einigen Wochen ging es los mit den öffentlichen Vollstreckungen, Freitag Mittag im Sportstadion. Das Schlimme ist: Viele kommen und gucken zu. Es gibt keinen Boykott der Bevölkerung. Wie bei einer Fußballweltmeisterschaft sind die letzten Plätze an den Hecken und Zäunen und auf den Dächern besetzt. Selbst Frauen unterm Tschaddor mit Kindern kommen. Schlaflose Nächte, Angstzustände usw. sind die Folgen für die, die freiwillig zusehen und ins Stadion gepresst werden. Ich kann mich noch gut erinnern, wie ein Freund außer sich vor Entrüstung und Empörung zu uns kam, um seiner Not Luft zu machen, und es dauerte geraume Zeit, bis er sich wieder in der Gewalt hatte. Ich fühlte mich ins Kolosseum zur Zeit Neros versetzt. Brot und Spiele.«

April 2001. »Liebe Freunde, unser Gastland war wieder einmal kurz in den Schlagzeilen, und vielleicht haben Sie im Fernsehen die Trümmerhaufen unserer Buddhas in Bamyan gesehen. Die Folgen der Zerstörungswut der Taliban und die Not der Menschen sind überall sichtbar. Viele Straßen sind wegen Minen weiterhin nicht befahrbar. Vor allem in Bamy-

an fallen die Folgen der Taliban-Herrschaft sofort ins Auge. Die Häuser entlang der Hauptstraße gegenüber den Buddha-Statuen sind alle dem Erdboden gleichgemacht. Das Spital wurde von einer Taliban-Einheit geplündert. Von den Statuen ist praktisch nichts mehr zu sehen. Nach dem Artilleriebeschuss und dem Einsatz von Dynamit durch die Taliban lassen die kärglichen Überreste die einstige Pracht der beiden 53 und 36 Meter hohen, in den Felsen gehauenen Buddhas nur noch erahnen.

Die Welt weint über Kulturgüter, die jetzt zerstört sind, aber das Leid der Menschen in Afghanistan scheint nur noch wenigen bewusst zu sein oder sie gar zu berühren. Viele Afghanen hier weinen in ihrem Herzen, aber nach außen haben sie keine Stimme mehr.

Sicher werden Sie fragen: Was hat das mit dir, mit euch, mit eurem Engagement zu tun? Nichts direkt! Und doch: Wir sind als langjährige Gäste und Helfer ein Teil der Gesellschaft hier, erleben ihren Wechsel und Wandel mit, ahnen das Leid und die Ungerechtigkeit, erfahren Rechtlosigkeit und Willkür, leben als Ausländer in einer zunehmend radikaler werdenden Gesellschaft. Was denken meine Mitmenschen, die im Basar ihre Habseligkeiten verkaufen und um ein Kleidungsstück feilschen? Bestimmt nur noch der Kampf ums tägliche Brot ihr Denken?

Am 21. März war früher immer Neujahr. Da beschenkte sich die Familie mit neuen Kleidern, es war Feiertag. Die Gräber der Familienangehörigen wurden besucht und im Freien auf den Bergen gepicknickt. Das ist jetzt als heidnisch und unislamisch abgeschafft und verboten! Aber gegen Nachmittag waren doch die Mädchen mit neuen Kleidern auf den Straßen zu sehen, und viele Frauen versammelten sich zum Beten. Die Taliban unternahmen nichts. Das Verbot wollten sie wohl nicht mit äußersten Mitteln durchsetzen. Lässt sich das Leben verbieten, so einfach umerziehen, in eine neue Schablone pressen?«

April 2002. »Liebe Freunde, wir waren am 11. September gerade beim Abendessen, als im Radio die ersten Nachrichten von den Terroranschlägen in New York durchkamen. In der Hoffnung, Näheres zu erfahren, fuhren wir bald zur Botschaft, weil die eine Fernsehschüssel hat. Frau Salimi war noch ahnungslos, aber bald verfolgten wir das Geschehen am Bildschirm. Es wurde deutlicher, wer hinter diesen Anschlägen steckte, und der US-Präsident drohte unmissverständlich. Später gab es immer mehr Hinweise, dass die Gruppen um Bin Ladin in die Sache verstrickt waren. Wir mussten mit schärferen Reaktionen rechnen, und wir waren uns schnell der großen Gefahr bewusst, in der jetzt alle westlichen Aus-

länder steckten. Zumindest innerlich bereiteten wir uns vor, Afghanistan schnell verlassen zu müssen. Mitten in der Nach hörten wir Detonationen vom Flughafen her; die Nordallianz beschoss ihn mit Raketen.

Am 12. September teilte uns die Botschaft mit, dass das Auswärtige Amt in Berlin allen Deutschen dringend empfiehlt, Afghanistan sofort zu verlassen. Wir packten schnell das Wichtigste zusammen und fuhren zur pakistanischen Grenze. Später flogen wir dann nach Deutschland aus. Es war das erste Mal seit über dreißig Jahren, dass alle Brüder Afghanistan wegen Sicherheitsbedenken verließen. Die Gefahren all die Jahre zuvor waren einfach berechenbarer gewesen.

Die Wende kam dann schneller, als wir erwarteten. Schon im November wurden in Deutschland Verhandlungen über eine neue Administration in Afghanistan geführt, und im Dezember war unser Team bereits wieder vor Ort.

Was wir antrafen, übertraf alle unsere Erwartungen. Unsere Mitarbeiter hatten nicht nur unsere medizinischen Programme weitergeführt, sondern auch die Arbeitsbeschaffungsprogramme sind weitergelaufen. Von unserer Organisation wurde nichts zerstört oder gestohlen. Wir verdanken es unseren treuen Mitarbeitern, die mit ihrem Leben dafür einstanden, dass es zu keinen Übergriffen kam.

Man hat den Satz oft gehört: Nach dem 11. September wird die Welt nicht mehr so sein, wie sie war. Uns ist sofort die Erleichterung der Menschen in der Stadt aufgefallen. Manche Männer haben sich rasiert – andere nicht. Viele Frauen tragen nach wie vor den Schleier. So hat sich das oberflächliche Stadtbild kaum verändert gegenüber der Zeit der Taliban.

Nur wer den Zwang der Religionspolizei miterlebt hat, kann die Befreiung und Erleichterung der Menschen erfassen. Es sind die Kinder, die auffallen – sie dürfen wieder spielen, lachen und sich freuen. Die Mädchen, die zielstrebig zur Schule eilen, oder die Schwestern im Krankenhaus, die nicht mehr Versteck spielen müssen. Man hört wieder Musik auf den Straßen, und die Gesichter sind fröhlicher. Die Glocke der Unterdrückung und Angst ist weg. Die Menschen geben sich natürlich. Das fällt auch in der Klinik auf, wo die Frauen wieder freien Zugang haben. All das erleichtert das Leben. Man kann wieder atmen, man bekommt Luft. Und auf den Dächern sieht man viele Satellitenschüsseln.

Mit viel Enthusiasmus sind Politiker und Entwicklungshelfer ins Land geströmt. Man hat den Eindruck, dass jeder helfen möchte; jahrelang Versäumtes soll jetzt schnell aufgeholt werden. Die Rechnungen – oder in

unserem Falle die Entwicklungspläne – werden oft ohne den Wirt gemacht. Man geht davon aus, dass jetzt wirklich alles anders ist als noch vor ein paar Monaten und verdrängt die Problematik der politischen Entwicklung. Frieden bekommt man nicht auf dem Tablett serviert, auch nicht mit großartigen Entwicklungshilfeplänen. Die ethnischen Turbulenzen lassen sich nicht ganz einfach unter den Teppich kehren, und damit ist die politische Zukunft noch weitgehendst ungewiss. Unsere afghanischen Freunde hoffen, dass die westlichen Truppen wenigstens Ruhe und Ordnung wahren und verhindern können, dass es wieder zu größeren Kriegshandlungen zwischen den verschiedenen Gruppen kommt. Eine größere und sehr unmittelbare Gefahr können terroristische Aktivitäten werden. Wie weit die ehemaligen Taliban und Al-Quaida-Leute unter Kontrolle gebracht werden können, bleibt ungewiss.

Als wir im Dezember wieder nach Kabul zurückkamen, waren wir in der glücklichen Lage, nahtlos wieder in das laufende Programm einzusteigen. Da die Deutsche Botschaft eine der ersten war, die sich in Afghanistan wieder etablierte, verwunderte es nicht, dass die Entwicklungsministerin gleich Kabul besuchte. Wir erhielten Angebote von Finanzhilfen für Entwicklungsprojekte und haben entsprechende Vorschläge gemacht. Dass die Hilfe mehr eine Frage unserer Kräfte als der verfügbaren Geldmittel ist, wurde uns deutlich bewusst, als Bruder Gerolf plötzlich einen Kreislaufzusammenbruch hatte. Wir werden gründlich prüfen müssen, was wir leisten können und was nicht. In den letzten Jahren sind wir immer mit vollen Segeln gefahren, mehr können wir auch in dem neuen Wind nicht setzen.«

April 2003. »Liebe Freunde, unsere Arbeit ist nicht weniger geworden, auch wenn sich mittlerweile in Afghanistan Hunderte von ausländischen Organisationen ein Stelldichein geben. Manchmal fragt man sich natürlich, ob sie sich nicht auf den Füßen herumtreten – ich glaube aber, dass es auch ein Hinweis auf die immer noch sehr große Not ist.

In unserer Wazir-Akbar-Khan-Klinik wird neben der Tuberkulose auch immer mehr die Epilepsie zur Aufgabe. Sechshundert Patienten haben wir bereits registriert. Im Gegensatz zu anderen Krankheiten sind Epileptiker oft für ihr ganzes Leben auf Medikamente angewiesen. Für uns ist das eine schöne Aufgabe, gerade auch, weil diese Patienten nicht im Fokus der Entwicklungshilfe stehen und allenfalls am Rande des Interesses bleiben. Mit der Bundeswehr, die ja hier in Kabul ihren Einsatz hat, ist auch ein Neurologe gekommen. Für uns ist das eine große Hilfe, da er

jede Woche in unsere Klinik kommt und sich mit uns die Problemfälle ansieht.

Die internationale Schutztruppe macht gut bewaffnet ihre Patrouillenfahrten durch die Stadt und markiert Präsenz.«

April 2004. »Liebe Freunde, Bruder Reto war Anfang dieses Jahres auf Heimaturlaub, und Bruder Schorsch ist wieder zurückgekehrt. In dieser Zeit, in der unser Kochbruder nicht hier war, wurden wir vermehrt von unseren hiesigen Freunden beschenkt, indem sie uns öfters zum Essen einluden. An unserem Arbeitsplatz, unserer Wazir-Akbar-Khan-Klinic, versorgen wir TBC-Kranke, Epileptiker sowie andere chronisch und akut kranke Patienten.

Nach wie vor kommt ein Neurologe der Bundeswehr zusammen mit anderen Ärzten jede zweite Woche zu uns, um beratend und diagnostisch zu helfen. An diesen Tagen ist der Ansturm auf die Klinik besonders groß. Leider müssen die Bundeswehrärzte aus Sicherheitsgründen mit Panzerwagen gebracht und abgeholt werden; doch kommen sie gerne zu uns und legen dann ihre schweren, schusssicheren Westen ab, um uns mit Rat und Tat zur Seite zu stehen.

Unsere wöchentlichen Gottesdienste finden nach wie vor mit Freunden, Soldaten und Pfarrern der Bundeswehr statt. Wir wechseln aus Sicherheitsgründen zwischen unserem Haus und der Wohnung von Freunden ab.

Auffallend ist das große und immer noch wachsende Sicherheitsaufgebot der westlichen Regierungen und ihrer Botschaftsgebäude, die gepanzerten Fahrzeuge, die Umleitungen des Verkehrs in kleine Seitenstraßen. Eine große Zahl von Hilfsorganisationen stürzt sich auf die Probleme des Landes.

Manche der früher geflüchteten Afghanen kommen zurück, mit Bildung, Kapital und Investitionen, halten sich dabei aber die Hintertür ins Ausland offen. Freunde, die wir vor zwanzig Jahren das letzte Mal sahen, sind wieder da und schnuppern, ob hier ein Neuanfang möglich sei. Wer einmal alles verloren hat, wird sehr vorsichtig. Unsere Werkstatt, von der die Technik für Hospitäler repariert wird, ist wie immer bis über die Ohren ausgelastet. Da braucht ein Hospital einen Großküchenherd, wir dürfen konstruieren und einbauen. In einem anderen Krankenhaus ist die Tiefbrunnenpumpe durchgebrannt, weil das Stromnetz sehr schlecht ist. Durch Sammlungen, die in Deutschland durchgeführt wurden, sind zwei Container mit Technik gefüllt nach Kabul unterwegs. Wir erhalten

Schweißgeräte, Industriewaschmaschinen, Drehbänke, Unterwasserpumpen und vieles mehr. Einigen afghanischen Handwerkern können wir mit dem gesammeltem Werkzeug zur Selbstständigkeit verhelfen. Sie ihrerseits bilden wieder Lehrlinge aus. Die Menschen hier nehmen jede Gelegenheit wahr, um aus der Armut herauszukommen, und mir ist es ein tiefes Bedürfnis, ihnen dabei zu helfen.

Bisweilen kommen deutsche ISAF-Soldaten in unsere Werkstatt. Mit einem speziellen Programm wollen sie auch der Bevölkerung helfen. So besuchen wir Stadtrandgebiete, in denen es für die Menschen nur Trinkwasser vom Tankwagen gibt. Manchmal schlagen sich die Schlange stehenden Frauen um zwei Eimer Wasser, wenn sie merken, dass der Tank leer wird und es nicht mehr für alle reicht. Zusammen mit den Soldaten beschließen wir, an günstigen Stellen Brunnen zu bohren und mit Handpumpen zu versehen. Vielleicht ist das ein kleiner Beitrag für den Frieden ganz unten an der Basis.«

April 2005. »Liebe Freunde, gern möchte ich Ihnen erzählen, was wir im letzten Jahr alles gesehen, erlebt und getan haben. Die Wenigen von Ihnen, die Kabul vor Jahren gesehen haben, erinnern sich an eine Stadt, die neben pulsierendem Leben sehr viel Zerstörung aufzuweisen hat. Mit Schub und Energie werden nun Schulen gebaut, Krankenhäuser renoviert und Berufsausbildungen ermöglicht. Im Bereich der freien Wirtschaft ist geradezu eine Eskalation im Bauwesen zu verzeichnen. Pakistanische und iranische Firmen bauen moderne Häuser und bringen gleich eigene Mitarbeiter mit. Chinesen und Türken sind im Straßenbau engagiert. Über Kabuls Straßen drängen sich so viele Autos wie noch nie.

Afghanen kehren aus dem Exil zurück mit Kapital und Bildung. Überall werden Fortbildungskurse für Sprachen und Computer etc. angeboten. Ausländische Supermärkte bieten alles für den, der Geld hat. Das Fernsehen ist nicht nur in der Stadt, sondern auch auf dem Land verbreitet. Auf den Dächern der stattlichen Lehmburgen sehen wir plötzlich die Satellitenschüsseln. Den Strom dazu liefern Notstromaggregate gegen Bezahlung.

Was denken wohl fundamentalistische Ordnungshüter, die vor wenigen Jahren für Tugend und Sitte kämpften, wenn sie die TV-Programme aus aller Welt zu sehen bekommen? In Afghanistan bricht eine Zeit an, in der die starren Gesellschaftsnormen verwischt werden. Nun muss der Einzelne für sich entscheiden, was er sich anschauen will. Die Kriminalität ist steigend, vom Analphabeten bis zum gebildeten Afghanen mit Auslandserfahrung ist hier alles anzutreffen.

In der Provinz Maidan, wo wir selbst die ersten zehn Jahre Leprakranke pflegten, wurde Mohn angebaut, doch konnte die Regierung die Ernte verhindern. Dabei wurden beachtliche Waffenlager entdeckt und ausgehoben.

Das Stadtbild von Kabul ist von unzähligen Sicherheitsleuten geprägt, und überall zwängt sich der Verkehr an Barrikaden vorbei. Botschaften und Regierungsgebäude sind zu Festungen geworden, und Kampfhubschrauber kreisen über der Stadt, wenn eine wichtige politische Person zu Besuch da ist. Wir alten Hasen erinnern uns an diese Szenen in der Zeit der sowjetischen Besatzungsmacht. Die Präsenz der ISAF-Soldaten sorgt jetzt dafür, dass die Kriegsherren der Vergangenheit den Frieden nicht gefährden.

Ein junger Helfer schreibt:

April 2006. »Liebe Freunde, ich bin nun schon seit sechs Monaten bei den Brüdern und lebe und arbeite als Jahreshelfer mit. Es ist eine ganz andere Welt, in die ich mich erst einleben musste. Ebenso als Krankenpfleger hier in der Klinik von Bruder Reto. Man merkt, dass die Arbeit stark von den Brüdern geprägt ist, doch es ist eben kein deutsches Krankenhaus. Deutlich spüre ich, welche Bereicherung es ist, einige Zeit mit Menschen aus einem anderen Land und einer ganz anderen Kultur zusammenzuarbeiten. Zu sehen, wo es Unterschiede gibt, dass Dinge eine verschiedene Wichtigkeit haben, aber ich auch Gemeinsamkeiten finde. Aus diesen Unterschieden in Gesellschaft, Kultur und Religion wachsen in mir immer Anstöße, um über mich selbst nachzudenken. Dazu gehört, wie mir die afghanischen Mitarbeiter der Kliniken und des Workshops begegnen. Zu erleben, wie mir alle zum Weihnachtsfest gratuliert haben, wie sie Blumen besorgt hatten und es auch ein gemeinsames Kaffeetrinken gab, hat mich sehr berührt. Es hat mich zu der Frage geführt, würde ich in Deutschland mit ausländischen Arbeitskollegen auch so umgehen?

Für mich ist es gut zu erleben, dass es hier noch andere Bilder gibt als jene, welche man aus den Nachrichten kennt. Da wird meistens die Not und das Elend des Landes beschrieben und gezeigt. Mir tut es aber gut, zu erleben, dass es auch ein anderes Leben gibt. Es gibt fröhliche Menschen und bei der Arbeit in der Klinik lachen wir auch oft zusammen mit den Mitarbeitern. Beim gemeinsamen Volleyspiel bin ich immer wieder beeindruckt davon, mit welcher Freude die Kollegen hier dabei sind.

Und dann wünsche ich mir, dass auch mal solche Bilder in den Nachrichten gezeigt würden. Bilder der Hoffnung und der Freude. Denn ich

denke, dieses Land braucht vor allem Hoffnung. Menschen, die einen Sinn darin sehen, etwas anzupacken und aufzubauen.

Nun liegen noch fünf Monate vor mir, und ich bin gespannt, was sie mir bringen werden. Ein Bibelvers begleitet mich dabei immer. ›Siehe, ich habe dir geboten, dass du getrost und freudig seiest. Lass Dir nicht grauen und entsetze dich nicht, denn der Herr, dein Gott ist mit dir in allem, was du tun wirst‹, Josua 1 Vers 9. Ich spüre, wie Gott diese Zusage hält. Hier in Afghanistan.«

Ich dankte dem jungen Mann und freute mich über den angeführten Bibelvers, der auch mich seit meiner Konfirmation begleitet hat. Dass er erneut zu meiner Hochzeit mit Renate als Trauspruch Verwendung fand, bürgt für seine Qualität.

Mit dem bisher letzten der Briefe aus Kabul war mein Wunsch, selbst dorthin zu reisen und die ›Brüder‹ zu besuchen, erneut entfacht. Irgendwie trug ich ihn schon seit Jahren mit mir herum, hatte ihn aber immer wieder zurückgestellt, weil andere Dinge wichtiger erschienen. Als Begleiterin hatte ich an meine Tochter Maxa gedacht, die ja während unserer Jahre in Kabul mehrmals dort gewesen war, und die gleich mir eine starke Bindung an dieses Land hat. Wegen der erneut sich ständig verschlechternden Sicherheitslage, den Überfällen und aufgeflammten Kämpfen zwischen den Taliban und – ja, wem? – musste ich auf diese Gefährtin verzichten. Sie bedauerte es sehr, aber dennoch war ich überrascht und erfreut, dass meine beiden Töchter trotz der Unsicherheiten, die ein Afghanistanbesuch derzeit beinhaltete, meinen Reiseplan billigten. Meine Frau Renate betrachtete diesen eher mit gemischten Gefühlen.

Um Klarheit zu gewinnen, was mich in Kabul erwartete, gab es dort die ›Brüder‹. Ich mailte sie an und erhielt prompt einen kurzen Informationsbericht. Sie ermunterten mich zu einem Besuch der Stadt, verschwiegen aber nicht gewisse Risiken, die zur Zeit damit verbunden waren. Mit einer offiziell gehaltenen Einladung vom ›German Medical Service‹, einer der von ihnen aufgebauten und mit ihren lokalen Helfern betriebenen Stationen, stand meinem Einreisevisum bei der afghanischen Botschaft in Berlin nichts mehr im Wege. Innerhalb einer Viertelstunde erhielt ich das begehrte Dokument.

Es traf sich gut, dass Meyer-Oehmes gerade in Kabul waren. Die alte Verbundenheit zu dem Lehrerehepaar enthob mich jeder weiteren Bemühung um eine Unterkunft. Das jahrelange persönliche Engagement dieser

Eheleute, nach endlosem Krieg und Zerstörungen aus der alten deutsch-afghanischen Amanischule erneut eine deutsch-afghanische Lehranstalt zu schaffen, hatten wir schon seit Jahren mit großem Interesse verfolgt und unterstützt.

Meyer-Oehmes hatten spontan zugestimmt, mich für eine Woche in ihrem Haus aufzunehmen, als ich ihnen von meinen Reiseplänen berichtete, hatten aber nach einem Selbstmordanschlag im dichten Verkehrsgewimmel von Kabul mit zahlreichen Toten noch einmal eine warnende Botschaft geschickt. »Vermutlich wird Ihnen die gestrige Bombenexplosion auch zu denken gegeben haben. Es ist halt in Kabul nicht mehr sicher. Wenn Sie dennoch kommen, so bürgt dies für Ihre Lebensweisheit und Ihren Mut. Wir hoffen, dass Sie keine unangenehmen Erfahrungen sammeln müssen. Auf jeden Fall freuen wir uns auf Ihren Besuch.« Dass sie mir Lebensweisheit und Mut zubilligten, ehrte mich, wussten sie doch genau wie ich, dass man Pläne mit Vertrauen und Gelassenheit angehen muss, und dass oft die Dinge nicht so heiß gegessen wie gekocht werden.

Gern hätte ich für den Flug nach Kabul die ›Ariana‹ gewählt, die alte liebe Inshallah-Airlines, die uns in früheren Jahren ungezählte Male sicher ans Ziel gebracht hatte. Aber ein Direktflug mit ihr nach Kabul war zur Zeit nicht möglich, und ich musste per ›Lufthansa‹ und ›Air India‹ einen weiten Bogen über Delhi schlagen.

Die vor allem mit indischen Geschäftsleuten und Bauarbeitern voll besetzte Maschine rollte am 13. September 2006 auf Kabuls holpriger Betonpiste aus. Die zerstörten, beschädigten, vielleicht auch noch intakten Kampfmaschinen und Helikopter, die das Flugfeld säumten, versetzten den Anreisenden, der sich eben noch einer gewissen Wiedersehensfreude mit Altbekanntem hingeben wollte, schnell in die Wirklichkeit Afghanistans. Es gab nichts mehr wiederzusehen.

Recht froh war ich, als ich die massive Gestalt von Dr. Meyer-Oehme unter den nur wenigen Menschen erblickte, die hinter einem ersten Sicherheitszaun auf eintreffende Fluggäste warteten. Unsere Begrüßung war herzlich, und nach siebenundzwanzig Jahren ging es gar nicht anders, als dass wir uns in den Armen lagen. Er schien beim Flughafenpersonal bekannt zu sein und zu meinem Glück gehörte er zu den wenigen privilegierten Ausländern, die mit eigenem Auto bis zum Flugplatz vordringen dürfen. Jetzt fuhr er mich durch Straßen, die ich hätte kennen müssen. Hatte ich sie nicht einmal beinahe täglich befahren? Ich erkannte sie nicht wieder!

»Hier sind wir in der Share Nau«, meinte er, als wir nach etwa einer halben Stunde und nach Überwindung unzähliger Schlaglöcher vor seiner angemieteten Wohnung standen. Nichts, aber auch nichts erinnerte hier an diesen Stadtteil, den einst die gehobene afghanische Klasse zusammen mit der internationalen Gemeinschaft der ›Expatriates‹ bewohnt hatte.

Durch mehrmaliges Hupen aufgeschreckt erschien Hassan aus dem Inneren des Meyer-Oehmeschen Domizils am breiten Holztor, um uns hereinzulassen. Der junge Mann aus dem Stamme der Hazaras fungierte erst seit wenigen Tagen als ›allroundman‹ bei meinen Gastgebern. Nur mühsam hielt er den großen Schäferhund zurück, der an einer Kette zerrte und sich wie ein echter Wächter gebärdete. Meine Beschwichtigungen wurden ignoriert, bis Frau Meyer-Oehme hinzutrat und ihn energisch zurückrief. Mit einer Tasse Tee war ich in einer winzigen Dreizimmerwohnung aufgenommen. Obwohl todmüde, war an Schlafen nicht zu denken. Timelag und geographischer Höhenunterschied in nur wenigen Stunden machten sich bemerkbar.

Meine Gastgeber erzählten: An der schon erwähnten deutsch-afghanischen Amani-Oberrealschule hatten sie in den siebziger Jahren als entsandte deutsche Lehrer gearbeitet. Wie allen westlichen Ausländern wurde auch ihnen nach dem sozialistischen Putsch 1978 eine Weiterarbeit unmöglich gemacht. Sie mussten ihre Wirkungsstätte verlassen und kehrten bis zu ihrer Pensionierung in den Schuldienst nach Deutschland zurück.

In Afghanistan tobte nun jahrelanger Krieg gegen die Sowjets und ein nicht endender Bürgerkrieg unter den afghanischen Volksgruppen. Kabul wurde bis zur Unkenntlichkeit bombardiert und zerschossen, ganze Stadtteile in Schutt und Asche gelegt, das Umland verwüstet. Millionen Menschen flohen in die Nachbarländer nach Pakistan und den Iran. Schließlich drangen die Taliban vor, die fanatischen Koranschüler aus der großen Volksgruppe der Paschtunen diesseits und jenseits der Grenze zu Pakistan. Erst nach langen blutigen Kämpfen wurden sie von der Nordallianz zurückgedrängt, und offensichtlich nur zeitweilig, denn sie sind inzwischen ja wieder aktiv.

Die erwähnten Zustände ließen den Meyer-Oehmes keine Ruhe. Sind alle jahrzehntelangen Bemühungen um die deutsch-afghanische Zusammenarbeit, um die deutsche Sprache und um den Aufbau und Erhalt der Amani-Oberrealschule vergeblich gewesen? Wie kann dem Land geholfen und die Schule reaktiviert werden? So haben sie gedacht und angefangen, etwas zu unternehmen. Um Klarheit zu gewinnen, gelang es Dr. Meyer-Oehme unter großen Schwierigkeiten, über Peschawar nach Kabul

vorzustoßen, und zwar zu einer Zeit, als die Taliban dort noch ihre ungeliebte Herrschaft ausübten. Dass er eine der beiden Landessprachen einigermaßen gut beherrschte, erleichterte sein Vorhaben.

Was hat er vorgefunden? Die Amanischule war verdreckt und verkommen, sowohl unter der Herrschaft der Kommunisten wie auch unter den Mujaheddin. Der letzte der kommunistischen Machthaber von Afghanistan, der berüchtigte Najibullah, ließ sie von Soldaten besetzen, die das noch verbliebene Inventar plünderten oder in den Ofen steckten. Nach der Machtübernahme der Taliban gab es keine Heizung, keinen Strom und keine Fenster mehr.

Doch ausgerechnet unter den Taliban begann die erste Aufbautätigkeit. Dr. Meyer-Oehme brachte sie in Gang. Dem ehemaligen und längst pensionierten Amanischullehrer, der hier vor vielen Jahren Biologie und Chemie unterrichtet hatte, gelangen erste Kontakte zu den islamischen Fanatikern. Zurück in Deutschland gründete er einen Förderverein, organisierte Geld und Material für ›seine‹ Schule. Es gelang ihm, Grenzen und Zollschranken aller Durchgangsländer zu überwinden, um Spenden, Lehrbücher und Mikroskope im eigenen Wagen nach Kabul zu transportieren.

Ehemalige afghanische Lehrer der Schule, die Kriege und Wirren überlebt hatten, fanden sich wieder ein und unterstützten die Aufbauarbeit. Die Anzahl der Schüler – ausschließlich Jungen – war schnell wieder gewachsen. Schon 1998 waren es wieder 1500. Religion war mit fünf Wochenstunden zum wichtigsten Unterrichtsfach geworden. Dagegen war Sport, Musik und Kunst verboten. Aber die Schule hatte ihren Betrieb wieder aufgenommen.

Lachend erzählte Dr. Meyer-Oehme, dass er bei den Taliban-Ministern durchsetzen konnte, dass wenigstens die Befruchtung der Blume durch die Biene auf Lehrtafeln gezeigt werden durfte – ein großer Erfolg in einem Land, in dem Bilder jeglicher Art bei diesen Fanatikern als Gotteslästerung verboten waren.

»Morgen können Sie mal einen Blick in die Amanischule werfen. Da können Sie sich ein Bild machen. Ich gehöre nicht zum Kollegium, denn wir sind ja immer nur für Wochen, manchmal auch für einige Monate in Kabul. Aber ich habe am Lehrplan noch mitwirken können, und als Berater und Organisator bin ich noch manchmal gefragt«, meinte er bescheiden und ergänzte sogleich: »Auf der Afghanistan Konferenz auf dem Petersberg, als es um die Unterstützung der jungen afghanischen Regierung ging, wurde ja die Amanischule – dieses Vorbild deutsch-afghanischer Zusammenarbeit – als Entwicklungsprojekt ›entdeckt‹, das schnell geför-

dert werden sollte. Außenminister Fischer hat sie sich bei seinem Besuch in Kabul auch sogleich zeigen lassen und offizielle deutsche Unterstützung zugesagt. Die ist auch prompt angelaufen, und inzwischen arbeiten bereits wieder drei entsandte deutsche Lehrer an der Schule. Darüber freue ich mich natürlich sehr, bin aber fast der Meinung, dass sich nicht alle deutschen Beamten, die dieses Schulprojekt damals aus der Taufe heben wollten, an meinen Vorarbeiten erfreut haben.«

»Mein Mann hat von der Amanischule gesprochen«, meldet sich jetzt Frau Meyer-Oehme. »Dieses alte, mit deutscher Hilfe 1924 gegründete Jungen-Gymnasium ist nach umfassender Renovierung wieder ein wegweisendes Lehrinstitut geworden. Ein deutscher Förderverein hat nach den afghanischen Kriegsjahren mit ehrenamtlichen Mitgliedern den Neuanfang begonnen, von dem wir sprachen. Aber dieser Verein hat noch mehr getan, was nicht so bekannt geworden ist. Er hat sich seit einigen Jahren auch um zwei Mädchenschulen gekümmert, die schon früher, also vor den Sowjets, dem Bürgerkrieg und den Taliban, von Deutschland gefördert worden waren. Die durch die Kampfhandlungen stark beschädigten Schulen – das Lycee-Aysha-e-Durani und das Lycee Jamhuriat – waren wegen der repressiven Politik der Taliban geschlossen worden.

Sie wissen doch, dass damals den Mädchen Schulunterricht versagt war. Jetzt ist das zum Glück wieder anders. Mit den ersten deutschen privaten Fördermitteln konnte die pädagogische Zusammenarbeit zwischen beiden Ländern wieder aufgenommen werden. In den beiden Lehranstalten profitieren davon etwa 2600 Schülerinnen, und ab der 4. Klasse sogar mit einigen Wochenstunden Deutsch. Gern würde ich Ihnen die Schulen zeigen, um die ich mich ehrenamtlich kümmere, wenn ich mit meinem Mann immer für einige Monate in Kabul bin. Aber Sie sind ja nur für ein paar Tage hier.«

Dr. Meyer-Oehme steuerte mich durch den staubigen Massenverkehr. Wer will, könnte ihn mörderisch nennen. Autos an Autos mühten sich bis an Kreuzungen, wo der Verkehr erst mal zum Stehen kommt. Polizisten versuchten, energisch zu erscheinen und ihn wieder in Gang zu kriegen. Schwarze Abgasschwaden nahmen die Sicht und verdunkelten den Himmel. Ich versuchte nach allen Richtungen hin, Bekanntes zu entdecken, aber nichts erinnerte mich mehr an die Stadt, in der wir sechs Jahre gelebt hatten, und die wir 1978 verlassen mussten.

Neben mir hörte ich die Stimme meines Fahrers: »Rechts vor uns ist der Paschtunenplatz, dort das Hotel Spinzar, wir fahren gerade an der Chickenstreet vorbei und drüben war die deutsche Schule.«

Es waren alles markante und bekannte Punkte gewesen, auf die er mich hinwies. Die Straßenführungen sind ja noch dieselben geblieben, wenn auch jetzt mit unzähligen Schlaglöchern versehen, aber die erwähnten bekannten Orientierungspunkte konnte ich nicht ausmachen. Sie waren nicht mehr da. Waren sie dem Krieg zum Opfer gefallen, oder waren sie verdeckt von etwas Neuem? Ja natürlich, da stand sehr viel Neues dicht an dicht, aber auf mich wirkte es nur plakativ. Waren es Wohnhäuser, Geschäfte, Büros, Restaurants, Hotels, Basare? Wie ein Film zogen die Straßenzüge mit ihren bunten Reklamepostern in formloser Gleichheit an mir vorüber.

Dem Bild Ahmad Schah Mahsouds konnte man nirgends entgehen. Sein heroisch buntes Konterfei erschien auf allen Gebäuden, ob öffentlich oder privat, an jeder Straßenecke, auf Bussen und Autos. Der Löwe aus dem Panjirtal, der den sowjetischen Aggressoren jahrelang hart zusetzte und gegen die Taliban kämpfte, bis er ermordet wurde, wird wie ein Nationalheiliger verehrt. Ob auch bei allen Paschtunen, aus denen sich ja die Taliban rekrutieren, wage ich zu bezweifeln.

Die Zahl der Moscheen war im vergangenen Vierteljahrhundert trotz aller Kriegseinwirkungen stark gewachsen. Hoch über dem turbulenten Massenverkehr erhoben sich neue Minarette, aus denen lautstarke Tonbänder den Straßenlärm zu übertönen versuchten und immer wieder mit monotoner, heiserer Stimme verkündeten, dass »Allah groß und Mohammed sein Prophet« ist.

Mein Fahrer machte mich auf die Deutsche Botschaft aufmerksam, an der wir vorüberfuhren. Ich blickte auf eine kleine Festung mit hohen Mauern, vor denen große würfelförmige Betonklötze aufgestellt waren, die motorisierten Bombenlegern und Selbstmördern das Handwerk legen sollten. Bärtige afghanische Askaris mit Kalaschnikows blickten martialisch von ihren Wachtürmen. Es war kein Einzelfall. Überall das gleiche Bild. Im Stadtteil Wazir Akbar Khan – es scheint mir das Zentrum der internationalen Vertretungen und zahllosen Hilfsorganisationen zu sein – versperrte ein Roadblock die Weiterfahrt. »Und hier haben Sie gewohnt«, meinte er. Ich musste es glauben, denn außer Mauern, Wachtürmen und herumgammelnden Soldaten oder Polizisten in zerschlissenen, dunkelblauen Uniformen erkannte ich nichts.

Überall drängen sich Menschen. Wohin gehen sie? Wo leben sie und wovon? Kabul zählt heute über vier Millionen Einwohner. Zu unserer Zeit hatte man immer von knapp einer halben Million Kabulis gesprochen.

»Viele Afghanen, die immer wieder und zuletzt vor den Taliban geflüchtet waren, sind zurückgekommen und leben hier zumeist unter jämmerlichsten Verhältnissen. Weite Gebiete Afghanistans – denken Sie nur an Kandahar und die Helmand Provinz, wo die NATO-Truppen jetzt gerade wieder in schwere Kämpfe verwickelt werden – sind seit Jahren unruhig, und es gibt nichts zu verdienen. Dagegen lockt Kabul, denn hier gibt es Arbeitsplätze und Häuser schießen wie Pilze aus der Erde. Die eng gedrängten kleinen, schnell errichteten Bauten reichen schon hoch an die Hügel heran, die die Stadt und sein Hochtal im weiten Kreis umgeben. Sehen Sie, bis an den Rand der zerbröckelten Stadtmauer aus dem frühen Mittelalter – von je her das Wahrzeichen Kabuls – haben sich die Menschen schon niedergelassen. Eine geordnete Verwaltung, eine geplante Infrastruktur der Straßenführungen, der Wasser- und Stromversorgung gibt es nicht, vorläufig wenigstens nicht. Zu schnell kamen die Menschen, zu schnell wuchs die Stadt.

Dabei haben viele der Leute überhaupt keine feste Bleibe. Irgendwo im nowhere haben sie Decken und Tücher aufgespannt, trotzen dem Wetter und warten auf bessere Zeiten. Wer Glück hat, besitzt auch schon mal mehr, eine Zeltbahn oder Baumaterial, Donation irgendeiner Hilfsorganisation.«

Wir fuhren weiter, und wie mir gesagt wurde, in Richtung Kargasee. Die früher hier vereinzelt stehenden Villen dieses Außenbezirks waren längst in einem Gewirr neuer, einfachster Wohnblocks und billiger Basarläden aufgegangen. Aber nicht nur das.

»Sehen Sie nur diese Prachtbauten dort, diese grellbunten, aufwändigen Gebäude da zwischen den eintönigen Wohnblocks, den Dukanen und den geflickten Zelten«, meldete sich mein Fahrer. »Das sind Kabuls moderne Paläste, die trendsettigen Schlösser der Stadt. Es sind supermoderne Häuser mit viel Schnickschnack, darinnen Spiegelsäle und gekachelte Badezimmer, alles Luxuseinrichtungen aus erster Hand. Errichtet wurden sie mit dem Geld der Drogenleute, die hier ihren schnell erworbenen Reichtum anlegen, zumindest einen Teil davon. Ständig entstehen weitere, und es dürfte eine gute Anlage sein, denn kaum fertiggestellt, sind sie auch schon vermietet. Tausende von Euros die Monatsmiete, und es gibt genug Leute, die das zahlen: Zurückkehrende Afghanen aus Amerika und Europa und dann die vielen internationalen Hilfsorganisationen, die ihr Personal unterbringen müssen. Manchmal treten die sich schon auf die Füße.

Die Drogenhändler korrumpieren dies Land. Obgleich der Mohnanbau offiziell geächtet ist, hat sich Afghanistan zum weitaus größten Opium-

produzenten der Welt entwickelt, und zur Zeit ist diese Droge die Hauptstütze der Wirtschaft. Aber gleichzeitig werden die Waffen damit beschafft, mit denen die selbsternannten Koranschüler, ich meine die Taliban, ihre afghanischen Brüder angreifen. Das Opiumkartell funktioniert gut. Das immense Geld, das der Anbau einbringt, finanziert all die Paläste da drüben, zugleich aber auch die Bomben, die hier explodieren, und natürlich die vielen Regierungsbeamten, die mit Bestechungsgeldern leben und schweigen. Und schließlich die Anbauer selbst, die nur einen kleinen Bruchteil der Gewinne abbekommen. Dennoch, wer könnte sie wohl überzeugen, dass sie mit einem sogenannten Alternativanbau – sei es Weizen, Gemüse- oder Milchwirtschaft – besser als mit dem Mohn verdienen würden?«

Ich erinnerte mich noch gut an die erschreckten, ja fassungslosen Gesichter der Weltbankbeamten, mit denen wir schon vor dreißig Jahren vor blühenden Mohnfeldern standen und die gleiche Problematik genauso ergebnislos wie jetzt diskutiert hatten.

»An Lippenbekenntnissen, gegen den Anbau vorzugehen, fehlt es nicht«, hörte ich Herrn Meyer-Oehme. »Die UN, die Regierung, alle Organisationen, die es gut mit Afghanistan meinen, sprechen davon. Aber was wird denn getan? In der ›Kabul Times‹, die erstaunlich viel Wahrheiten veröffentlicht, las ich vor ein paar Tagen, dass die Opiumernte dieses Jahr auf 6000 Tonnen angestiegen ist und sich gegenüber dem vergangenen Jahr nahezu verdoppelt hat, obwohl der Anbau und Vertrieb illegal ist.

Wohl auf Druck der United Nations appellierte der Staatspräsident Karsai kürzlich an die NATO-Truppen, robuster gegen die Opium-Industrie vorzugehen, was immer das heißen mag. Eine englische Einheit hat ihn dann sogleich beim Wort genommen und ging daran, ein Heroin-Labor zu zerstören. Oh Schreck, sie ahnten nicht, dass es vom Bruder des Staatspräsidenten betrieben wurde, der sich ein Eingreifen verbat. Die High Commission schaltete sich ein und wurde beim Staatspräsidenten vorstellig. Es lässt sich erraten, was dann geschah, denn die Geschichte kennt Beispiele. Der Überbringer der Demarche wurde des Landes verwiesen. Daran können Sie erkennen, wie man diesem Grundübel in Afghanistan begegnet. Sicher recht anders, als viele es erwarten oder wenigstens erhoffen.

Aber wird denn überhaupt ein Einschreiten gegen Anbau und Drogenindustrie erwartet? Wir haben seit fünf Jahren deutsche Soldaten im Land. Die ersten wurden nach Kabul entsandt, um zur Stabilität und Sicherheit

der Karsai-Regierung beizutragen. Dann bekamen sie andere Aufgaben im nördlichen Landesteil. Sie leisten dort Aufbauarbeit in sogenannten Provisional Reconstruction Teams, bauen Schulen, bohren nach Wasser und verbessern die Infrastruktur dieser Landesteile. Sie leisten vorzügliche Arbeit. Das Kontingent der ca. 3000 Deutschen gehört zur ISAF-Mission, der International Security Assistance Force. Es ist eine Allianz von 30 000 Soldaten, die seit 2003 unter dem Kommando der NATO steht. Ein Mandat, gegen die Opiumindustrie vorzugehen, hat sie nicht.«

Durch Roadblocks und Passkontrolle brachte man mich in die kleine italienische Kapelle. Dort hatte ich mich mit den ›Brüdern‹ verabredet. Wie schon immer galt der heilige Freitag der Mohammedaner auch der kleinen christlichen Gemeinde in Kabul als Feiertag, und mir erschien dieses Gotteshaus auch jetzt wieder wie eine stille Oase in der islamischen Welt. Zum ersten Mal gelang es mir, etwas wiederzuerkennen, und es schien die einzige Stelle in Kabul zu sein, die sich seit der Konfirmation meiner Tochter Beatrice nicht verändert hatte. Mir fiel der beliebte Pastor Karwehl ein, und ich dachte an das immer freundlich-verschmitzte Gesicht von Pater Panigatti, der hier praktisch als Hausherr jahrelang die Stellung gehalten hatte. Und das nicht nur im islamischen Umfeld, sondern auch unter den kommunistischen Machthabern, die ihn darüber hinaus sogar noch nach seiner Abberufung bis in seine Heimatstadt Triest beschattet hatten.

In der großen Gemeinde, die sich jetzt aus Diplomaten und den Angehörigen der zahllosen Hilfsorganisationen zusammensetzte, dominierten die gescheckten Uniformen der Isaf-Soldaten. Obwohl die Messe in Italienisch gehalten wurde, der sicher nicht alle sprachlich folgen konnten, erzeugte sie ein wohltuendes Zusammengehörigkeitsgefühl unter den fast ausschließlich westlich orientierten Andachtsbesuchern.

Am Ausgang der Kapelle entdeckte ich meine Freunde. Der breite Rücken von Bruder Reto war unverkennbar, vielleicht nach fast dreißig Jahren etwas gebeugter. Neben ihm stand Bruder Schorsch, der mich mit seinen wachen Augen längst erkannt hatte. Das Wiedersehen mit ihnen konnte nicht herzlicher sein.

Jetzt war Eile geboten. Die Brüder drängten mich in ihren Wagen und fuhren durch die Kabuler Nacht, in der mir die Stadt noch fremder und unbekannter erschien als am Tage. Unser Fahrer, Bruder Schorsch, kannte sich aus, und Straßensperren waren ihm kein Hindernis. Mit seiner schnell hingeworfenen Begrüßung in Paschtu oder Dari ließen uns die

bärtigen Wachsoldaten passieren und wünschten mit freundlichen Tiraden gute Fahrt. Mir wurde klar, dass die Brüder in der Viermillionenstadt bekannt und beliebt waren.

Die kleine Wohnung, die zur Zeit nur von meinen beiden Freunden bewohnt wurde, erschien mir wie ein Ort der Erholung im Strudel der Zeit, und irgendeine ähnlich törichte Bekundung muss ich wohl auch gemacht haben, da Bruder Schorsch lachend bemerkte:

»Wir sind sehr glücklich über unseren ruhigen Platz. Den brauchen wir unbedingt, denn wir müssen uns auch mal zurückziehen können. Meistens sind wir zu dritt, aber ein Bruder nimmt zur Zeit an einer Tagung unserer Bruderschaft in Deutschland teil.

Mit den Hilfsorganisationen sind wieder viele Deutsche nach Kabul gekommen, und die suchen dann nach Menschen, die sich in diesem Gewirr von Stadt schon einigermaßen auskennen. Vor allem zu den Isaf-Soldaten haben wir gute Kontakte. Manche von ihnen waren ja schon in anderen Regionen der Welt eingesetzt und bringen von dort Erfahrungen mit. Da wir hier während der langen Kriegsjahre sehr abgeschlossen gelebt haben, wussten wir nicht viel von den Einsätzen in Somalia oder dem Kosovo, oder wo sonst noch die Bundeswehr präsent war.

Die Ärzte und Sanitäter des deutschen Kontingents helfen uns sehr. Sie sind gut ausgebildet und sie besitzen die modernsten Instrumente und Apparaturen. Mit ihnen können wir Erfahrungen austauschen. An jedem Donnerstag ist bei uns sozusagen ›open house‹ für jeden, der Lust zum Kommen hat. Da hält uns einer der beiden Pfarrer, die bei der deutschen Isaf-Mission ihren Dienst tun, eine Andacht. Wenn die nicht präsent sein können, springt einer von uns beiden ein. Und dann wollen sich die Leute kennen lernen und austauschen. Manche setzen sich auch gleich an den Tisch und klopfen Skat oder spielen Schach.

Alle, die hier jetzt in Afghanistan ihre Aufgaben erfüllen, stehen ja unter Eindrücken, die ihnen bisher fremd waren. Dazu kommt ein enormer Stress, den das ungewohnte Klima, die fremden Sprachen und die ständige Angst vor Angriffen mit sich bringen. Auf verborgene und getarnte Minen zu treten, die frühere Invasoren und heutige Kombattanten sich gegenseitig versteckt hatten und die noch lange nicht alle geräumt wurden, beunruhigt nach wie vor. Die ständige Wachsamkeit zermürbt. Vor allem den jungen Soldaten, die oft aus wohlstandsähnlichen Verhältnissen kommen und sich zuhause bisher keine persönlichen Wünsche und Freiheiten versagen mussten, vermittelt dieses harte Land ein Gefühl der Fremdheit und Verlassenheit.

Obwohl das deutsche Kontingent, das mehrheitlich hier in Kabul, in Kunduz und Mazar stationiert ist, bisher weitestgehend von Kampfhandlungen verschont geblieben ist, erleben sie, dass ihre NATO-Kameraden im südlichen Kandahar und Helmand zur Zeit in schwere Kämpfe mit den Taliban verwickelt sind. Und diese finden in der paschtunischen Bevölkerung manchen Sympathisanten und auch Mitstreiter. Da wurde vor ein paar Tagen von dem Selbstmörder berichtet, der mit einer Bombe auf seinem Fahrrad direkt in eine Gruppe kanadischer Soldaten fuhr, die gerade dabei waren, afghanischen Schulkindern Süßigkeiten zu verteilen. Mehrere tote Soldaten und noch mehr tote Kinder waren das Ergebnis der Bombenexplosion.

Das geht jedem auf die Nerven. Sie wissen, dass sie sich in ihren Gebieten zur Zeit größerer Sicherheit erfreuen können. Das ist ja auch gut für sie, und sie können von Glück sagen, dass in den nördlichen Landesteilen von Afghanistan keine Paschtunen leben, unter denen die Taliban vor allem ihren Rückhalt haben.

Alle hören doch von den Selbstmordanschlägen, die auch in Kabul jetzt schon inmitten total verstopfter Straßen und vieler Menschen stattfinden. Die wirken schockartig, und die Soldaten möchten sich darüber unterhalten. Über diese und andere Dinge müssen wir mit den jungen Leuten sprechen. Selbstmordattentate sind etwas Neues in Afghanistan. Wir haben sie in den vielen Jahren, die wir hier sind, nicht erlebt und sind selbst überrascht über diese Welle. Wir sind der Meinung, dass die fanatisierten Araber, die ja unter Al Qaida oder bei den Taliban mitkämpften, die Afghanen dazu gebracht haben.«

Es ging fast familiär zu an diesem Abend, und die Erzählungen der Brüder, die weit zurückreichten und auch viel Elend wieder aufleben ließen, aber immer von Hoffnung und Zuversicht geprägt waren, wollten kein Ende nehmen. Bruder Reto hatte ein herrliches Abendbrot bereitet, und mit einem Gläschen Wein vergaß ich Zeit und Ort.

Anderntags besuchte ich die German Medical Clinic, derzeit das Hauptbetätigungsfeld von Bruder Reto. Vor Jahren wurde diese Institution, in der vorrangig Tuberkulose-, Lepra- und andere Hautkranken behandelt werden, von ihm geschaffen. Ich traf auf eine Gruppe von aufgeschlossenen Männern in weißen Mänteln, Ärzten und Helfern, denen ich als Freund der Brüder vorgestellt wurde. Als erwähnt wurde, dass ich vor siebenundzwanzig Jahren auch in Kabul gearbeitet und in der Banke Serati für landwirtschaftliche Kredite verantwortlich gewesen war, entstand Heiterkeit, und man wollte wissen, ob ich rückzahlungsunfähige Kunden be-

suchen wollte, oder ob ein neues Kreditprogramm geplant sei. Warum ich nach so vielen Jahren nach Kabul gekommen wäre, wollten sie wissen.

Eine Atmosphäre deutsch-afghanischer Bindungen war unverkennbar. Ich sah sofort, dass hier ein Team fachlich kompetenter Afghanen bei der Arbeit war, und ich freute mich, dass alle mit großer Hochachtung und Loyalität unseren deutschen Bruder unterstützten, der hier in Kabul vor vielen Jahren seine Lebensaufgabe gefunden hatte.

Die Hautkranken – täglich gehen an die Hundert durch die Klinikräume –, alte und junge Männer und Frauen mit offenen oder verschorften Wundmalen, Leprakranke mit vernarbten Gesichtern und verkrüppelten Gliedmaßen, werden registriert, untersucht, ihre Wundstellen photographiert, behandelt und versorgt. Sie stehen in Reihen auf dem Vorhof oder sitzen auf den Fluren und in den Warteräumen. Ihre Gesichter hellen sich auf, sobald sie Bruder Reto wahrnehmen, der immer etwas Aufmunterndes zu sagen weiß.

Um zu einer der Wirkungsstätten von Bruder Schorsch zu gelangen, fuhren wir die Jade Maiwand hinunter. Ich hatte darum gebeten, weil ich einen Blick auf die Banke Serati werfen wollte, die sechs Jahre lang meine Wirkungsstätte gewesen war. Aus meinem Fenster in der Landwirtschaftsbank hatte ich manchmal auf diese Hauptstraße der Stadt heruntergeschaut und irrtümlich schon damals geglaubt, dass das Verkehrsaufkommen da unten nicht mehr zu überbieten war. Autos, Lastwagen, handgezogene Karren, Fahrräder, Kamele erlaubten doch keine weitere Zunahme, und ich hatte um die Fußgänger gebangt, die sich noch dazwischen klemmten. Nur einmal war mir diese Prachtstraße wie leergefegt erschienen. Sie war für die sowjetischen Staatsbesucher Podgorny und Kosygin hermetisch abgesperrt worden, die dann auch freundlich winkend mit Polizeieskorte vorüberfuhren. Ob die beiden Mächtigen der Sowjetunion wohl damals schon Aggressionsgedanken hegten? Längst war es Geschichte, und alles, was sich danach abspielte, auch.

Den erhofften Blick auf etwas Bekanntes, Vertrautes musste ich aufgeben. Bruder Reto gelang es natürlich, mich mit gewohnter Ruhe und Gelassenheit durch den dichtesten Verkehr dieser breiten Straße zu steuern, als er aber auf ein graues, kastenförmiges Gebäude mit leeren Fensterhöhlen wies, konnte ich beim besten Willen in dieser Ruine nicht unsere alte vertraute Landwirtschaftsbank ausmachen. Wie Bruder Reto mir später gestand, war er sich selbst nicht ganz sicher gewesen, ob er mir im chaotischen Verkehrsstrudel das richtige Trümmergebäude gezeigt hatte.

Bei Bruder Schorsch hielten wir. Ich konnte den neuesten Workshop

besuchen, in dem die technischen Einrichtungen der Hospitäler und Kliniken gewartet, repariert oder auch ganz neu geschaffen werden. Eine Anzahl von Technikern – längst zu Spezialisten gewordene Helfer – stehen ihm zur Seite, um die Wasser-, Abwasser- und die Elektrizitätsversorgung sicherzustellen. Sie kümmern sich um Notstromaggregate, um Kücheneinrichtungen, Motoren und Pumpen.

»Vor allem mit der Trinkwasserversorgung haben wir jetzt größte Probleme. Der starke Zustrom der Menschen in die Stadt hat natürlich dazu geführt, dass immer mehr Wasser gebraucht wird. Dadurch ist der Wasserspiegel laufend gesunken, und manche Brunnen geben schon wenig her oder versiegen ganz. Es wird nach neuen Quellen gesucht, und es muss vielfach tiefer gebohrt werden. Wir haben schon mehrere Bohrgeräte gebaut, die ständig im Einsatz sind. Den vielen Anforderungen kommen wir gar nicht mehr nach.

Fast alle Maschinen und Geräte, an denen ich meine Helfer schule, konnte ich aus Deutschland beschaffen. Während meiner Urlaube dort habe ich über unsere Arbeit berichtet, und das Thema Afghanistan fand immer großes Interesse. Ich besuchte auch manchen technischen Betrieb, den ich noch aus meiner Lehrzeit kenne. Die Menschen waren sehr aufgeschlossen, und es gab dann immer Leute, die mir Maschinen und Werkzeuge für unsere Arbeit hier anboten. Es waren natürlich nicht immer die allerneuesten Drehbänke, Bohrmaschinen und Dieselmotoren, aber in diesem Land kann man jetzt alles gebrauchen. Manche von den mittelständischen Unternehmen kümmerten sich noch um den Transport und finanzierten ihn bis Kabul.

Sehen Sie, diese Container da, manche noch ungeöffnet. Sie enthalten Maschinen und Werkzeuge, Pumpen und Aggregate. Sie sind ein Schatz für dieses geschundene Land. Der Transport hierher hat natürlich einiges gekostet, aber es fand sich immer ein Weg, und wir haben ja – Gott sei es gedankt – viele Sponsoren, und mit der Isaf-Mission haben wir manchmal auch sehr engagierte Helfer, die uns bei Anlieferung und Formalitäten unterstützen.

Unter den jungen Leuten, die Sie hier bei der Arbeit sehen, und die von meinen Helfern ausgebildet werden, sind viele Flüchtlinge aus den Provinzen, in denen praktisch seit vielen Jahren Krieg vorherrschte. Sie sind nach Kabul gekommen, weil ihre Häuser zerstört wurden – von Russen, Taliban oder auch von bösen Nachbarn. Für sie gab es keine Lebensgrundlage mehr. Die meisten leben seit Jahren von ihren Familien getrennt, soweit sie überhaupt noch eine solche besitzen. Sie haben sich hier

bei uns nach und nach eingefunden, und wir freuen uns, dass wir manchen helfen können. Alle sind begierig zu lernen, und wollen möglichst bald mit dem technischen Gerät umgehen können.

Wir arbeiten vor allem darauf hin, dass die jungen Leute selbstständig arbeiten lernen. Wenn sie hier ausgelernt haben, dann sollen sie zurückgehen in ihre Dörfer, um dort den Aufbau wieder in Gang zu bringen. Es geht ja nicht, dass sich alles in Kabul zusammenballt. Den wirklich Guten werden wir helfen, einen Workshop aufzumachen. Wir werden die Container öffnen, die ich Ihnen gezeigt habe, und von denen wir hoffentlich viele neue erhalten. Mit den Maschinen und Werkzeugen, die sie enthalten, bekommt dann mancher von ihnen von uns eine Grundausstattung, mit der er eine Lebensaufgabe erhält und sein technisches Können beweisen kann. Das ist unser Ziel.«

Mein Besuch in Kabul währte nur wenige Tage. Die Stadt, in der wir einmal fünf Jahre gelebt haben, die zu den schönsten unseres Lebens gehören, hat sich so stark verändert, dass sie mir fremd geworden ist. Aber ich freue mich, dass ich dort Freunde und die ›Brüder‹ getroffen habe. Ich bin ihnen dankbar, dass sie mich aufnahmen und mir Einblick gewährten in ihr vorbildliches Tun.

Seit Jahren sind wir zugetan
Den »Brüdern« in Afghanistan.
Die hilfreichen Männer, engagiert, doch gelassen,
Sich mit Spitälern und Werkstatt befassen.
Als selbstlose Fachkräfte kompetent
Im wahrsten Sinne stets dort, wo es brennt,
Sind sie trotz Revolutionen und Kriegen
Am selbstgewählten Standort geblieben.

Um sie in Kabul zu besuchen,
Ging ich, ein Flugticket zu buchen.
Schon lange ließ es mich nicht ruh'n,
Ich wollt' erfahr'n von ihrem Tun.
Ein Treffen war mir eminent
Und etwas, das man highlight nennt.

# Die Lingener Zugvögel

»Life is what happens while you are busy making other plans«

John Lennon

»Warum in die Ferne schweifen, sieh das Gute liegt so nah.« Dieser herrlich abgegriffene Spruch eines großen Dichters fiel mir ein, als ich über einen passenden Abgesang auf meine weltweiten ›Begegnungen‹ nachdachte. Warum hatte ich es bisher versäumt, Lingen zu erwähnen? Schließlich ist diese kleine Stadt im Emsland doch schon seit vielen Jahren unser ständiger Wohnort geworden, und wenn wir all die Monate und Wochen zusammenrechnen, die wir auch in früheren Jahren schon hier verbrachten, dann haben wir wahrscheinlich in keinem Teil der Welt länger gelebt als in dieser Stadt. Es war ja so, dass wir immer wieder in die Ferne schweiften, in Übersee und verschiedenen Kontinenten arbeiteten, aber dazwischen in Deutschland auch gern viel erleben wollten, und das waren dann die kurzen und längeren Urlaube und Ferienaufenthalte in Lingen.

Und ich kann weitergehen, denn unsere beiden Töchter Maxa und Beatrice, die hier einen Großteil ihrer Jugend verbrachten, Kindergarten und Schule erlebten, betrachten Lingen als so etwas wie einen Heimathafen, wo man immer wieder gern mal vor Anker geht, ganz gleich, wo sie auch sonst leben mögen.

So ist obiger Spruch für unsere Familie gar nicht mehr so inhaltslos und banal, wie ich erst dachte. Auch das Fragewort ›Warum‹ des erwähnten Sprüchleins stört mich nicht mehr. Längst habe ich doch erkannt, wie wichtig es war, in die ›Ferne zu schweifen‹. Es waren ja die vielfältigen, immer wieder neu erlebten Länder auf der Welt, die unser Leben über Jahrzehnte bereichert haben – und, wie ich sehnlichst wünsche, auch in Zukunft noch bereichern werden. Für mich ergänzen sich beide Teile des Sprichworts, und deswegen muss ich eben etwas über Lingen sagen, auch wenn damit niemand weitere Aufgeregtheiten erwarten soll.

1988 war es aus mit einer permanenten Arbeitswelt in der Ferne. Hie und da bekam ich zwar von Vater Staat noch kleine Aufgaben zugewiesen, die Kurzzeitaufträge genannt wurden, aber nichtsdestotrotz mussten wir jetzt eine feste Bleibe in Deutschland ansteuern. Es lag nahe, dass diese Lingen heißen würde, und dafür lagen die Gründe auch auf der Hand. An diesen Ort hatten wir schon feste Bindungen, und dazu kam das gemeinsame Haus, das die Schwiegereltern während unserer Indienjahre gebaut und den unseren Teil davon bisher treu bewacht hatten.

»Was, ihr wollt ins Emsland ziehen? Ihr seid doch lebenslange Zugvögel, keine echten allerdings, denn die folgen wohl immer den gleichen

Bahnen. Geht jetzt euer Zug nach Lingen, und wollt ihr euch dort festsetzen? Ihr werdet es nicht aushalten. Der Landstrich ist öde und flach und das Klima abscheulich. Die Gegend da oben entbehrt jeder Art von Kultur. Hinter Münster und Osnabrück, ehrlich gesagt, ist doch nicht mehr viel los. So weit im Nordwesten Deutschlands sitzt ihr wie beim Deiwel auf der Rinne. Und wer kennt schon Lingen? Frage doch mal jemand auf der Straße, wo es liegt. Früher schickte man die Strafgefangenen ins Emsland, das ist bekannt, denn da fängt bald das Sumpf- und Moorgebiet an. In diese Gegend wollt ihr euch vergraben? Man kann natürlich mal an die Nordsee fahren, nach Norderney oder Borkum, und natürlich gibt es Leute, die von der Meyerwerft gehört haben oder den Transrapid besuchen wollen. Aber im Emsland wohnen ...«

Man muss uns schon glauben, dass manche Freunde und Bekannte diese oder ähnliche Dinge sagten, als sie von unseren Plänen hörten, aber ich gebe auch gern zu, dass die meisten dabei geschmunzelt haben. Dennoch trifft es auch zu, dass wir dem einen oder dem anderen von ihnen erst erklären mussten, wo sich das Emsland mit seiner größten Stadt Lingen befindet. Um ihren landeskundlichen Kenntnissen aufzuhelfen und sie zu Besuchen zu animieren, verschickten wir viele Male ein kleines Büchlein, nicht größer als ein Briefkuvert ›Lingen, eine liebenswerte Stadt‹. Da steht es schwarz auf weiß, dass ›das Emsland ein Gebiet zwischen Westfalen und Ostfriesland, der holländischen Grenze und dem Osnabrücker Land ist, dass der Fluss, die Ems, diesem Land seinen Namen gibt und der Landschaft seinen besonderen Reiz verleiht‹. Und was Lingen betrifft, so steht da geschrieben, dass ›diese Stadt von einer tausendjährigen Geschichte geprägt wurde, dass sie im Schnittpunkt wichtiger Verkehrswege liegt und wirtschaftlicher Mittelpunkt der Region ist‹. Und wer will, kann darin noch viel mehr Liebenswertes erfahren.

Damit hatten wir erst mal gesagt, was Sache war. Weitere Hintergrundinformationen und Lobeshymnen ersparten wir uns, fühlten uns als Zureisende dazu auch nicht berufen. Aber wie kam es dazu, dass wir nach Lingen zogen und uns in dieser Stadt auch wohlfühlen? Das erzähle ich gern.

»Nun werden wir uns ja bald in Lingen treffen«, hatte Renate im August 1953 geschrieben, und ich konnte mich freuen. Seit gut zwei Jahren hatte ich mit diesem anmutigen, dunkelhaarigen Mädchen Briefe getauscht. Nicht zu oft allerdings, denn die Arbeit eines deutschen Kolonisten, der sich im paraguayischen Urwald eine Existenz aufbauen wollte, ließ mir

nicht viel Zeit für schriftliche Sehnsuchtsergüsse. Aber ich ertappte mich mehr und mehr dabei, ihre herzlichen Botschaften voller Erwartung herbeizuwünschen. Und das konnte manchmal recht lange dauern. Ein Brief aus Uppsala in Schweden musste einige Länder und Meere überfliegen, bis er mich am Vacay im Departamento Itapua erreichte. Dabei konnte er auf seiner letzten Etappe, der Poststation auf argentinischer Flussseite, noch für längere Zeit aufgehalten werden, wenn in den Regenzeiten ein reißender, über seine Ufer getretener Parana oder eine Revolution in einem der beiden Länder den kleinen Grenzverkehr manchmal für längere Zeit unterbrach.

Renate hatte ich noch kurz vor meiner Ausreise nach Südamerika auf einer Hochzeit von Verwandten kennen gelernt, und oft hatten wir uns auch noch nicht gesehen, als sich unsere Wege bereits wieder trennten. Ich wanderte nach Übersee aus, ins unerreichbare Paraguay, während sie für längere Zeit zu einer befreundeten Familie nach Schweden zog, um ihren erlernten Beruf als Säuglingsschwester unter Beweis zu stellen.

Drei Monate hatte ich mir für die Deutschlandreise vorgenommen. Mehr Zeit hätten mir meine damaligen ›Patrons‹ auch gar nicht zugestanden. Meiner Schiffsreise hatten sie überhaupt nur zugestimmt, weil wichtige Käufe für die heranwachsenden Pflanzungen getätigt werden mussten. Dazu gehörten ein Bulldog-Lanz Traktor, ein Jeep mit vielen Ersatzreifen aus amerikanischer Stegware und diverse Werkzeuge. Alles natürlich ›second hand‹, denn viel Geld hatten sie mir nicht zur Verfügung gestellt.

Vor meiner Abreise nach Europa waren auch noch ständig weiter entfernt lebende Nachbarn erschienen, Deutsche, die vor Jahrzehnten, wenn nicht Generationen aus der Schwäbischen Alb und dem Hunsrück ausgewandert waren. In meinem Deutschlandbesuch hatten vor allem die findigen Schwaben eine günstige Gelegenheit erkannt, an neue Spätzlemaschinen zu gelangen, die ich nun gleich en gros meinem Rückkehrgepäck zufügen sollte. Natürlich konnte ich diesen Leuten, bei denen ich als Junggeselle manche fröhliche Stunde verbracht hatte, dieses Standardrequisit eines echten schwäbischen Haushaltes nicht versagen. Es kam dann auch so, dass ich bei der Rückreise mindestens ein gutes Dutzend davon durch den Zoll schleusen musste.

In Deutschland erwartete mich ein reichhaltiges Programm, wobei ich den Hauptgrund der Reise noch gar nicht erwähnt habe. Ich wollte Renate wiedersehen, und da sie mir ja brieflich schon das ok gegeben hatte, bei ihren Eltern erscheinen und nach Väter Sitte ›um ihre Hand anhalten‹.

Renate nach Paraguay mitzunehmen, hatte ich mich entschlossen. Dennoch plagten mich zuweilen Zweifel, ob es mir wohl gelungen war, ihr das entbehrungsreiche Leben, die harte Arbeit in fremder Umwelt und das extreme Klima genügend klar gemacht zu haben. Würde Renate die Abgeschlossenheit und Einsamkeit des Urwaldes ertragen und durchhalten können? Ich hatte ihr natürlich auch von den täglichen kleinen Widrigkeiten des Lebens berichtet, von den Wanderameisen, von den Moskitos und Sandflöhen und nicht zuletzt von den ständigen Mitbewohnern im Urwald, den Vogelspinnen und Schlangen vielerlei Arten. Und dass sich auch einmal eine giftige Korallenschlange unter meinem Kopfkissen verkrochen hatte, wollte ich ihr auch nicht vorenthalten.

Renate hatte sich weder beeindrucken noch schrecken lassen. Alle Bedenken hatte sie zurückgewiesen und an ihre bescheidene Kindheit und ihr Erleben bei Flucht und Vertreibung erinnert. Auch sie hatte sich entschlossen, ein Leben – wie auch immer – mit mir zu teilen.

Ihre Arbeit in Schweden hatte sie gerade beendet und lebte seit einigen Wochen bei ihren Eltern in Lingen, als ich Ende September 1953 nach dreiwöchiger Seefahrt auf der argentinischen ›Alberto Dodero‹ in Amsterdam an Land ging.

Die geographische Zuordnung norddeutscher Städte muss Renate wie auch mir damals nicht recht geläufig gewesen sein, sonst hätten wir uns nicht ausgerechnet die Hansestadt Hamburg für unser Wiedersehen erwählt. Schließlich liegt Bad Bentheim an der Bahnstrecke Amsterdam – nach Deutschland hinein und in unmittelbarer Nähe von Lingen/Ems.

Wie es auch sei, auf die unnötig abgefahrenen Bahnreisekilometer machte uns mein sparsamer und rationell denkender Schwiegervater in spe anderntags sogleich aufmerksam, als Renate und ich aus Hamburg kommend das Forstamt an der Lingener Georgstraße betraten. Im Obergeschoss dieses alten und ehrwürdigen Amtssitzes der grünen Farbe wohnten der Forstmeister Oskar von Klitzing und seine Frau Ursel mit ihren drei Söhnen.

Und da standen sie nun, diese fünf Klitzings, auf der obersten Treppenstufe in Erwartung, als wir eintraten – ob nun in freudiger oder gedämpfter – konnte ich zunächst nicht recht beurteilen. Schließlich kam da ein ›Paraguayer‹ und wollte die Tochter des Hauses ziemlich weit weg entführen. So lag ein bisschen Spannung schon in der Luft. Aber meiner zukünftigen Schwiegermutter gelang es, diese schnell zu bannen. Zu ihrem Mann gewendet rief sie fröhlich aus »Siehst Du, Oskar, jetzt bekommen wir doch rothaarige Enkelkinder«. Sie gab mir gar keine Zeit, dar-

über nachzudenken, ob ich vielleicht rote Haare hätte. Ja früher vielleicht mal, aber … Auf jeden Fall war der Bann gebrochen und – nahm ich ihre Aussage beim Wort – brauchte ich ja nicht mehr weiter zu antichambrieren.

Die ersten Tage in Lingen, wie überhaupt meine ganze Zeit in der Bundesrepublik vergingen im Fluge. Die Beschaffung der Reisepapiere, der Visen für Argentinien und Paraguay hielten uns in Atem. Und um nun in allen Papieren und Dokumenten die richtigen Namen und Daten einsetzen zu können, musste ja erst mal geheiratet werden.

Am 24. Oktober 1953 wurde ich mit Renate in Lingen standesamtlich getraut. Mein Schwiegervater hatte den amtierenden Forstmeister, der mit seiner Familie im Erdgeschoss des Forstamts lebte, als Trauzeugen gewinnen können. Unsere kirchliche Trauung fand wenige Tage später bei Verwandten im Braunschweigischen statt.

Nach einigen Verwandtenbesuchen und den schon erwähnten Großeinkäufen, die mich einige Zeit nach Süddeutschland führten, gab es für uns nur noch wenige Tage, um Lingen in Augenschein zu nehmen. Renates Eltern machten uns mit ihren zahlreichen Freunden und Bekannten in der Stadt bekannt und taten alles, um uns den kurzen Aufenthalt so angenehm wie möglich zu machen.

Seit 1946 wohnten meine Schwiegereltern in Lingen. Es hatte sich gut gefügt, dass Renates Vater, der bis zum Kriegsende Forstamtsleiter in Hammer bei Berlin gewesen war, schon ein Jahr nach Ende aller Wirren eine neue interessante Stellung in seinem Forstberuf antreten konnte. Er wurde der Assistent des Forstmeisters Schmedding in der Kreisstadt Lingen im Emsland und zog mit seiner Familie in die obere Etage des staatlichen Forstamts. Es lag an der kopfsteingepflasterten Georgstraße.

Meine Schwiegermutter war nach den schweren Kämpfen in den Waldgebieten um Hammer und der zeitweiligen Inhaftierung ihres Mannes durch die Russen mit ihren vier Kindern über Mecklenburg nach Lauingen bei Königslutter getreckt, wo sie zunächst bei Verwandten unterkam. Nach einem Jahr war es dann möglich geworden, dass sich die Familie wieder vereinte – jetzt in Lingen.

Seitdem waren sieben Jahre vergangen. Renates Mutter, die die Lingener Geschäftswelt kannte und in der emsländischen Gesellschaft gut integriert war, half uns nach Kräften bei den Einkäufen, die für unseren zukünftigen Hausstand in Paraguay zu tätigen waren. Ich dachte dabei stän-

dig an unseren winzigen Rancho am Paranafluss, an die mit Holzschindeln gedeckte Hütte aus ungehobelten Brettern, an den Fußboden aus gestampfter roter Erde, und ich versuchte, daran zu erinnern, dass dieser noch für längere Zeit unser Zuhause sein würde.

Ob ich Renate richtig raten konnte, weiß ich nicht mehr. Sie musste sich jedenfalls auf einen Hausstand ohne fließendes Wasser, ohne Elektrizität und Gas einstellen, und ich musste ihr klar machen, dass wir am Parana sicher noch auf Jahre hin nur handbetriebene Geräte benutzen konnten. Glücklicherweise ließen diese sich in den Nachkriegsjahren in Lingen noch hie und da auftreiben. So erstanden wir eine Zentrifuge für unsere Milchwirtschaft, eine Kaffeemühle und mehrere Petroleumlampen verschiedener Bauart zu zahlreichen Töpfen und Pfannen für den mit Holz zu befeuernden Herd.

Zu Renates größtem Vergnügen trieb ich in einem Ramschladen noch ein Grammophon auf, das sich per Kurbel aufziehen ließ und zur Folge hatte, dass wir von allen möglichen Leuten klassische Schallplatten aus alten Beständen zum Geschenk erhielten. Für musikalische Unterhaltung im Urwald war damit gesorgt, dachte ich, und die Gitarrenspieler aus meiner Arbeiterschaft, die ja als Paraguayer immer zu einem ›Ständchen‹ aufgelegt waren, konnten mal Pause machen.

Mein Schwiegervater schien mir in seiner Stellung ganz in seinem Element zu sein. Er sprach fast mit Begeisterung von der Erschließung des Emslandes, die bald nach Kriegsende eingesetzt hatte. Er freute sich, dass mit einem staatlichen Aufforstungsprogramm auf Heide- und Ödlandflächen der Forstwirtschaft neue Aufgaben erwachsen waren. Von ihm und Herrn Schmedding erfuhr ich in Gesprächen viel über die Geschichte des Emslandes und die vorgesehenen Entwicklungsmaßnahmen.

In den vergangenen Jahrhunderten hatte es im Emsland nur wenig wirtschaftliche Entwicklung gegeben. Die natürlichen Verhältnisse waren denkbar schlecht. Ungeregelte Wasserverhältnisse führten oft zu Überschwemmungen und stauender Nässe in den nährstoffarmen Böden. Bis auf wenige Ausnahmen gab es keine zentralen Wasser- und Abwasserbeseitigungsanlagen. Eine Infrastruktur fehlte, und Straßenanbindungen von Städten und Dörfern waren unzulänglich. Wiederaufforstung von Heideflächen war im größeren Stil noch nicht erfolgt, und weite Landesteile waren starken Winden ungeschützt ausgesetzt. In der Landwirtschaft wurden etwa die Hälfte aller Erwerbspersonen eingesetzt, und an industriellen und gewerblichen Arbeitsplätzen herrschte großer Bedarf.

Das war die Situation, als 1945 Flüchtlinge und Vertriebene aus den deutschen Ostgebieten jenseits von Oder und Neiße in das arme Emsland strömten. Hier gab es in Westdeutschland noch ein verhältnismäßig dünn besiedeltes Gebiet, das sich erschließen ließ und in dem Menschen in größerer Zahl angesiedelt werden konnten. Bald war jeder vierte Bewohner des Emslandes zugewandert.

Die ersten Nachkriegspolitiker der 1949 entstandenen Bundesrepublik sahen es als eine wichtige innenpolitische Aufgabe an, die in das Emsland eingewanderten Flüchtlinge und Vertriebenen einzugliedern und die wirtschaftlichen Verhältnisse grundlegend zu verbessern. Man war überzeugt, dass sich Moor- und Ödlandflächen wirtschaftlich nutzen ließen, wie es in den benachbarten Niederlanden seit Jahrhunderten möglich gewesen war.

Der Deutsche Bundestag beschloss deshalb im Mai 1950 die Erschließung des Emslandes und setzte hierfür als Staatskommissar den Ministerialdirektor Johann Dietrich Lauenstein ein. Aus der Sicht der beiden Forstleute hatte der Bundestag damit eine gute Entscheidung getroffen. Mit ihm war ein Mann mit Weitsicht, Fachkenntnis und Durchsetzungsvermögen bestellt worden, der darüber hinaus eine gute Kenntnis des Emslandes mitbrachte. Ich selbst hatte die Freude, Herrn Lauenstein kennen zu lernen, als ich später während eines Weihnachtsurlaubs aus Saudi-Arabien in Lingen weilte und an einer Jagd teilnehmen konnte, bei der mir in Ermangelung eines deutschen Jagdscheins allerdings nur der Platz eines Treibers zustand. Beim anschließenden ›Schüsseltreiben‹ bei Overhoff in Baccum konnte man von den Visionen eines bahnbrechenden Experten für die Emslandentwicklung viel Interessantes erfahren.

Zur Koordinierung der breitgefächerten Ausbauprogramme und der erforderlichen Mittelbeschaffung zur Emslanderschließung wurde nach dem Emslandplan, der auch Lauensteinplan genannt wurde, die Emsland GmbH gegründet. Deren Arbeitsgebiet orientierte sich stark an den natürlichen Gegebenheiten, besonders an den Moorgebieten, die für eine schnelle Ansiedlung von Flüchtlingen und Vertriebenen erschlossen werden sollten. Es wurde gebildet von den ehemals hannoverschen Emslandkreisen Lingen, Meppen und Aschendorf-Hümmling sowie mit einigen Teilgebieten der angrenzenden Landkreise.

Mehrmals nahm mich mein Schwiegervater in die Moorgebiete mit, um mir die vielfältigen Kultivierungsaufgaben zu zeigen, die an manchen Stellen mit Entwässerung, Abtorfung und landwirtschaftlichen Bodenbearbeitungsmaßnahmen abgeschlossen waren, an anderen Stellen aber noch in vollem Umfang durchgeführt wurden. Der gewaltige Moorpflug

der Firma Ottomeyer beeindruckte dabei. Noch lieber sah es der alte Herr aber, wenn ich ihn in sein Hauptarbeitsgebiet im Lingener Forstamt in Elbergen begleitete, wo er aus Ödland und Heide des ehemaligen Geländes der Firma Krupp ein neues Waldgebiet aus Laub- und Kiefernhölzern geschaffen hatte.

Die Zeit in Lingen, so kurz sie auch gewesen war, blieb haften. Jetzt hatte ich nach Krieg, Gefangenschaft, dem Verlust meiner ostdeutschen Heimat, der Lehrzeit auf den landwirtschaftlichen Betrieben und meinen ersten Jahren in Übersee wieder einen festen Bezugspunkt in Deutschland gefunden. Mit dieser positiven Erkenntnis begab ich mich mit Renate auf die Seereise nach Südamerika, die zunächst mit einer Bahnfahrt ab Bad Bentheim begann. Vater Klitzing und Renates Brüder brachten uns dort an den Bahnhof und machten es kurz.

Mutter Klitzing dagegen ließ es sich nicht nehmen, uns bis Amsterdam ans Schiff zu begleiten, und es gelang ihr leider damit, den Abschiedsschmerz möglichst in die Länge zu ziehen. Zu verstehen war es vielleicht, denn wer sich 1954 auf eine längere Seereise begab, trat keine launige, feuchtfröhliche Kreuzfahrt an. Er wanderte meistens aus, und Gedanken an ein Nimmerwiedersehen ließen sich nicht immer verdrängen.

›Erstens kommt es anders, zweitens als man denkt.‹ Dass es anders kam, musste uns zunächst wie eine Katastrophe erscheinen, aber später habe ich immer versucht diesem Sprichwort die beste Seite abzugewinnen. Natürlich war es so, dass wir uns in Paraguay eine Zukunft erhofft hatten. Ich hatte einen festen Anstellungsvertrag, und jedes Jahr sollte ich von den mir zur Verwaltung zugewiesenen 5000 Hektar Urwald eine möglichst große Fläche in ertragreiche Dauerpflanzungen verwandeln. Das war in den ersten Jahren gut angelaufen. Wir hatten Tung-, Tee- und Citrusplantagen am Paranaufer aufbauen können, die demnächst erste bescheidene Erträge abwerfen würden.

Renate hatte sich bald an die einfachen Verhältnisse einer Kolonistenfrau gewöhnt und sofort damit begonnen, Spanisch zu erlernen. In der abgelegenen Gegend lebten wir als ›Gringos‹ nur unter Paraguayern und hatten im täglichen Umgang fast ausschließlich mit creolischen Arbeitern zu tun. Renate musste diese mit Fleisch und allen weiteren Lebensmitteln versorgen. So hatte sie auch einige wichtige Schlagworte der Guaranisprache in ihr Vokabular aufgenommen, was ihr den Umgang mit den

›Hiesigen‹ – so werden die Paraguayer indianischer Herkunft von den deutschen Kolonisten manchmal etwas jovial bezeichnet – sehr erleichterte.

Unsere größte Freude in dieser Zeit war natürlich das Erscheinen unserer Tochter Maxa. Sie wurde 1955 in Argentinien geboren, auf der uns gegenüberliegenden Seite des Paranaflusses, wo wir zu Renates Entbindung ein kleines Urwaldhospital aufgesucht hatten. Dabei gerieten wir in den Strudel der Revolution, die den mächtigen Potentaten, Evita und Juan Peron, die Macht kosteten. Die dramatische Entwicklung in diesem Land hatte auch für uns merkliche Konsequenzen, die ich in meinem Buch ›Pflanzer, Regenmacher und Berater‹ beschrieben habe. Schneller als beabsichtigt kehrten wir an unsere Pflanzung am Rio Parana zurück.

Die gemeinsamen Paraguayjahre kamen zu einem jähen Ende, als Renate plötzlich an einer Krankheit litt, die wir nicht analysieren konnten und die von argentinischen und paraguayischen Ärzten als chronische Gastritis bezeichnet wurde. Im subtropischen Urwaldklima Südamerikas würde es keine Heilung geben, wurde uns nach vielerlei Konsultationen eröffnet. (Ich füge an dieser Stelle bei, dass Renates Krankheit, die sie ihr ganzes Leben zu strikter Diät zwingen sollte, erstmals im Jahre 2004 von einem neuseeländischen Mediziner als Helicobacter Pylori beschrieben wurde. Er erhielt dafür den Nobelpreis.)

Drei Tage vor Weihnachten war Renate mit Maxa nach Deutschland abgeflogen. Was danach kam, war für uns alle ungewiss. Würden die beiden jemals nach Paraguay und an den Parana zurückkehren? War es ihnen überhaupt zu wünschen?

Trist war kein Ausdruck. Das Bild von Renate mit unserer dreijährigen Maxa auf dem Flughafen in Asuncion hatte ich lange – Monate, ja fast zwei Jahre – vor Augen. Mir blieb nichts anderes übrig, als allein zu meiner Pflanzung zurückzukehren. Ich musste meinen Vertrag einhalten.

Renate war nicht endgültig ausgewandert und auch nicht auf Nimmerwiedersehen entschwunden. Nach fast vier Jahren kam sie nach Lingen zurück und brachte zur größten Freude ihrer Eltern eine Tochter mit. Sie selbst begab sich zu einem Spezialisten nach Göttingen, der ihr nach Wochen der Untersuchungen die schon erwähnte lebenslange strikte Diät verordnete. Alles weitere blieb zunächst ungewiss.

Für die kleine Tochter Maxa begannen mehrere Lingener Jahre. Die Großeltern übernahmen die Betreuung, und dank des damals noch sehr großen Gartens des Forstamtes neben der Wilhelm-Berningstraße brauch-

te das Kind die Weite des fernen Geburtslandes nicht zu vermissen. Sie besuchte den Kindergarten der evangelischen Johannisgemeinde bei Schwester Lotte und Tante Regine und wurde darauf Schülerin in der Postschule.

Renate hatte ihren Beruf der Säuglingspflegerin wieder aufgenommen, nachdem sich ihr Gesundheitszustand wieder einigermaßen stabilisiert hatte. Oft kam sie nach Lingen, und dann wurde mir nach Paraguay berichtet.

Es fügte sich auch gut, dass ihre Freundin mit dem Leiter des Lingener Senders, einem passionierten Funkamateur, verheiratet war. Der Hobbyfunker hatte weltweite Verbindungen, und es gelang ihm bald, auch in Paraguay einen Funkamateur ausfindig zu machen, mit dem dann schließlich auch eine Sprechverbindung zustande kam. Es war jedenfalls eine große und sehr freudige Überraschung, als dieser weit entfernt wohnende und für mich nur schwer erreichbare ›Nachbar‹ mir eines Tages mitteilen ließ, dass ich seine Anlage für ein Gespräch mit Renate nutzen könnte.

Eine Unterhaltung per Funk von Kontinent zu Kontinent war damals eine spannende Sache und musste von langer Hand brieflich vorbereitet werden. Um zum vereinbarten Termin und zur Sendezeit pünktlich an Ort und Stelle zu sein, musste ich einige achtzig Kilometer durch Urwald und Plantagen deutscher Kolonisten reiten: Renate hatte es da um vieles einfacher. In wenigen Minuten war sie am Lingener Hobbygerät präsent, um unter krächzenden Misstönen und vielen Nebengeräuschen die sehnsüchtige Stimme ihres Mannes herauszuhören …

Geschrieben hatte sie mir: »Ich mache jetzt meinen Führerschein, und ich habe einen sehr sympathischen Fahrlehrer, der Edu Rosemeyer heißt. Es ist der Onkel des bekannten Rennfahrers Bernd Rosemeyer, der 1936 Europameister wurde und zwei Jahre später tödlich verunglückte. Du hast doch früher von ihm gesprochen. Jetzt weißt Du, dass der Rennfahrer ein Lingener war.«

Natürlich hatte ich Bernd Rosemeyer sehr bewusst in Erinnerung, und die Nachrichten von Renate hoben meine Stimmung im Urwald um ein Vielfaches. Jetzt hatte ich von einem berühmten Lingener erfahren, und ich freute mich, dass er in seiner Stadt – und manchmal ertappte ich mich auch schon dabei, an die meine zu denken – in hohem Ansehen stand.

Und da war ja auch noch Theo Lingen. Wer aus unserer Generation kannte ihn nicht? Von dieser weiteren Berühmtheit der Stadt war mir schon während meines ersten Lingenbesuches erzählt worden. Bereits als Pennäler hatte er mich zu Lachsalven hingerissen, und ich erinnerte mich, dass ich den Film ›Diener lassen bitten‹ als Soldat in einem Frонttheater

in Ostpolen mindestens dreimal hintereinander gesehen hatte. Es ist anzunehmen, dass es da keinen anderen Film gab, aber dennoch war ich immer wieder begeistert gewesen und sicher alle Kameraden auch.

Der beliebte Filmschauspieler und wahre Publikumsmagnet, der als Theodor Schmitz geboren wurde und einer alten Lingener Kaufmannsfamilie entstammte, hatte als Pseudonym den Namen der Geburtsstadt seines Vaters Lingen an der Ems gewählt. Damit erwähne ich die zweite markante Persönlichkeit, die diese Stadt mit Recht voller Stolz präsentiert.

Sieben Jahre Paraguay und Argentinien musste ich hinter mir lassen, als ich im Mai 1959 mit der ›Salta‹ Buenos Aires in Richtung Europa verließ. Mit einem lachenden und einem weinenden Auge, wie es in solchen Situationen unumgänglich ist. Zuerst hatte ich es ja gelinde gesagt als Katastrophe angesehen, dass unsere Hoffnungen auf ertragreichen Landbesitz durch Renates plötzliche Krankheit zunichte geworden waren. Aber mehr und mehr setzte sich dann doch die Realität durch. Ich konnte mir ausrechnen, wo wir in weiteren acht Jahren stehen würden, und musste erkennen, dass das auch in Südamerika abgelegene Paraguay für uns wirtschaftlich kein Zukunftsland war und Renate dem feuchten, tropischen Klima auf die Dauer nicht gewachsen sein würde.

Als Pluspunkt ließ sich allenfalls verbuchen, dass wir unter extremen Bedingungen jahrelange harte Auslandserfahrung gesammelt hatten und ich den Anbau subtropischer Kulturen beherrschte. Ob man damit etwas anfangen konnte, ließ sich noch nicht übersehen, als ich dieses Mal in Neapel landete und wenig später wieder in Lingen auftauchte.

Die Schwiegereltern trugen es mit Fassung, dass sie erneut ihre Wohnung im Forstamt mit uns teilen mussten. Wir wollten es so kurz wie möglich machen, und ich begann sogleich, nach allen Richtungen Erkundigungen einzuziehen und Bewerbungen zu versenden. Mit Renate war ich einer Meinung, dass wir wieder in einem Auslandsprojekt arbeiten wollten.

Die Wartezeit auf einen neuen Job wurde nicht langweilig. Mein Schwiegervater, der gute persönliche Verbindungen zu den neu entstandenen Industrieunternehmen in der Stadt unterhielt, verschaffte mir Kontakte zur Erdölförderung im Emsland, die durch die Entdeckungen der Felder in Dalum und Rühlermoor stark expandierte. Mich interessierten die Methoden der Förderung, und bei einem Besuch der damals noch ergiebigen Felder irgendwo im Raum Dalum oder Twist erfuhr ich von den Bohrleuten viel Interessantes über die Techniken der Gewinnung.

Bei meinem späteren Einsatz in Saudi Arabien, wo wir Wasser für große Beregnungsflächen zu fördern hatten, erinnerte ich mich gern an manche Ratschläge dieser Fachleute. Auch die Raffinerie und die Deutsche Schachtbau- und Tiefbohrgesellschaft, beides Industriebetriebe, die in den letzten Jahren entstanden waren und sich zu den größten Arbeitgebern der Stadt entwickelt hatten, konnte ich besuchen.

Es war die Zeit des Kalten Krieges, und in der Bundesrepublik war mit der Aufstellung erster Einheiten der Bundswehr begonnen worden. Auch in der alten Garnisonsstadt Lingen zogen 1956 wieder Soldaten ein. Unter den Offizieren der Panzerbrigade 33, die die Walter-Flex-Kaserne bezogen hatten, traf ich auch auf Wehrmachtskameraden, mit denen ich mich über die Wiederbewaffnung und deutsche Aufgaben im NATO-Bereich informieren konnte. Zu einer Gefechtsübung der Lingener Panzer auf dem Schießplatz Bergen-Hohne lud mich der Brigadekommandeur Lüder ein.

Als ich nach einigen Wochen ein Angebot erhielt, mich am Aufbau eines landwirtschaftlichen Siedlungsprojektes in Marokko zu beteiligen, reizte uns vor allem das gute Klima südlich der Atlasberge und die Aussicht auf eine Schulmöglichkeit in einer der größeren Städte des Landes. Der einzige erkennbare wunde Punkt an diesem Projekt war die französische Sprache, die wir nicht beherrschten. »Das lässt sich doch erlernen«, meinte Renate, die sich vielleicht schon in eine Vorstadtvilla von Marrakesch oder Casablanca verpflanzt sah. »Du hast doch mal Latein in der Schule gehabt, und wir sprechen ganz gut Spanisch, das wird dir sehr helfen. Versuch doch hier in Lingen so viel wie möglich Französisch zu lernen.«

Gesagt, getan. Ich machte Herrn Knutowski ausfindig, einen pensionierten Oberstudiendirektor des Gymnasiums, der sich auf meine Bitte sofort bereit erklärte, mir französischen Unterricht zu erteilen. Ich hatte es eilig, denn ich rechnete mit einer baldigen Anstellung und Ausreise nach Nordafrika. So machte ich mich also jeden zweiten Tag auf zum Professorenhaus am Universitätsplatz, wo Herr Knutowski mit seiner Frau lebte. Die Wochen, die ich bei dem vornehmen Herrn und gebildeten Pädagogen zubrachte, haben mich sehr angespornt und Spaß gemacht. Nicht nur, weil ich tatsächlich einige Brocken Französisch aufnahm. Mehr noch waren es die vielen guten Gespräche, die ich immer nach Beendigung unseres Unterrichtspensums mit diesem vornehmen Humanisten führen konnte.

Mir wurde damals recht bewusst, dass die vergangenen Jahre im Urwald meine Weiterbildung nicht wesentlich gefördert hatten. Es hatte da

weder Zeitungen noch gute Bücher und außer lokalen Nachrichten nur wenig Informationen gegeben. So merkte ich auch bald, dass ich in Bezug auf die Entwicklungen in der Welt, die sich in den letzten Jahren vollzogen hatten, arg im Rückstand verblieben war.

Gern hätte ich meine Begegnungen mit Herrn Knutowski fortgesetzt, aber ein Angebot der Firma Mannesmann, mit einem deutschen Team in Saudi Arabien ein landwirtschaftliches Beregnungsprojekt aufzubauen, erschien mir so interessant und spannend, dass ich nach kurzer Überlegung zusagte und drei Wochen später in Düsseldorf auf meine Aufgaben in der Wüste vorbereitet wurde. Die französischen Sprachkenntnisse, die ich mir mühsam angeeignet hatte, halfen dabei zunächst nicht weiter. Dafür gelang es einem ägyptischen Arabischlehrer, den die Firma angeheuert hatte, mich sprachlich auf meine saudischen Vertragspartner vorzubereiten. Wenigstens mit ›Inshallah‹ und ›Alhamdu lillah‹ konnte ich ihnen einigermaßen korrekt gegenübertreten.

Es stellte sich heraus, dass Mannesmann mit dem Zuschlag für das damals größte Beregnungsprojekt in der Wüste Arabiens einen großen Fisch an Land gezogen hatte, und die Vorbereitungen der Firma zogen sich in die Länge. Das Personal, das zur Durchführung des Projektes vorgesehen war, durchlief ein monatelanges intensives Training, und so konnte ich noch manches Wochenende in Lingen verbringen. Sie trugen dazu bei, mich mit der Stadt und seinem näheren Umfeld etwas näher zu befassen.

Dass die günstige Lage an einer Emsfurt, wo sich zwei historische Handelsstraßen kreuzten, zur Gründung der Ortschaft Lingen führte, und dass dieser Name erstmalig im Jahre 975 in einer Urkunde des Sachsenkaisers Otto II. erwähnt wird, konnte ich bei einer Stadtführung erfahren, an der ich mit Renate teilnahm.

Die Führung durch die Innenstadt kam einer Zeitreise gleich, und wir erfuhren, dass die Grafen von Tecklenburg im 12. Jahrhundert die Herrschaft in Lingen übernommen und dem Ort das Stadtrecht gegeben hatten. Unter wechselnder Landesherrschaft wurde Lingen in den folgenden Jahrhunderten zu einer Festung ausgebaut, von der allerdings nur noch Reste verblieben sind. Der 80-jährige Krieg der Niederländer gegen die Spanier – um 50 Jahre ging er bereits dem Dreißigjährigen Krieg voraus – führte dazu, dass Lingen ständig wechselnden Landesherren unterworfen war und die Emsstadt in die großen politischen religiösen Ereignisse Europas verwickelt wurde.

Im Zuge der Reformation lehnten sich die Niederländer gegen die katholischen Spanier auf, und Lingen wurde zum Zankapfel zwischen Spaniern und Holländern. Jahrzehntelang verblieb die Stadt in spanischem Besitz, bis sie 1633 an das Haus Oranien kam und damit eine Zeit wirtschaftlichen und kulturellen Aufschwungs begann. Eine Anzahl prächtiger, recht repräsentativer Bauwerke erinnern an diesen Zeitabschnitt.

Wir begannen unsere Führung in der Burgstraße und standen vor dem wahrhaft stattlichen Haus des Uhrmachers Hellmann aus dem Jahre 1641, das mit seinem reich verzierten Giebel, den farbenfreudigen, geschnitzten Rosetten und Ziegelmustern zu den schönsten Denkmalen des Emslandes gehört. Mehrmals war ich schon achtlos durch die Lingener Straßen geschlendert, ohne diese bunte Fachwerkfassade besonders wahrgenommen zu haben. Jetzt wurde uns alles gut erklärt.

Auf dem Marktplatz im Mittelpunkt der Stadt nimmt das historische Rathaus eine dominierende Stellung ein und dokumentiert durch seine exponierte Lage das Selbstbewusstsein der Bürger vergangener Jahrhunderte. Der 1663 errichtete Treppengiebel zeigt die Verbindung zum Haus Oranien und der niederländischen Architektur auf. Im Turm befindet sich seit einigen Jahren ein Glockenspiel – ein Geschenk der ›Kivelinge‹ an die Stadt – das mit seinem Liederband Einheimische und Gäste der Stadt fünfmal täglich erfreut.

Uns fiel ein, dass von den Kivelingen in Lingen schon öfter die Rede gewesen war. Jetzt wurden wir wieder auf sie verwiesen, und mit dem Blick auf das ›Haus der Kivelinge‹ am Marktplatz wurde uns Interessantes über sie erzählt. Das hohe Gebäude mit dem steilen Satteldach und seinem geschweiften Giebel stammt, wie die Jahreszahl am Türsturz angibt, aus dem Jahre 1583 und ist eines der ältesten Bürgerhäuser der Stadt. Wir erfuhren, dass die Kivelinge – in freier Übersetzung sind es die ›kleinen Streiter‹ – eine besondere traditionelle Einrichtung der Lingener Junggesellen-Schützen sind, deren Ursprung auf das Jahr 1372 zurückgeht. Da wurden sie vom Bürgermeister zur Verteidigung dieser Stadt aufgerufen, als die wehrhaften Männer gefallen oder verwundet waren. Es ist überliefert, dass es ihnen nicht nur gelungen war, die Stadt zu verteidigen, sondern auch Feinde und Plünderer in die Flucht zu schlagen. Zur Erinnerung an die Rettung der Stadt feiern die Kivelinge in mittelalterlichen Uniformen alle drei Jahre ein rauschendes Fest, den ›Bürger-Söhne-Aufzug‹. Das große Tam-tam auf dem Markt konnten wir später mit viel Spaß erleben.

Die gegenüberliegende Posthalterei am Markt ist ein geschichtsträch-

tiges Haus. Der Fachwerkbau, in dem sich jetzt ein freundlicher Laden mit allerlei Kurzwaren befand, entstand 1653 als Relaisstation der reitenden Post von Amsterdam über Lingen nach Hamburg und wurde bis 1851 als Postgebäude genutzt. Die Stallungen auf der Rückseite geben noch heute Zeugnis davon.

Dass Lingen einst eine ›Universität‹ besessen hatte, erfuhren wir, als wir in unmittelbarer Nähe des Marktplatzes vor einem zweigeschossigen, wuchtigen Fachwerkbau, dem Professorenhaus, standen. Die ›Hohe Schule‹ mit den vier klassischen Fakultäten Theologie, Philosophie, Medizin und Rechtswissenschaften wurde von Prinz Wilhelm von Oranien 1697 eingerichtet und hat bis zum Jahre 1819 bestanden. Dass ich in dem ehrwürdigen Bau meinen ersten und bislang letzten französischen Unterricht erhielt, erwähnte ich bereits.

Zurück auf der Burgstraße wurden wir vor einen imposanten Massivbau geführt, in dem sich das Lingener Amtsgericht befindet, und in dem, wie überliefert ist, schon seit 350 Jahren Recht gesprochen wird. Das alle anderen Häuser überragende zweigeschossige Gebäude wurde 1646 von dem Vizedrosten Sylvester Danckelmann errichtet und ist als das ›Palais Danckelmann‹ ein Herzstück der Lingener Stadtgeschichte.

Mit dem Namen verbindet sich eine hoch angesehene Lingener Familie, die über lange Zeit die Geschicke der Stadt wesentlich bestimmt hat. Eine herausragende Persönlichkeit unter seinen sieben Brüdern – dem berühmten Siebengestirn –, die alle hohe Posten in preußischen und oranischen Diensten innehatten, war Eberhard von Danckelmann. Er hatte zunächst als Erzieher des Prinzen von Brandenburg, des späteren Königs Friedrich I. von Preußen, gewirkt, bis er durch Intrigen am Hofe in Ungnade fiel. Als dieser König nach dem Tode Willhelm von Oraniens 1702 die Grafschaft Lingen erbte und auch noch Tecklenburg hinzu erwarb, war die alte Grafschaft jetzt unter preußischer Herrschaft wieder vereint, und Lingen wurde Regierungssitz. Einer der Brüder, Thomas Ernst von Danckelmann, wurde Regierungspräsident von Lingen.

Mit diesen Erkenntnissen waren wir auf unserer Stadtwanderung in die erstpreußische Zeit Lingens vorgedrungen, die bis 1806 währte. Es schloss sich eine kurze Franzosenzeit an, als die Grafschaft Lingen im Tilsiter Frieden an Frankreich abgetreten werden musste und Teil des Departements Unterems wurde.

Erst im Wiener Kongress 1815, in dem die Landkarte Zentraleuropas vielfach neu geschrieben wurde, kam Lingen in den Besitz des Königreiches Hannover. Dieser Zeitabschnitt – oft hörte ich es auch später wieder

– wurde wirtschaftlich als eine gewisse Blütezeit eingestuft. Kanal- und mehrere Straßenbauten verbesserten die Infrastruktur im Emsland. Der Bau der Eisenbahn, der sogenannten Westbahn, die am Geburtstag des Königs Georg V. von Hannover im Jahr 1856 erstmalig von Hannover über Lingen nach Emden fuhr, galt hier vielfach als Ereignis des Jahrhunderts.

Mit dem Krieg zwischen Preußen und Österreich 1866 änderte sich erneut das innerdeutsche Staatengefüge. Das Königreich Hannover, das auf Seiten der Österreicher gestanden hatte, wurde preußischer Besitz. Wie ich im Laufe unserer Lingenjahre noch öfter hören und lesen sollte, hatten viele Emsländer diesen Besitzwechsel mehr mit einem weinenden als mit einem lachenden Auge quittiert.

Preußen ging in Deutschland auf. Die weitere politische Entwicklung gibt heute niemandem mehr Rätsel auf. Mit der Führung von etwa zwei Stunden hatten wir in einer kurzen Reise durch die Jahrhunderte etliche Kapitel Lingener Stadtgeschichte aufgenommen und mehrere historische Bauten besichtigt. Keineswegs alle, wie wir in späteren Jahren erleben sollten. Wir setzten uns in das Cafe Bauer in der Großen Straße, um das Gesehene und Gehörte erst mal zu rekapitulieren.

Wenig später befand ich mich in der Wüste, und wieder hatte ich mich von Renate und Maxa für längere Zeit trennen müssen. Es war meiner Firma, unseren arabischen Auftraggebern und letztlich auch mir klar geworden, dass ihnen das extreme Klima und die Lebensbedingungen auf der Mannesmannbaustelle in Saudi Arabien nicht zuzumuten waren. Ich hatte mich entschieden, und trotz bester Kumpels, die mich als Arbeitskameraden dorthin begleiteten, stellte mich das lange Alleinsein wieder auf eine harte Probe. Auch die Bemerkung meines Schwiegervaters bei meiner Verabschiedung ins saudische Königreich, dass Seemannsehen meistens die besten sind, konnte uns nur wenig Trost sein. Dennoch freute ich mich, dass er – inzwischen zum Leiter des Lingener Forstamts ernannt – jetzt die gesamte Verantwortung für den Staatsforst erhalten hatte. Das stattliche Gebäude an der Georgstraße durfte er mit seiner Familie nun ganz bewohnen, nachdem sein Vorgänger im Amt in Pension gegangen war. Für Renate und Tochter Maxa würde es weiterhin Zuhause und Hort bleiben.

In Lingen sollte ich mich nur noch sporadisch während kurzer Urlaubstage aufhalten. Das Beregnungsprojekt in Arabien hielt mich gut zwei

Jahre fest, und einem weiteren Vertrag der Firma entging ich nur durch Renates Besonnenheit, die der langen Trennung der Familie ein Ende bereiten wollte. Von Freunden hatte sie erfahren, dass von unserem Landwirtschaftsministerium in Bonn ein Entwicklungsprojekt für Indien vorbereitet werden sollte. Unser Bundespräsident Lübke hatte sich nämlich nach einem Staatsbesuch in Indien von der dort herrschenden großen Hungersnot tief beeindruckt gezeigt und dem Ministerpräsidenten Nehru Hilfe bei der Modernisierung der Landwirtschaft zugesagt. Indien, der zweitgrößte Vielvölkerstaat auf Erden, sollte mit deutscher Hilfe in die Lage versetzt werden, sich selbst ernähren zu können.

Für dieses erste große landwirtschaftliche Entwicklungsprojekt, das die Bundesrepublik damals in Angriff nahm, wurden Fachleute auf verschiedenen Gebieten mit möglichst längerer Auslandserfahrung und Sprachkenntnissen gesucht. Meine Bewerbung wurde angenommen, und bald gehörte ich zu einem Team, das mit vielen Fahrzeugen und technischem Gerät in wenigen Wochen per Schiff ausreisen sollte. Dass die Familien dieses Mal sogleich mitreisen konnten, war damals keineswegs selbstverständlich, erleichterte aber den Anfang in dem neuen Land.

Wieder blieb nicht viel Zeit für Lingen. Nach Rückkehr aus dem Nahen Osten ging ich mit Renate sogleich an die Vorbereitungen für unseren nächsten Einsatz, der uns in das noch weiter entfernte Himalayavorland führen sollte. Neben einem neuen Auto, das wir von der Firma Rosemeyer bezogen, konnten sich auch weitere Lingener Geschäfte mit Erfolg an unserer Ausstattung für einen mehrjährigen Hausstand beteiligen, auf den wir uns einzurichten hatten. Unsere Eltern halfen dabei, den VW, der uns mit Sack und Pack nach Marseille bringen sollte, bis auf den letzten Winkel zu beladen. Eine Vergnügungsreise war sie dann auch nicht gewesen, diese Reise von Lingen bis ans Mittelmeer, wo der erste Halt bereits vor der Gaststätte ›Holsterfeld‹ eingelegt werden musste. Der Opa wurde herbeitelefoniert, um der Enkelin noch die vergessene Puppe in den Wagen zu stecken.

Als wir 1964 unseren ersten Heimaturlaub antraten, hatte sich unsere Familie mit Tochter Beatrice auf vier Personen vergrößert. Dass wir jetzt in ein eigenes Haus einziehen konnten, hatten wir vor allen Dingen Renates Vater zu verdanken. Der hatte von der Forstverwaltung in Hannover einen Bauplatz erwerben können, als diese Behörde sich von dem weitläufigen Garten des Lingener Forstamts trennen wollte. Diese neue Situation sollte dazu führen, unseren Lingener Aufenthalt um ein Vielfaches zu erleich-

tern und zu verschönern. Vorausgegangen waren dem Bau eines Doppelhauses zahlreiche Vorschläge und Baupläne auf dem Luftpostwege zwischen Lingen und dem Himalaya, bis unter seiner Leitung und mit unserer Finanzhilfe die Domizile für unsere beiden Familien entstanden.

Den freundlichen und soliden Bau hatten die wegen ihrer Gründlichkeit geschätzten emsländischen Bau- und Zimmerleute in wenigen Monaten hochgezogen. Wir waren recht froh, als wir in die Wilhelm-Berningstraße 18b und damit zum ersten Mal im Leben in Wände einzogen, die uns selbst gehörten, und diese nach eigenem Gusto einrichten konnten. Dass wir uns als Zugvögel, zu denen wir uns nun entwickelt hatten, mit den Eltern in 18a keine besseren Nachbarn und Vertreter unserer Angelegenheiten wünschen konnten, erwähne ich dankbar.

Bevor wir Lingen Richtung Indien wieder verließen, wurde mit Lingener Freunden und Arbeitskollegen eine zünftige house-warming-party veranstaltet, der eine Bootsfahrt auf der Ems vorausgegangen war. Von den Leuten, die damals dabei waren, hörte ich später noch oft, dass man bei den Emsköppen viel Spaß haben kann.

»Ihr müsst das Emsland kennen lernen. Es hat landschaftlich so viel reizvolle Plätze und auch geschichtlich eine Menge zu bieten«, meinte eine Freundin von Renate, mit der wir uns drei Jahre später nach Rückkehr aus Indien getroffen hatten. »Ihr solltet euch Clemenswerth ansehen. Das Schloss gilt als die Perle des Emslandes. Da ihr doch schon bald nach Afrika unterwegs sein werdet, nutzt jetzt die Zeit. Ähnliches werdet ihr dort nicht finden.«

Sie gab uns auch gleich etwas zum Lesen mit, ein Büchlein, das uns einstimmen sollte ›auf ein Schloss wie in einem alten Märchen, das von Elfen umtanzt, von Hörnerklang umtönt, gehüllt im grünen Samt, gebettet in hellen Sand, behütet von getreuen Wächtern aus Stein und einer schönen Frau‹. Es war eine liebevolle Symbolisierung eines Jagdschlosses, die mich irgendwie an eine ähnliche Veranschaulichung eines berühmten Bauwerks erinnerte.

Ich dachte an das Taj Mahal, diesen ›Traum in Marmor‹, einen Kuppelbau des Mogulkönigs Schah Jahan, der bei uns und sicher bei jedem Indienbesucher bleibenden Eindruck hinterlassen hatte. Wie dort in der glanzlosen indischen Tiefebene ein herrliches Bauwerk verklärt wird, so beeindruckte uns mit dieser Einführung bereits das Jagdschloss Clemenswerth im abgeschiedenen Hümmling des Emslandes, noch bevor wir es gesehen hatten.

Wir fuhren nach Sögel zur Besichtigung und konnten nun auch wie viele andere bestätigen: Clemenswerth ist ein Juwel, und nicht nur der Kunstverständige wird voller Bewunderung auf dieses Schloss blicken. – Der Prospekt erklärt es als das einzige im Original erhaltene Jagdsternschloss Europas. Aber es ist nicht nur dieses prächtige Gebäude der Rokokoarchitektur, das so fern ab im dunklen Hümmlinger Wald zwischen 1737 und 1747 errichtet wurde. Es ist vor allem die weitläufige, großzügige Anlage, die man mit allen Nebengebäuden, den Kavaliershäusern, der Kapelle, dem Kloster und den herrlichen Alleen als Gesamtbild auf sich wirken lassen muss.

Man kann sich fragen, weshalb der Wittelsbacher Kurfürst und Erzbischof Clemens August von Köln sich vor mehr als 250 Jahren in so entlegener Gegend ein Schloss bauen ließ. War es die Jagdpassion, die diesen weltlichen und geistigen Würdenträger antrieb, unter Strapazen und großem Gefolge in das Emsland zu reisen und in wildreicher Gegend zu jagen? Oder wollte er sich nur zeitweilig den Intrigen und Kabalen seiner vielen Ämter an Kirche und Hof entziehen? Viele haben darüber nachgedacht und einige haben darüber geschrieben.

Als wir 1965 Lingen verließen, um erstmalig ein Projekt in Kenia anzufliegen, ahnten wir nicht, dass uns eine sehr lange Afrikazeit bevorstand, ja, dass wir schließlich auf dem Kontinent auch noch Wurzeln schlagen würden. Darüber habe ich an anderer Stelle erzählt. Da ich jetzt von Lingen spreche, muss ich einen längeren Sprung machen, denn es hat fast sieben Jahre gedauert, bis wir uns wieder für längere Zeit in Lingen einfanden. Und auch dann nicht, um zu verbleiben, sondern um uns auf einen neuen Lebensabschnitt, dieses Mal in Afghanistan, einzurichten.

Immerhin gab es mehrere Unterbrechungen, verursacht durch Heimaturlaube, und jedes Mal wurden wir überrascht von neuen wirtschaftlichen Entwicklungen und Verbesserungen in unserer Stadt. Unserer Stadt sage ich nun gern, und der verehrte Leser darf daraus schließen, dass wir trotz jahrelanger Abwesenheit hier immer gerne einkehren.

Lingen – an Bundesstraßen, Bahn und Dortmund-Ems-Kanal geographisch günstig gelegen – war vom Land Niedersachsen als ›übergeordneter Schwerpunktort‹ im Emsland ausgewiesen worden, und Investoren hatte man durch die Gewährung von Zuschüssen gefördert. Zum Wohle der Stadt hatte die Maßnahme weitreichende Folgen.

Vor allem mit der Errichtung eines Kernkraftwerkes waren entscheidende Voraussetzungen für weitere industrielle Ansiedlung im Lingener

Raum geschaffen worden. Der amerikanische Chemiekonzern Monsanto baute ein Kunstfaserwerk, und die sogenannte Benteler-Gruppe errichtete am Dortmund-Ems-Kanal ein Stahlwerk. Weitere mittelständische Firmen hatten sich mit Erfolg in Lingen etabliert, und die Zahl der Beschäftigten hatte sich ständig erhöht. An vielen neuen Häusern war der gestiegene Wohlstand erkennbar, und die Stadt hatte sich nach allen Seiten ausgedehnt.

Das ländliche, beschauliche Lingen, wie wir die Stadt anfänglich erlebt hatten, hatte sich merklich verändert, aber die inzwischen eingetretene industrielle Entwicklung hatte der Stadt offensichtlich gut getan, und den Politikern aus Stadt und Land, die sie eingeleitet hatten, muss man für ihre vielseitigen Initiativen dankbar sein.

Um den Bürgern und Besuchern der Emslandmetropole das Leben zu erleichtern und zu verschönern, hatten die Stadtväter viel getan. Wir empfanden es als sehr angenehm, dass der stark zugenommene Autoverkehr aus der Innenstadt verbannt worden war. Alle Straßen, die zum Marktplatz führen, waren in verkehrsberuhigte Fußgängerzonen umgewandelt worden, und unter dem Platz selbst war eine Tiefgarage entstanden. Das waren Neuerungen, die vielleicht nicht sofort von allen Bürgern der Stadt als Verbesserungen betrachtet wurden. Sie hatten sich aber bald durchgesetzt und wurden dann auch geschätzt.

Dass die Lingener gern ins Theater gehen, erfuhren wir voller Freude 1977. Da hatte sich die mittlerweile 45 000 Einwohner zählende Stadt ein großzügiges eigenes Theater geschaffen, das wir gerne besuchten, wenn wir hier wieder mal einen Heimaturlaub verbrachten.

Großen Anklang fand bei uns auch der Swimmingpool in Großformat, der plötzlich als Linusbad entstanden war. Jederzeit, im Sommer oder Winter, draußen oder drinnen, kalt oder warm, in größter Bequemlichkeit und bei vorzüglicher Betreuung zum Schwimmen gehen zu können, war ein Luxus, den wir oft und gern wahrnahmen und weiter wahrnehmen. Die Vorstellung, in Lingen einmal endgültig vor Anker zu gehen, verfestigte sich durch diese moderne Einrichtung erheblich.

Wie sich zunächst kritische Ansichten über Neuerungen in große Zustimmung verwandeln können, sollten wir am Speicherbecken Geeste erfahren. Um den Kühlwasserbedarf des Kernkraftwerkes jederzeit sicherzustellen, war im Lingener Umland ein Wasserreservoir geschaffen worden, das während der Bauphase zu etlichen Vorbehalten, ja heftigen Protestkundgebungen in der Bevölkerung geführt hatte. Die Dichtheit der Be-

ckensohle und die Stärke des fast sechs Kilometer langen Ringdammes wurden angezweifelt, und auch Vater Klitzing, der Forstmeister, trauerte 200 Hektar Kiefernwald nach, die dem Vorhaben zum Opfer fallen mussten. Wir besuchten die Baustelle in Urlaubszeiten und bemühten uns, manche Kritik zu überhören. Auch das ging vorüber, wie wir merkten, als wir später mit unserem Vater noch oft am Speichersee spazieren gingen, um die neu gepflanzten standortgerechten Gehölze zu besichtigen, die rund um das Becken gepflanzt waren. Wir freuten uns weiter über den 15 Hektar großen Feuchtbiotopbereich, der als Ausgleichsmaßnahme des Naturschutzes angelegt worden war und damit ein echtes Novum im Emsland darstellte.

Dass sich auch die meisten Emsländer aus Stadt und Land heute mit ihrem neu entstandenen großen See identifizieren, lässt sich vor allem an Wochenenden erleben. Da verwandelt sich an heißen Tagen das Beckenufer an der ›Deichkrone‹ in ein vielbesuchtes Strandbad und erinnert fast an südliches Ambiente, während stolze Schwäne über die spiegelglatte Wasserfläche ziehen. Wechselt das Wetter, sind Segelboote zur Stelle und manch akrobatischer Windsurfer lässt sich bewundern. Wir selbst gehörten gelegentlich zu den Wanderern auf der Deichkrone und nahmen uns vor, später einmal die fast sechs Kilometer lange Tour zur Gesunderhaltung einmal wöchentlich zu gehen. Jetzt, wo wir in Lingen den ›Ruhestand genießen‹, erinnern wir uns an diese Absichtserklärung und erwandern uns oft anderthalb Stunden Wohlbefinden.

Ich sprach gerade von der Gesunderhaltung. Da komme ich an den Lingener Ärzten nicht vorbei, denen es immer wieder geglückt ist, dass bei uns die kleinen und größeren Leiden nicht überhand genommen hatten, sonst hätten wir ja nicht immer wieder ›losgehen‹ können. Renate fühlte sich dank guter Betreuung des Nephrologischen Instituts von Professor Schurek immer gut aufgehoben, und ich selbst konnte an die guten Erfahrungen anknüpfen, die mein hundert Jahre alter Schwiegervater mit Dr. Adams gemacht hatte. Und nicht zuletzt gab es Dr. Greis, der mit uns Liebe und Engagement zu Südafrika teilt, und bei dem wir, wenn es sein muss, in beiden Kontinenten Hilfe erfahren können.

Von den Gefahren einer friedlichen Nutzung der Kernenergie hatten wir im Ausland öfter gelesen. In vielen deutschen Städten war es zu Protestmärschen gekommen. Wir waren überrascht, dass es in Lingen zu keiner nennenswerten, krawallartigen Anti-Atom-Bewegung gekommen war. Wie wir erfuhren, hatte sich die Stadt anders entschieden. Keineswegs

klar einschätzend, was mit der neuen Technik auf sie zukommen würde, hatten sich die Lingener Bürger kein voreiliges Urteil angemaßt und sich zu einer recht sympathischen Aktion entschlossen. In großer Zahl waren Männer und Frauen mit einer Rose in der Hand und in langer Reihe durch die Stadt gezogen, um auf diese neue, risikobehaftete Technologie aufmerksam zu machen. Sprach da nicht Gelassenheit aus den Emsländern und große Bürgernähe und Besonnenheit der Organisatoren einer solchen Kundgebung?

Die Polizei, dein Freund, dein Helfer! Das Motto kennt jeder und hofft auf Vernunft und Einfühlungsvermögen. Beides bewies mir ein Lingener Polizeibeamter, den ich während eines Urlaubs kennen lernte. Es blieb eine gute Erfahrung, an die ich mich gern erinnere und wiedergebe: Für einen Tag war ich zur Berichterstattung über Projektangelegenheiten in unser Ministerium gerufen worden. Sicher nicht ganz zufrieden mit dem Ergebnis unserer Besprechungen und noch in Gedanken über das Unverständnis der Bonner Bürokraten fuhr ich am späten Nachmittag nach Lingen zurück.

Irgendwo war ich dann mit meinem Wagen von der rechten Fahrspur abgekommen. Nein schlimmer, ich bewegte mich mehr und mehr auf die Mitte zu und war schließlich auf der linken Straßenseite. Voller Schreck erfasste ich die Situation aber erst, als ich von irgendwoher geblitzt wurde. »Du bist doch zur Zeit nicht in Afrika«, sagte ich mir sofort. »In Deutschland wird auf der rechten Fahrspur gefahren. Was hätte da eben alles passieren können.« Reichlich beunruhigt fuhr ich weiter – natürlich nun rechts, wie sich's auf deutschen Straßen gehört.

Ja, was würde nun geschehen? Lange brauchte ich auf das Damoklesschwert nicht zu warten, das auf mich niedersausen würde. Es schlug zu in Gestalt des Polizeibeamten Flisse, der unser Haus betrat und mir ein nebelgraues Photo vor die Augen hielt. Immerhin konnte ich in aller Klarheit erkennen: das Kennzeichen meines Wagens LIN-A-37 und hinter der Windschutzscheibe eine etwas gehetzt wirkende Mannsperson, die mir zweifellos bekannt vorkam.

Streng blickte mich der Beamte an. »Sind Sie der Fahrer des Wagens? Vor der Tür habe ich ihn stehen sehen. Es liegt eine Anzeige gegen Sie vor. Mit Ihrer Fahrweise haben Sie sich und andere Verkehrsteilnehmer in größte Gefahr gebracht. Was haben Sie dazu zu sagen?« Mir blieb nichts anderes, als zu erklären, dass wir schon jahrelang in Kenia leben und uns dort an die linke Fahrspur gewöhnt haben, die von den Engländern in ih-

rem ehemaligen Kolonialgebiet eingeführt wurde. »Da habe ich wohl einmal vergessen, dass ich jetzt in Deutschland auf Urlaub bin.«

»Ich persönlich kann es verstehen, dass man in Schwierigkeiten geraten kann, da ich schon in Schweden Urlaub gemacht habe, wo auch Linksverkehr besteht«, hörte ich den Polizisten mit einer gewissen Anteilnahme sprechen. »Wann endet denn Ihr Urlaub in Lingen, wann fliegen Sie zurück?« Ich erwiderte, dass wir nach einer Woche wieder nach Ostafrika zurückfliegen müssten. »Dann werde ich in vierzehn Tagen noch einmal herkommen«, war die wohlwollende Aussage des Lingener Polizeibeamten, der uns noch einen guten Resturlaub wünschte.

Später hörte ich, dass dieser Gentlemanpolizist durch seine Bürgernähe in der Stadt in hohem Ansehen stand. Nicht nur späte Zechbrüder, die des Fahrens nicht mehr fähig waren, haben durch seine Besonnenheit profitiert, wenn er sie in später Stunde in seinen eigenen Wagen packte und heimfuhr.

Das ist alles nun schon wieder lange her. Längst mussten wir das Nummernschild ›LIN‹, unseres Wagens, mit dem man in allen deutschen Landen auf neugierige Fragen nach dem Woher voller Stolz auf Theo Lingens Berühmtheit verweisen konnte, gegen ein ›EL‹ eintauschen. Mit einem traurigen ›Ehemals Lingen‹ ist es da nicht gemacht, und man muss sich schon zu einer weiteren geographischen Erklärung – nämlich Emsland – aufraffen, wenn man Freunde gewinnen will.

Da wir ja Zugvögel sind, gab es weitere Länder, in die wir zu fliegen hatten und in denen wir für Jahre verblieben. In Lingen fragte man nicht viel, wie es draußen in der Welt war. Hier lebte man im Emsland, und man darf nicht erwarten, dass ein jeder aufgeschlossen daherkommt. In Lingen kehrten wir ein, wenn wir Urlaub hatten und uns mal wieder kurzfristig ›eindeutschen‹ mussten. Zuweilen hatten wir das Glück, auf dem ehrwürdigen Marktplatz einer fröhlichen Bürgermeisterin zu begegnen, die zwischen ihren Amtsgeschäften einer kurzen Plauderei nicht abgeneigt war. Wir gewannen manche Freunde. Einige hatten ähnliche geographische und berufliche Stationen hinter sich, und wir konnten Erkenntnisse austauschen, die unser Leben ausgemacht hatten. Ein rauschendes Fest für unsere Tochter Maxa in Hanekenfär war ein Highlight, zu dem wir zum größten Vergnügen der Hochzeiter ein ganzes ›Emspöttken‹ mit Gästen zur Flussfahrt beladen konnten. Der nächste Urlaub sah uns zur Taufe unseres ersten Enkels Moritz in der Kreuzkirche. Opa Klitzing

meinte es gut mit uns. Er verstarb im Januar 2000 wenige Wochen vor seinem 102. Geburtstag, als wir in Lingen präsent waren. Ihm gelang es, in drei Jahrhunderten zu leben und sich mit vollem Herzen dem deutschen Wald zu widmen.

Dass wir in Lingen und im Emsland trotz aller anfänglichen Unkenrufen jetzt schon fünfzehn Jahre hintereinander leben und uns zuhause fühlen, wird der Leser erkannt haben. Das Wort endgültig erwähne ich nicht. Gelegentliche Unterbrechungen nach Polen und Südafrika, über die ich berichtet habe, geben Aufgaben, verkürzen die Monate im Emsland und stillen oft das Fernweh.

So weit meine Geschichte über unsere liebenswerte Stadt, die wir hoffentlich noch eine Zeit lang fortsetzen können.